"台灣民主國"研究

研究 ~台灣獨立運動史的一斷章

黃昭堂〔日文原著〕

廖為智〔譯〕

A STUDY ON THE REPUBLIC OF FORMOSA 1895

A Chapter in the History
of the Taiwan Independence Movement

by Ng, Yuzin Chiautong

Original edition published in Japan in 1970
by The University of Tokyo Press
Mandarin translation edition published in Taiwan in 2006
by Avanguard Publishing House

李鴻章(右下)與伊藤博文(上右)分別全權代表清日兩國，於日本馬關春帆樓簽訂馬關條約。

清國割讓台灣全權代表李經方(李鴻章子)於停泊在基隆外海的日本橫濱丸上和日方受讓代表商議移交手續。

諭　示

大日本帝國欽派基臺灣島及所有附屬各島嶼併澎湖列島等處爲

總督海軍大將子爵樺山

出示曉諭事諭得此次

大日本帝國

大日本帝國

大皇帝准將

大清帝國

大皇帝因日中兩國欽差全權大臣於明治二十八年四月十七日在下之關
所定和約所讓臺灣島及所屬各島嶼併澎湖列島即在英國格林尼次
東經百十九度起以至百二十度及北緯二十三度起以至二十四度之
間諸島嶼之管理主權及該地方所有堡壘軍器工廠及一切屬公物件
永遠歸併

大日本國特簡本大臣授與總督駛抵任所本大臣恭遵

諭旨接取臺灣

大清國所讓各地方併此督理一切治民事務凡爾庶處在本國所管地
方懷遵達庶俗守本分者悉應享周全保護永安其堵特此曉諭

明治二十八年六月二日

馬關條約簽訂後，日本發佈接收諭示。

台灣民主國於原台灣撫署成立，唐景崧(左)被擁為總統。

台灣民主國藍地黃虎旗。

台灣民主國國璽。

台灣民主國郵票。

台灣民主國郵戳。

台灣民主國於台南發行的官銀票及股份票。

劉永福軍誇張的宣傳單之一。

清國西太后。

清國光緒帝。

兩江總督張之洞。

馬關條約全權代表李鴻章。

交割台灣全權代表李經方。

台灣民主國義軍統領(?)邱逢甲。

黑旗軍首領劉永福。

林朝棟。

1895年5月29日，日本軍已在台灣東北角的澳底登陸。圖為近衛師團北白川宮能久親王登陸後紮營情形

辜顯榮。

初代台灣總督樺山資紀。

日本領台後在最初登陸地塩寮立碑。

1895年6月17日，日本始政台灣祝典。

敕使下鄉圖(左上)。吉野號軍艦東港偵察圖。

激烈的台灣攻防戰。

被慘絕斬首的台灣抗日土勇。

前衛新版序

　　做為一個「台灣獨立運動者」，我無時無刻都似被某種無形力量推著往前衝，長期與時間競賽之際，有時暫停一下，緬懷一些往事，變成是一種難得的奢望，但若偶爾靈光一閃，吉光片羽卻是永生不忘的回憶。縱然有些是甜蜜的，有些是苦澀的……

　　接到前衛出版社送來新排校的《台灣民主國研究～台灣獨立運動史的一斷章》校樣，免不了風火雷動，怦怦然又要憶起日本那段辛酸苦艱卻充滿豪情壯志的異國歲月，想起那三、四十年前的陳年往事，讓我忽然有著一股衝動，我現在就想「暫停一下」，讓我來好好檢視一下我的人生。

　　我可謂是黑暗時代白色恐怖的幸運之人罷，身處那樣蕭殺的政治社會氣氛，我竟有日本那樣的天地可以讓我用心盡力地揮灑，而且於學術研究上也有讓我可資鑽研的空間，真是感謝上帝。

　　我之所以選擇台灣歷史曇花一現的台灣民主國做為博士論文研究主題，不能不說是我個人心中某種執拗的意念罷，曾經，國之為國，是不少有志之士美妙的憧憬，我身感一股奮發的氛圍，如今想來，有時確實也感覺著「有為者當若是」

的台灣男子氣概，所以也就不顧一切地一路踏著逆境勇敢往前衝了。

我特別要感謝前衛林文欽社長，不知為什麼，他似乎對我的著述一直有著高度的興味，這也就是為何我的幾本著作陸續都由前衛集中出版的原委。有時我實在替他擔心，出版我們如此這般的書，他能活得下去嗎？雖然他也常自謂前衛要倒不倒的，但直到目前，好像也沒有真正倒過，想來他應有他自己的一套生存之道罷，不然也就妄得「台灣出版狂人」的名號了！

本書當然也是在他執意的安排下重新面世的。要特別說明的是，本書原始架構是我一九六八年三月二十八日，從被扣留中的東京都警視廳扣置所向東京大學提出的社會學博士論文，改訂後於一九七〇年由東京大學出版會出版，漢譯版一九九三年曾由現代學術基金會以「現代學術叢書」名目出版。如今事過十餘年，感謝現代學術基金會主事鄭欽仁教授願承讓版權，才由前衛出版社以此新面目問世。據說，前衛諸人曾就譯稿多所修潤，目的是要比較接近我的「黃氏文采風格」，而且新排本以學術書規格做當頁註，並附上索引，光這點，就已很接近我的「原點」了，至少說明他們可是慎重從事的。至於有沒有較接近「黃氏文采」，就請看倌慢慢讀罷。阿利卡多。

黃昭堂

2005年12月5日受洗一周年

日文原版序

　在十九世紀即將告終的一八九五年，忽焉誕生於東海之孤島，又忽焉消失於無形的台灣民主國，短暫而神祕。其時，清國尚仍在帝制下徘徊，而台灣竟以共和制的獨立國出現，這不僅引起台灣人，也足以引起有興趣台灣史者的關注。然而，台灣民主國的實情卻普遍不為人知，主要乃史料欠缺，相關研究不多之故。

　雖然日本的台灣統治稍趨穩定後，已足以掌握有關台灣人叛亂的正確資料，但在據台之初，因局勢混亂，並未能掌握實態，以致沒有正確的台灣民主國的相關資料留給後世。另一方面，台灣實踐運動家等等，也多無空閒，何況在日本統治下，留存抗日資料將會給自己和親近者帶來危險，因此文獻資料極端罕見。而且，實際從事抗日運動及親歷其事者，未必具備文字記錄的能力，也欠缺所必須的多面性客觀資料，因此非得仰賴有能力及手段者不可，但是擅長文字的人卻未必將所發生的事實均予以忠實傳達，往往又因過份修飾而誇張事實，尤其當其本身為當事者時，為使自己的立場或行為正當化，難免歪曲他人行跡，甚且誇耀自己的功績。即使非當事者，在寫某特定人物的傳記時，也可見到相同的

弊端。職是之故，研究台灣民主國時，不但會遭遇記錄欠缺的難關，也須特別注意記錄的可信度。

第二次世界大戰之後，取代日本統治台灣的中華民國將日本佔有台灣時的抗日運動視為緣於對「清朝」的忠誠，亦即忠於「中國」，或謂抗日運動乃「中華民族」精神的發揚，因此乃有一些台灣抗日運動的相關研究成果陸續問世。然而，那些「研究」亦多受政治優先主義的約束，可信度不足者，為數不少。

正因為有這些困難，所以筆者才決心從事這個時期的抗日運動——特別是台灣民主國的研究。相較於台灣島內的研究者，筆者的環境無疑地較無對統治者的政治顧慮，也不受其他研究的干預。

如所週知，日本因日清戰爭而獲得台灣，台灣則發生反對日本佔有的運動，進而演變成武力抗日，終於出現台灣民主國。由於民主國的存續期間與武力抗日的期間有些重疊，因此常被認為武力抗日是由民主國政府所領導。但對台灣民主國政府與武力抗日運動之間究竟有何關聯，又與台灣住民之間有何關聯，那就未必瞭然了。這正是本書所要追究的主題。此外，由於台灣被「祖國」割讓給日本，此一事態與清國當局有什麼關聯，也是本書所要探討的中心。再則，號稱亞洲第一個共和國的台灣民主國的實態究竟如何，也必須查明。

總之，台灣民主國是和在台的清朝官僚關係密切的一部分台灣上層階級，尤其是士紳，強制前者羈留台灣，而由兩

者合作創立的，它並非以廣大的民衆做基礎。台灣民主國表面上雖採共和制，但其制度極爲粗糙，雖說是「民主國」，其實僅有一部分台灣士紳參與，僅勉強稱得上「民主」，終究不是以「主權在民」爲基礎的民主國家。另一方面，僅管台灣的軍備相當齊全，但實際頑強抵抗日本軍的，並非政府軍，而是一般住民所結合的地方組織，那是在各地爲抗拒日本軍侵犯而自然形成的，大多是未成熟的小集團。實際上，台灣民主國政府與武力抗日並無必然的連帶關係。一般住民的武力抗日，未必是民主國政府所主導，而是源於對日本的傳統性蔑視，以及對登陸的日本軍行爲的反感。一般住民之中，有堅強抵抗日本軍的，亦不乏漠不關心、甚且對日本軍予以協助的。所以，要理解台灣住民這麼複雜的反應，實在有必要回顧一下台灣歷史，對當時的台灣社會予以分析。

關於台灣民主國的出現，清朝官僚的慫恿亦被認爲是不可忽視的因素。但要了解他們爲何慫恿台灣獨立，有必要分析清國內部的政治動向。他們在台灣獨立之後立即停止支援，那是因爲他們原本就沒有支援台灣獨立的意願，只一心期待歐美列強的干涉，因此，在阻止割讓台灣時，清國的對外交涉過程亦須加以考察。

探討了上述事實之後，本書針對台灣民主國及當時的武力抗日運動對以後的台灣帶來什麼影響，提出來做爲結論。

本稿原是筆者一九六八年在東京大學提出的學位論文。後來因有數篇與本主題相關的論文出現，乃藉出版機會將之編入，並加以參照、修訂。在論文撰寫與修訂期間，承蒙岩

永健吉郎教授及衛藤瀋吉教授的仔細指導，若無兩位教授鼓勵，這個計劃恐怕早已夭折。筆者由衷感激。

　　此外，向山寬夫先生、王育德先生、戴天昭先生等，毫不吝惜地允借他們豐富的藏書，而Hanrold Kahn先生、James D. Seymour先生、故丘念台先生等，熱心協助蒐集資料。謹在此表達十二萬分的謝忱。

黃昭堂

一九七〇年春　於東京杉並寓所

凡例

一、台灣地名有自清朝、日治以迄國民政府時代始終未變的，亦有變更數次者。本書爲求統一，除若干例外，一概使用當初所使用者，目前所使用的地名，均列於卷末地名對照表中，以供參照。

二、本書之年月日以西曆爲準，僅在有必要時使用陰曆，並附西曆。

三、引用文字中，〔　〕記號係作者爲彌補引文內容之不足而加註者。

四、參考文獻的出版年份及出版處所，僅在最初引用時列出。出版年份不詳者，附註序文撰寫年份。

目 次

第一篇

日本的台灣領有與列國的反應

第一章
日本的台灣領有

第一節　台灣小史

　　台灣島面積與日本九州相仿，是一個充滿綠色的島嶼。十六世紀時，航行於其近海的葡萄牙人曾大大驚嘆說：「喔！多美麗的島啊！(Ilha Formosa!)」這島位於呂宋島北方，面臨東海，雖佔地理要衝，但開發較遲，迄至十七世紀以後才漸受列強矚目。在此以前，只不過是倭寇、海盜等的巢窟。其原始住民是以狩獵爲生的印度尼西亞系人(高山族，又稱原住民)。[1]

　　澎湖群島較台灣島早被中國王朝矚目。元朝於十四世紀

[1]日本人稱台灣島爲高砂，當其統治台灣之後，將原住民稱爲高砂族。原住民仍有不少居住於山地者，因此，中華民國政府又以高山族的稱呼取代高砂族。

在此置巡司，隸屬對岸的同安縣，但於一三七二年裁撤。約
兩世紀後，明朝於一五六三年(明嘉靖四十三年)改置巡檢司，
但不久也被裁撤。到了明末，澎湖也隨著變成海盜的巢窟了
[2]。如此這般，元朝與明朝雖都曾短暫佔有澎湖，但最後都
放棄了。

　　明朝放棄澎湖之後，據點設於巴達維亞(Batavia)的荷蘭
東印度公司(Compagnie Hollandaise Des Indes Orientales)發現位
在對日貿易航道中的澎湖的重要性，於是在一六二二年(明
天啟二年)以艦隊佔有澎湖，並構築了要塞。對此，明朝則希
望荷蘭人退出其屬地之一的澎湖，轉至仍未列入任何國家版
圖的台灣島，在那裡構築防禦工事。但荷蘭未接受而與明朝
引起戰端。一六二四年，荷蘭有感於戰事上的不利，同意依
循明朝要求，退出澎湖群島。於是荷蘭人乃依同年所簽條
約，在明軍支援下，將根據地移轉到台灣島[3]。其實，佔據
台灣島並非出自荷蘭人本意。然而台灣島貿易地位優越，且
由於荷蘭人從明朝獲得貿易上的特權，引起當時已佔有菲律
賓而與明朝從事貿易的西班牙注目，認為權益受損而加以抗
拒。荷蘭人在安平構築紅毛城：熱蘭遮城(Zeelandia)，在台
南建赤崁城(Provintia，又稱Providentia)，開始經營台灣，但

---

[2]林豪《澎湖廳志》，全卷首一，一四卷，光緒19年(1893)序，民國52年
　　(1963)，台北，台灣銀行復刻版，卷二，規制，建置沿革，51頁。
[3]Camile Imbault-Huart, *L'ile Formose, Histoire et Description* (Paris:
　　Ernest Leroux, 1893)。黎烈文譯《台灣島之歷史與地誌》，民國47年
　　(1958)，台北，台灣銀行，8～12頁。

其控制地區只限台灣南部的安平、台南一帶。在這樣的情勢
下，西班牙人為對抗荷蘭人，乃派遣遠征軍到台灣島北部，
於一六二六年佔有基隆，構築聖薩爾瓦多城(San Salvador)，
並於一六二九年在淡水建立聖多明哥城(San Domingo)。於
是，台灣島的北部與南部各有一部分成為西班牙與荷蘭的殖
民地。

　　相對於西班牙僅利用台灣島做為貿易中繼站，荷蘭人則
進一步著手開拓農業，並獎勵中國漢人移入。

　　另一方面，荷蘭人認為西班牙割據北部對其不利，乃於
一六四二年北征西軍，予以降服。結果，西班牙人在台灣北
部的統治只維持十六年即告結束，自此，形成荷蘭人獨佔台
灣的局面。然而，在台荷蘭人也開始面臨厄運了。原來，崛
起於滿洲的清朝突破長城南下，擊敗明朝主力，幾乎席捲中
國。此時，效忠明朝的鄭成功奮戰於華南沿海一帶，致力於
復興明朝，但迫於清軍追擊，乃到台灣尋求活路。

　　一六六一年四月，鄭成功率兵二萬五千人進軍台灣，攻
陷赤崁城，在該城開闢承天府，改稱台灣為東都。第二年
(一六六二年)，鄭成功又降服盤據於聖多明哥城的荷軍。於
是，荷蘭人在台灣島三十八年的統治乃告終結。[4]

　　鄭成功雖然收復台灣，但志不在蟄居台灣，一心只想滅

---

[4]C. E. S.〔Coyett et Socii〕, *'t Verwaarloosde Formosa* (Amsterdam,
　　1675)。谷河梅人譯《被忽視的台灣》，昭和5年，台北，台灣日日新報
　　社。荷蘭人喪失台灣的經過，詳見該書。

清復明。鄭成功因乃母出身日本九州平戶，所以一方面求援於德川幕府，一方面擴充本身勢力，計劃攻取呂宋島。不料他渡台五個月即病歿[5]，雄圖未能得逞。

繼承鄭成功的是長子，鄭經。鄭經在位十九年，始終與清朝交戰不斷。

鄭王朝存續期間，陸續有企盼復興明朝與不甘被滿清統治的人過渡台灣，對清朝形成威脅。清朝於是頒佈「遷界令」(清康熙三年，一六六四年)，將福建與廣東沿海住民遷移到距海岸三〇里的內地，設界禁止居住與農耕。另外又屬行一六五五年(清順治十二年)所設的「海禁」，禁止船舶入海，防止人民向台灣渡航。此一措施反而使沿岸各省住民的生活更加窮困，結果更促進移民密航台灣，在台漢人的數量因而不斷增加[6]。如此一來，清朝對鄭王朝的存在更感威脅，決心以武力征服。

另一方面，鄭王朝由於鄭經之死而引起繼承的內鬥，內政紊亂，加上龐大軍費的重壓，民間怨聲載道。清朝乃乘機指派主張征服台灣的施琅攻打台灣。一六八三年(清康熙二十二年)，清軍首先攻佔澎湖，接著因已喪失鬥志的鄭王朝降

---

[5]石原道博《明末清初日本乞師の研究》，昭和20年，東京，富山房，223頁。
此外，有關鄭成功之抗清，請參閱石原道博《鄭成功》，昭和17年，東京，三省堂。
[6]伊能嘉矩《台灣文化志》，全三卷，昭和3年，東京，刀江書院，上卷，114～5頁。

服，乃輕易侵入台灣。鄭氏家族對台灣的統治僅二十三年即告終結。

本來清朝遠征台灣的目的不在佔有台灣，而在消滅反清勢力鄭王朝。現在目的既已達成，清朝原想放棄台灣，但因攻台有功的福建水師提督施琅的堅持，終於決定佔有台灣[7]。於是台灣島才併入清朝的版圖。[8]

清朝雖佔有台灣，卻因懼怕反清的烽火再燃，所以採取了隔離政策。因此，清朝於鄭氏家族據台時所頒佈的海禁令又以另一形式延續下來。

清朝佔有台灣後所頒佈的「台灣編查流寓令」，訂有「居住台灣而無財產、職業者，將強制遣返大陸」之類的嚴厲規定。關於渡台限制，亦規定如下三禁：

一、渡航台灣者必須事先取得許可，密航者處以嚴罰。

二、渡航台灣者不得攜眷，已渡台者亦不得接取家族。

三、廣東屢成海盜淵藪，因積習未改，其住民不許渡台。[9]

---

[7]施琅原為鄭成功部將，因與鄭結怨而投效清朝。其後導致清朝轉變台灣政策的上奏文〈恭陳台灣棄留疏〉收錄於施琅《靖海紀事》，全二卷，康熙乙丑年(1685)，民國47年(1958)，台北，台灣銀行復刻版，59〜62頁。

[8]台灣島一如清朝雍正帝所云：「台灣地方自古未屬中國，〔清朝〕皇帝聖略神威，取入版圖。」並非以前即為大陸王朝的領土。上文出於雍正帝於雍正元年所頒發的詔書。見鄂爾泰等奉勅修《大清世宗憲皇帝實錄》，全首三卷，一五九卷，滿州國康德四年(1937)，新京，滿州國國務院，卷一〇，20頁。

[9]前引書，伊能《文化志》中卷，769〜70頁。

如此這般，清朝藉著渡航限制來孤立台灣。這種渡航限制，時緊時緩，直到兩世紀後將台灣割讓日本前才被解除。[10]

不難想像，在渡航限制緩和時，有移民大舉渡台。但在限制趨緊時，也不斷有人鑽法律漏洞密航。在一七五九年(清乾隆二十三年十二月至二十四年十月)約僅一年期間，因密航被破獲的案件即達二十五件，被逮捕者達九百九十餘人[11]，可知當時密航盛行的一斑。儘管清朝當時有一連串的限制措施，但台灣的人口一直增加，一八一一年(清嘉慶十六年)時已達一九五萬人，一八九三年(清光緒十九年)時更達二五五萬人。[12]

---

[10]1712年──再申禁令。

1719年──再申禁令。

1732年──准搬眷入台。

1740年──禁止搬眷入台。

1744年──搬眷解禁。

1748年──復禁搬眷。

1760年──准攜眷屬渡台；但隻身無業並無親屬者，仍在禁止之列。

1874年──渡航禁令解禁，翌年實施。

戴炎輝〈清代台灣鄉莊之社會的考察〉，台北，台灣銀行，《台灣銀行季刊》第一四卷第四期，民國52年(1963)12月，198～9頁。

[11]請參閱福建巡撫吳士功的〈請開台民攜眷之禁疏〉。前引書，伊能《文化志》中卷，785頁所載。

[12]台灣省文獻委員會《台灣省通志稿》，全一〇卷，民國41～53年(1952～64)，卷二，人民志，人口篇，159～61頁。

台灣的人口調查多不確實。到嘉慶年間(十九世紀初期)以後，其數字才大略可靠。請參閱158～9頁。

　　人口的增加促進了台灣的開發。清朝初佔台灣時，已開
發地區只不過濁水溪以南、下淡水溪以北的區域，北部則僅
限於基隆、淡水及西海岸極少部分而已。清朝將台灣併入福
建省，歸屬兼管廈門的分巡台廈兵備道統理。台灣島內則置
台灣府於台南，並分諸羅、台灣(台南)、鳳山三縣治理。清
朝當局因恐漢裔移民與原住民發生衝突，也為防止移民入山
叛亂，乃將三縣的山中移民遷離山岳地帶十里以外，並命令
挖掘塹壕做為分界線[13]。然而，移民隨著人口增加而漠視
禁令，仍大力推進開發。因此，康熙、乾隆年間(十八世紀)
有台灣中部與北部，嘉慶至光緒年間(十九世紀)有東北部及
東部相繼開發，在西部，亦有移民往內陸擴展開發區域。他
們強烈的開發欲望，逼迫原住民退入山地，正因為如此，原
住民開始仇視移民，雙方不斷發生衝突[14]。

　　清朝當局雖然限制移民的拓殖，卻也隨著開拓的進展而
擴大其統治區域。及至清朝統治台灣的末期，其統治組織已
擴大為三府、四廳、一直隸州、十一縣。僅管如此，清朝對
台灣的統治始終很消極。其消極性，被喻為清朝統治台灣的
特色[15]。加上大陸派來的官吏素質粗劣、官民之間語言隔

---

[13]藍鼎元《東征集》，全六卷，康熙61年(1722)序，民國47年(1958)，台
　　北，台灣銀行復刻版，卷三，40～3頁，〈覆制軍遷民劃界書〉。
[14]原住民分多種部族，部族間或部族內有所謂「出草」的馘首習性，唯對
　　漢人的出草則未必是出於習性。其對漢人的敵對意識，應是原因之
　　一。
[15]參照台灣大學教授戴炎輝等之見解。見戴，前引論文，198頁。

閩、對台灣住民的高壓政策等緣故，使台灣不斷發生叛亂。
在清朝的台灣統治史上，叛亂之多，幾達「三年一小反，五
年一大亂」[16]。然而，及至一八七四年(清同治三年＝明治七
年)日本出兵台灣；一八八四年，法軍乘清法戰爭登陸台灣
北部佔有部分土地，清朝才體認台灣的重要性，決定用心經
營。於是在一八八五年(清光緒十一年)將台灣撥出福建省，
分置一省而稱爲福建台灣省(爲防混淆，以下簡稱台灣省)，同
時，任命賢吏劉銘傳爲第一任巡撫。

　劉銘傳刻意經營台灣，自一八八六年赴任起，至一八九
一年卸任止，前後五年的建樹無數。具體而言，除了開築道
路，舖設台北至新竹間的鐵路，開拓新式汽船航線等，也創
設郵政制度與電信設備，謀求通信聯絡的簡便化。此外也致
力振興產業，且使土地所有權明確化，藉以修正紊亂的土地
制度。劉銘傳在台灣的治績，幾被評定爲台灣近代史的嚆矢
[17]。

　僅管如此，劉銘傳的台灣建設是在短期間內急促進行，
而且經費都在現地調度，但因中途挫折，使他不得不辭職。
他卸任後，由布政使邵友濂升任巡撫，但邵沒有雄圖大略，

---

[16]關於台灣住民對清朝之叛亂，見筆者論文〈清朝に對する台灣住民の
　意識──日本領台直前當時を中心に〉，台灣青年獨立聯盟發行《台
　灣》第二卷第一號(1968年1月)，19～27頁所載，以及〈台灣獨立運動
　史(1)〉，同第三卷第一號(1969年1月)，34～44頁所載。
[17]Samuel C. Chu, "Liu Ming-ch'uan and Modernization of Taiwan,"
　The Journal of Asian Studies, XXIII/1(Nov. 1963), pp.37～53.

因而改廢劉銘傳的政策。其後不久，由於日清戰爭爆發，邵
辭去巡撫，返回中國。

第二節　台灣領有的經過

　　日本自明治維新以來，採取富國強兵政策，不斷尋求向外發展，終於乘鄰國朝鮮發生東學黨之亂，毅然於一八九四年出兵朝鮮，與自命朝鮮宗主國的清國開戰。同年八月一日，日清兩國宣戰，戰況不利清國。日本軍於十月二十五日渡過鴨綠江，攻陷九連城、安東，並於三十一日佔領鳳凰城。次年一月攻陷山東省一角，二月掌握威海衛及其周圍，並降服了北洋艦隊。三月，除佔領澎湖島之外，又集結軍隊於遼東半島的大連，經攻破山海關之後，形成直衝北京的態勢。[1]

　　清國之向日本妥協，早在一八九四年九月北洋艦隊遭受致命打擊、清國勢力被逐出朝鮮半島、敗色趨濃之時就已決定了。當時雖有職司外交的總理衙門，但深受西太后信任、位居北洋大臣、直隸總督、實際掌理外交事務的李鴻章却頻向列強請求調停。然而出乎李鴻章所料的，聯合調停案由於列強間政策不一致，未能成功。十月間有英國向日清兩國試探以朝鮮獨立、賠償戰費爲條件的和談，十一月並有美國提出幹旋。但當時日本輿論相當瘋狂，大有未攻陷北京不講和

---

[1]關於日清戰爭的進展，請參閱參謀本部編《明治二十七八年日清戰史》，全八卷，明治37～40年，東京，東京印刷株式會社。川崎三郎《日清戰史》，全七卷，明治29～30年，東京，博文館。

之勢[2]。急於求和的清國當局乃於十一月間透過美國駐北京公使Charles Denby, Jr.，以朝鮮獨立與相當數額的賠償金爲基本條件，向日本提出和談。接著又派遣天津海關稅務司Gustav Detring到日本試探和談，但都未被日本接受。因爲當時已邁進南滿，正沈緬於連勝氣氛的日本朝野，已不再滿足於朝鮮獨立等條件，一味想等待清國更加疲憊後，一舉要求割讓領土。

清國當局深恐事態惡化。鑒於Detring因非「正式使節」而被拒絕談判，乃於十二月三十日改命尙書銜總理衙門大臣戶部左侍郎張蔭桓，及頭品頂戴兵部右侍郎署湖南巡撫邵友濂爲和談使節。說來清國可眞是太急於和談了，未能看出日本並無和談之意。

其實，日本大本營早已計劃南方作戰，他們在一八九四年八月間決定冬季作戰方針時，已看準可在冬季佔領台灣。然而鑒於殲滅北洋艦隊太過耗時，且又有人強調冬季仍可進行直隸平原決戰，以致喪失貫徹南方作戰的機會。十一月下旬當旅順淪陷後，大本營即重新檢討作戰計劃，準備以主力軍攻陷山東威海衛，殲滅殘餘的北洋水師，另以部分兵力佔領台灣島及澎湖群島，藉以鞏固和談時的有利地位。於是在次年一月間，當北洋水師降服，大本營便向混成支隊司令官比志島大佐下達出動命令，並於二十日命令聯合艦隊司令官

---

[2]阿部光藏〈日清講和と三國干涉〉，國際政治學會編、刊行《日本外交史研究》，昭和37年，東京，51～2頁。

伊東祐亨中將佔領澎湖島[3]。可見當張、邵等和談使節團一行去到日本大本營所在地的廣島時(一八九五年一月三十日)，日本的南方作戰已付諸行動了。事實上，日本企圖在台灣造成軍事勝利的既成事實，以便鞏固佔領台灣的基礎。

下面概述日本企圖佔領台灣的經過。日本政府在一八七四年入侵台灣時，原想視情況佔領台灣島的一部分，結果未能得逞，爾後對佔領台灣一事仍時加探討。例如：天津領事竹添進一郎預料俄國與清國終將開戰，主張屆時日本應向清國宣戰，而於一八八〇年(明治十三年)十一月間寫密函向當時的外相井上馨建議：「日本對支那之戰，未必大量的軍備，只需派一兩艘軍艦裝載陸軍攻取台灣或舟山……。」[4]一八八四年(明治十七年)清法戰爭時，法軍封鎖台灣並佔領部分北部領土，日本佔領台灣的可能性似乎已被推翻了，所以日本駐彼得堡公使花房義質打電報回國說：如果台灣落入歐美手中，勢將危及日本南部諸島，並提出「我獨佔台灣之計」[5]。此外，駐北京公使榎本武揚也向清國總理衙門警告：割讓台灣給法國為不利[6]，顯示日本希望在未佔領台灣

[3]請參閱田保橋潔《日清戰役外交史の研究》，昭和26年初版、昭和40年再版，東京，東洋文庫，354頁。又前引書，參謀本部《日清戰史》第一卷，第八章，三、日本國軍的作戰計畫。

[4]外務省藏版《日本外交文書》第一九卷，232頁，付記一〇。

[5]伊藤博文《秘書類纂》，全二六冊，昭和10～16年，東京，秘書類纂刊行會，外交篇，中卷，183～6頁。

[6]前引書，外務省《外交文書》第一七卷，585～90頁，〔二六五〕本於在我國應試行調停之訓令為基礎，與慶郡王會見始末之文件。

以前，台灣要由清國妥為保持。

　　一八九一年前後視察台灣的福州領事上野專一提出報告說：在台灣政略上，將來日本最須關注的是「其豐饒令人驚嘆……委實是天賜寶庫」，「如致力其內地之開拓，不難創造東方一大富饒之土地」[7]。另，稻垣滿次郎在其《東方策結論草案》中，以「台灣之位置可喻為東方之君士坦丁堡，故日本應從國策觀點，對台灣投以最大關注」[8]，喚起政府的注意。

　　從這些提議可知，日本朝野都未放棄佔領台灣的念頭。

　　在日本軍部中，海軍最渴望佔領台灣。海軍內部毋寧認為，遼東半島不如因時制宜，逼清國暫時讓與朝鮮，再由日本租借即可。至於台灣，則主張：因位居台灣海峽之要衝，必須納入日本版圖[9]。甚至在最初起草的講和條約草案(十月八日)中，除了遼東半島，亦有以包括澎湖島在內的台灣地區應為割讓要求區域的提案[10]。可見醉心於台灣作戰的日本在未見成果之前，自然不會有和談的興趣。張蔭桓代表一行到達日本時，日本人都在叫嚷：「一般人心仍未厭戰，和談為時尚早。」無論總理大臣伊藤博文或外相陸奧宗光，都

---

[7]山下江村著、發行《台灣海峽》，大正5年，台北，325頁所載。
[8]稻垣滿次郎《東方策結論草案》，明治25年，東京，哲學書院，上，112頁。
[9]伊能嘉矩《台灣文化志》下卷，912頁。
[10]由陸奧外相起草的該條約草案，分甲、乙、丙三案，其中僅要求割讓台灣全域的是乙案。三案的具體內容，請參閱前引書，田保橋《外交史》391頁。

持和談時機尚未成熟的觀點。他們認為：此時接受和談，非但不能達成目的，反而會洩漏日本打算對清國要求的條件，徒然引起國內外的爭議[11]。於是，日本當局針對張、邵清國代表所提出的委任狀，以「徒具委任狀形式……無法認定全權委任」為藉口，於隔兩天召開的日清兩國全權會談中宣佈說：「因不得不認為清國政府無意誠實協調此一重要問題，故未能繼續進行會議。」[12]縱然清國代表的委任狀欠妥，其實也只是日本當局的藉口罷了。事實上，日本當局原本已從清國的前例預測其委任狀將有不妥之處，所以已預先備妥口實[13]。日本當局在等待和談時機，企望在和談時由具有全權代表身分、且對割讓領土問題能說服朝廷的重量級人物出面，例如恭親王奕訢或直隸總督北洋大臣李鴻章。這從總理大臣伊藤博文二月二日對清國代表的演說與談話中即可明確看出。[14]

被拒絕和談的張、邵一行，於二月十二日離開日本，踏上返國之途。另一方面，急於謀和的清廷知悉日本意向之後，恢復了因敗戰之責而遭議處的李鴻章名譽，於十三日任

---

[11]陸奧宗光遺著《蹇蹇錄》，昭和16年，東京，岩波書店，172～3頁。

[12]前引書，外務省《外交文書》第二八卷，第二冊，235頁。

[13]前引書，陸奧《蹇蹇錄》173頁。

[14]前引書，外務省《外交文書》第二八卷，第二冊，241頁。

除該演說之外，伊藤當天亦向清國使節團參贊官伍廷芳說：「如果清廷能指派如恭親王或李中堂〔鴻章〕等人物，那就太好了。」春畝公追頌會(小松綠)《伊藤博文傳》，全三卷，昭和15年初版，昭和19年三版，東京，統正社，下卷，162頁。

命其爲和談全權代表。

被喻爲觀察內外情勢最權威的李鴻章，看出日本要求割讓領土的野心，認爲唯有接受，別無他途。同時，李鴻章也爲防止日後再被追究責任，乃預先取得淸廷的承諾。[15]

李鴻章一行於三月十九日到達下關，二十日與日方全權代表內閣總理大臣伊藤博文、外務大臣陸奧宗光舉行第一次會談。

淸國當局的當急之務是實現日淸兩國停戰，但日方並不輕易應允。在第一次會談的五天前，即三月十五日，日本軍已開出佐世保港，準備去攻打澎湖群島。日方極機密地推進澎湖作戰，到二十三日登陸澎湖後，才於次日的伊藤、李第三次會談中透露日本已進軍台灣。李鴻章這才發現日本之不輕易接受停戰，原來是「已派兵至台灣」[16]。李鴻章早知日本對台灣有所覬覦，遼東與台灣的割讓已在所難免，卻沒料到對方的計劃是如此週密[17]。日本當局似乎想先在台灣確立軍事勝利，而後才答應停戰。然而在二十四日的會談之

[15]王彥威編《淸季外交史料（光緒朝）》，全二一八卷，民國21～4年（1932～5），民國52年(1963)，台北，文海出版社復刻版，卷一〇七，9～10頁。全權大臣李鴻章奏遵旨赴日本議約預籌大略摺，附論。

[16]前引書，外務省《外交文書》第二八卷，第二冊，398頁。

[17]據載：當伊藤說日軍已向台灣挺進時，李「聽到台灣兩字，面露驚愕之色」。同上。但這不過是李的演技罷了。因爲三月二日西太后召見李時，已初步決定割讓遼東半島或台灣，若日本不滿意，則兩地均讓。張之洞《張文襄公全集》，全首二卷，二二九卷，民國17年(1928)，北平，卷一四三，電牘二二，汪委員來電(光緒21年2月初9日申刻到電)。

後，發生李鴻章被日本兇漢狙擊的事件，使日方急生讓步的
需要。同時，佔領澎湖也宣告成功了(三月二十六日)，因此
乃答應了停戰的要求。

僅管如此，日本當局的讓步終歸是有限度的，二十八日
所提示的停戰條約，日方的草案列明台灣島與澎湖群島不在
停戰範圍內[18]。由此可知，日本覬覦佔領台灣已不單是臆
測或危懼感了。李鴻章試圖將台灣列入停戰區域[19]，但徒
勞無功。三月三十日簽訂的日清停戰條約，約定奉天省、直
隸省、山東省各地停戰。雖沒像當初的日方草案那樣提及台
灣，卻無異已把台灣排除在停戰區域之外。就這樣，日本當
局於四月一日將和約草案提交李鴻章，經雙方代表折衝之
後，於四月十七日正式簽訂日清講和條約(馬關條約)。和日
方當初的草案相較，條約內容雖在奉天地區的割讓範圍、賠
款、開港數等獲得日本若干讓步，實際上是近乎照案通過
[20]。由於這個條約，清國向日本付出賠償金二億兩和多種
商業特權，並割讓遼東半島和台灣給日本。

日本佔領遼東半島，引起了俄、德、法三國干涉，三國
駐日公使於四月二十三日赴日本外務省提出異議。日本經不
起三國的壓力，乃於五月五日決定歸還遼東半島，並透過駐
該國公使予以通告。其歸還條件決定留待日後由日清雙方折
衝，而日清和約則照預定的五月八日，在芝罘完成無修正的

---

[18]前引書，外務省《外交文書》317頁。
[19]同上，302頁。
[20]比較日方和約草案與和約定本。同上書，331～4頁、363～5頁。

批准互換。

　由於馬關條約的批准互換，台灣依法已歸日本領有，日本政府旋即於五月十日將海軍軍令部長—子爵樺山資紀海軍中將，晉昇爲大將，並任命爲台灣總督兼軍務司令官。樺山總督於二十一日制定台灣總督府暫行條例，二十四日率領文武官僚，從宇品搭乘橫濱丸輪船前赴台灣。

　在此之前，日本爲進攻北京，已派遣北白川宮能久親王率領近衛師團開向大連，近衛師團於四月間抵達大連後不久，即見到日清兩國和談成立。由於日本決定佔有台灣，預料當接收台灣時，將遭遇台灣住民的抵抗，所以近衛師團隨即又被派往台灣。五月二十七日，近衛師團在琉球那霸背面的中城灣與樺山總督一行會合，於二十九日駛向台灣北方海上。

　馬關條約第五條規定：「俟本約批准互換之後，兩國應各選派官員二名以上爲劃定疆界共同委員，就地踏勘，確定劃界。」因此，清國當局任命曾任和談全權代表之一的李經方爲台灣授受委員，但李卻托詞生病而堅決辭退。然而李鴻章、李經方父子應負割讓台灣之責，所以應由李經方擔任此一恥辱任務的意見很強烈，清廷乃勒令李就任，於是李也不得不接受任務[21]。李經方懼怕登陸台灣會被憤慨的台灣住

[21]請參閱李鴻章撰，吳汝綸編《李文忠公全集》，電稿，全四〇卷，光緒31～4年(1905～8)，卷二〇，寄上海交伯行，光緒21年4月24日發電，及寄伯行，同年4月26日發電。
晨風〈一八九五年台灣民主運動失敗之原因〉，中華民國開國五十年文獻編纂委員會編《列強侵略》，全四冊，民國53年(1964)，台北，正中書局，㈢，627～8頁。

民殺害,因此要求日方全權代表樺山總督不登陸而在海上辦理手續[22]。於是,台灣授受手續便於六月二日在停泊於台灣東北端的三貂角外海的軍艦上辦理。

　　如此,日本之領有台灣,在國際法上與事務手續上都有依據了。但此時台灣島內卻發生始料未及的新狀況。日本軍雖提前於未完成台灣授受手續的五月二十九日就展開登陸戰,但在這之前,台灣已宣佈獨立,並於二十五日創立了共和制的台灣民主國。

---

[22]風俗畫報臨時發刊《台灣征討圖繪》,全七編,明治28～9年,東京,東陽堂,第一編,3頁。

列國與台灣的割讓

第一節　清國內部的反應

　　基於講和條約，清國賠償日本二億兩，給予許多利權，也割讓台灣，但由於三國干涉，得以保留遼東半島。然而在接受這些條件之前，清國內部仍經過了一番波折。這期間，台灣島內發生反對割讓運動，創立台灣民主國，各地發生武力抗日運動等，這到底和清朝有什麼關聯？為了查明事實，筆者擬先就清朝內部諸勢力對台灣割讓問題所採取的態度加以考察。而有關台灣問題的爭論已包含於講和條約中，因此有必要觀察清國內部對講和條約的反應。

　　很明顯地，清廷內部關於講和條約的意見可分成二種，而且有關講和的爭論並不只清廷內部，連中央官衙的官吏，甚至地方督撫(總督、巡撫)，以及知識分子，都捲進爭論的

漩渦。其中有強調反對割讓台灣者[1]，也有把台灣置之度
外，僅強調遼東半島不可讓者[2]，惟均爲數甚少。大部分的
反對講和論者，都對條約內容面有難色。相反地，不管講和
條約內容爲何，推動提前締結條約的所謂講和贊成論者，則
以強大勢力爲背景，積極進行講和。這種鮮明的意見對立，
並非在講和問題之後才發生，追溯根源，已先見於日清開戰
時，和戰兩派的對立，甚至更早的光緒帝派與西太后派的權
力鬥爭。

　　清末五十年的政治係由西太后總攬，她的權力至上，皇
帝只是有名無實的存在。蓋光緒帝(幼名載湉)之成爲皇帝，
乃是西太后所立，而西太后之所以忽視慣例，立自己的外
甥：年僅四歲的幼兒爲皇帝，不外是要垂簾攝政[3]。因此，
即使光緒帝於即位後十三年的一八八七年(清光緒十三年)親
政，依然僅止於次要的存在，人事行政權依然均掌握在西太

---

[1]故宮博物院編《清光緒朝中日交涉史料》，全八八卷，民國21年(1932)，
　北京；民國52年(1963)，台北，文海出版社，復刻版，(二七二三)，
　署南洋大臣張之洞來電，2月初5日(陽曆3月1日)。這些電文、上奏文
　均於光緒21年(1895)發出，故以下省略年代。(二九四九)，江南道監
　察御史張仲炘請飭全權大臣勿以台灣許倭摺，3月14日(陽曆4月8日)
　等。
[2]同上，(三〇四七)附件一，奉天舉人春生等呈文，4月初6日(陽曆4月
　30日)。(三〇九五)，內閣學士祥霖奏倭寇約條斷難曲從請飭會議以挽
　危局摺，4月初9日(陽曆5月3日)。(三一一五)，盛京將軍裕祿來電，4
　月10日(陽曆5月4日)等。
[3]有關立載湉爲皇帝的經緯，請參閱清德齡郡主《瀛台泣血記》，民國49
　年(1960)，台北，東方書店，34～64頁。

后手中，重要政令更須經其裁決[4]。隨著光緒帝的成長，推動皇帝主政的勢力也逐漸培育出來。其核心是重臣翁同龢、李鴻藻等人。然而當一八八四年彈劾重臣時，時爲軍機大臣、居於政權中樞的翁及李仍被免職，另行任命日後推動日清講和的孫毓汶爲軍機大臣。日後李鴻藻恢復爲禮部尙書，得再與戶部尙書翁同龢共同輔佐光緒帝，乃是在光緒帝親政之後。[5]

另一方面，李鴻章則深獲西太后寵信，他投入巨款創建並統率北洋陸海軍，又任大學士、北洋大臣、直隸總督等要職，在軍事、政治、外交各層面都顯示其極大權力。他與翁同龢等人關係惡化，乃開端於一八八四年的重臣彈劾，到光緒帝親政時，力謀皇帝主政的翁等人與仍視西太后爲最高爲政者的李鴻章等人的關係更加惡化，在政策面也事事對立。[6]

因爲朝鮮而起的日清紛爭一經激化，以光緒帝爲主，翁同龢、李鴻藻等人均主張對日開戰，但李鴻章等人卻堅持和平論。於是，光緒帝派與西太后派就分別以主戰論及和平論的形態進行抗爭。和平論者的主張根據，是堅信無法戰勝日本，同時也擔心會對預定於此年舉行的西太后六十一歲還曆

---

[4]田保橋潔《日清戰役外交史の研究》267頁。

[5]同上。

[6]翁在國防問題上是矇昧無知之輩，連鋪修鐵路也加以反對。他1890年再次強硬主張應禁止南北洋購入外國武器彈藥，而與李鴻章衝突。李守孔《中國近代史》，民國47年(1958)，台北，三民書局，433頁。

祝典帶來障礙[7]。結果,主戰論者被李鴻章等期待列強調解的和平論者牽制,直至日清兩國的艦隊已在朝鮮近海發生遭遇戰,終才做出開戰的決定。其時,掌理財政的翁同龢曾嘗試停止支付西太后的宮殿頤和園的興建費,以之移為戰費[8]。從這原委來看,日清戰爭在國際上乃是日清兩國之戰,但在清國國內,則可以說是光緒帝派的主戰論者與西太后派的和平論者之間的鬥爭。的確,「帝黨主張開戰是為了透過戰爭削弱后黨之勢力,而后黨主張和平則是意圖保存自己之勢力。」[9]

清國與日本軍之戰,結果是由李鴻章所率領的北洋陸海軍擔任,而其慘敗則導致李之下台,促進光緒帝派的發展。由於敗戰的責任,李北洋大臣、直隸總督之位被革職留任(清制,懲罰官員之法,奪官員品級及附隨頂戴,但仍留於現職,視日後的功勞再回復現官的待遇)。清軍戰敗雖在清朝中樞引起某些程度的勢力變動,但李鴻章依然留任於大學士職,而最高機構軍機處則有和平派首腦徐用儀、孫毓汶留任為軍機大臣[10]。徐、孫均兼任總理衙門大臣,徐更任吏部左侍郎,孫

---

[7]前引書,田保橋《外交史》,368～9頁。

[8]同上,272頁。

[9]范文瀾《中國近代史》上編,第一分冊,1947年初版,延安,1952年七版,北京,人民出版社,275頁。

[10]1895年上半年的軍機大臣、大學士如下。出自錢實甫《清季重要職官年表》,1959年,北京,中華書局。

軍機大臣:恭親王奕訢、禮親王世鐸、孫毓汶、徐用儀、剛毅、李鴻藻。

大學士:文華殿李鴻章、武英殿額勒和布、文淵殿(出缺)、東閣張之萬、體仁閣福錕、協辦大學士麟書、協辦大學士徐桐。

則任兵部尙書。和平派由於有西太后在背後撐腰，勢力依然不可動搖。

這種主戰、和平論的鬥爭，表面上是以反對或贊成講和條約的形態在反覆進行，實質上卻是光緒帝、西太后兩派的權力鬥爭。而由光緒帝的親信文廷式、翁同龢、李鴻藻等人控制的翰林院首先燃起了反對講和條約的烽火，乃緣由這種背景吧[11]。講和反對論者的主張，雖有與日本再戰之意，但直至清軍遭到慘敗，他們並非眞正有意交戰，那只不過是對主張講和之政敵的一種譴責罷了。[12]

不管清廷內講和反對論者的眞意何在，由他們點燃的反對講和的火焰，卻在條約簽署前後至批准交換這段期間，擴

---

[11] 翰林院爲最高學術機關，掌理國史編修、經書進講、文式選定等，也是管理人材的機關。請參閱臨時台灣舊慣調查會第一部報告《淸國行政法》，全七卷，明治38年～大正2年，台北，臨時台灣舊慣調查會，第一卷，204～7頁。

日淸開戰時，光緒帝曾操縱翰林院史官攻擊和平派。請參閱前引書，田保橋《外交史》272頁。

最先反對整個講和條約的，是翰林院編修黃紹箕、丁立鈞，以及帝妃之兄侍讀學士文廷式等。請參閱前引書《交涉史料》(二七三六)，(二七○九)，(二七九一)。之前張之洞曾發出反對的電奏，但此電奏只是呈報台灣反對割讓的意見。請參閱(二七二三)。

[12] 儘管淸廷的和平論者好幾次逼迫光緒帝批准講和條約，但光緒帝仍然加以拒絕。可是當他得知三國干涉已開始，他也下不定決心要與日本再戰。四月二十七日光緒帝命令重臣廢除條約，準備再開戰鬥時，總理衙門大臣慶親王奕劻加以反對，並反駁云帝之言未必眞心，帝無言以對。易順鼎〈盾墨拾餘〉，光緒22年(1896)，中國史學會編《中日戰爭》，全七冊，1957年，上海人民出版社，第一冊收錄，126頁。

大到全國的規模，各地的反對聲音紛紛以代奏的方式提出於清廷。條約是四月十七日簽署的，但在同月十五日至五月八日批准交換這段期間，向清廷提出的代奏及上奏文高達約一四○件，署名者達到數千人[13]。這些人幾乎都採連名的方式，而且以居住在北京的史官或地方舉人為多。也有一部分戶、吏、刑、禮、兵、工六部的中堅官吏加入。此外，有半數巡撫與總督贊同這項反對之舉[14]。於是，講和之贊成與反對兩論，就越過清廷內部的權力鬥爭，發展為清朝官界及知識階層所關心的一件大事。

---

[13]根據前引書，《交涉史料》三三～四四卷所收錄上奏文之署名人數合計。

[14]根據前引書，錢實甫《職官年表》之「總督年表」及「巡撫年表」，其中光緒21年之項，巡撫十八名，但其中福建省巡撫及甘肅省巡撫分別兼攝閩浙總督及陝甘總督，因此巡撫僅十六名。另為指揮監督巡撫而置有總督，其數額為八名。這些督撫之中，提出反對上奏者如下列。根據前引書，《交涉史料》三四～四四卷。（　）內之數字為上奏文史料編號。

　　署理北洋大臣、署直隸總督王文韶(三○六九)
　　南洋大臣、署兩江總督張之洞(三○○八等多數)
　　陝甘總督楊昌濬(三一四六)
　　署湖廣總督、湖北巡撫譚繼洵(三○二一)
　　陝西巡撫(4月18日就任陝甘總督)鹿傳霖(三一四二)
　　署台灣巡撫唐景崧(散見多處)
　　山東巡撫李秉衡(二九九四，三○六八)
　　署山西巡撫胡聘之(三一七四)
　　河南巡撫劉樹棠(三○○九)
　　江西巡撫德馨(三○三五)
　　廣東巡撫馬丕瑤(三一九六)
　　廣西巡撫張聯桂(三○五六)

在對講和論者的譴責聲中，有不少是針對締結條約的李鴻章、李經方父子所做的人身攻擊，但這些代奏、上奏文反對講和的論調，卻是憂慮清國的將來，因此各個論點甚為相似。即遼東靠近北京，若割讓給日本，等於被日本抓住要害，且奉天有皇祖之陵，割讓遼東乃攸關社稷存亡；而台灣不但物產豐富，也是華南七省門戶，若將之割讓，必陷華南一帶的國防於危地。割讓領土之不利不僅如此，連日本這種小國都要割讓領土給他，爾後如果受到擁有數倍於日本國力的列強侮辱時，必更無法拒絕列強的領土要求；鑒於俄國、法國、英國正分別窺視滿州、廣西、西藏、廣東的現狀，割讓領土，徒使清國遭到瓜分的災難。此外，若給予日本巨額賠償金，財政狀況必顯著惡化，使國家衰敗等。基於以上理由，他們認為，與其與日本講和無勝算，不如將賠償金的一部分用之於國防，來打持久戰以待小國日本的衰弱。因而，幾乎全都主張繼續進行戰爭[15]。

反對講和者之中，不少人過於相信清國國力，或不了解內外情勢[16]，但無論如何，企圖在鴉片戰爭以來被列強陸

---

[15]請參閱前引書《交涉史料》三八～四四卷所收錄代奏、上奏文。

[16]例如主戰論者指導人之一的文廷式說：「今我國家全盛，無異昔時所失者八九州縣之地而已。」同上史料(二九四二)附件一。
李桂林等八十三名翰林院高級官吏則認為：「台灣沃野千里，當倭國三分之一。」同上史料(二九六八)、(二九八五)附件一。
戶科掌印給事中洪良品之流則說：「日本之疆域不過與台灣等耳。」同上史料(三〇〇〇)、(三〇八五)附件一。
這些都是極為嚴重的錯誤。

續蠶食的這個國家施行新政，藉以恢復國威的運動，與反對講和有密切的相關，這是不容懷疑的。日後活躍於維新運動的梁啓超也踴身提倡反對論[17]。特別是康有爲所指導的所謂「公車上書」[18]，反對論尤其高張。是年恰值會試之年，各省舉人雲集北京，康有爲乃召來十八省的舉人一千二百名開大會，主張廢除講和條約。參加者之中，有十六省六〇三人署名於上奏文[19]。這時的上奏，不只反對條約，也擴大要求徹底的政治改革。此時儘管澎湖已失守，台灣已被排除於日淸約定的停戰地域之外，但引人注目的台灣問題，正隨著反對講和的氣運上揚而登上舞台了。

那麼，講和贊成論者對台灣割讓問題又持何種觀點呢？有關這個問題，可舉締結條約的淸國全權代表且強力推動批准的李鴻章爲代表來加以說明。儘管講和條約的不利內容於淸國是過重的負擔，他卻簽署該條約，他之所以如此，不外害怕已佈好陣勢的日本軍乘勢攻進北京，使淸國本身陷於不保。而那微不足道的台灣的輕重，這時已不再是問題了。之前講和談判正在進行時，光緒帝爲因應日本提出的要求，曾透過總理衙門命令李鴻章以包括澎湖諸島在內的台灣南部割

---

[17] 同上史料(三〇四七)附件五，廣東舉人梁啓超等呈文，4月初6日(陽曆4月30日)，(三〇七二)附件四；廣東舉人陳景華等呈文，4月初7日(陽曆5月1日)。

[18] 舉人赴北京會試，謂之公車。

[19] 來新厦〈中日馬關訂約之際的反割台運動〉，歷史教學月刊社編《中日甲午戰爭論集》，1954年初版，1955年五版，北京，五十年代出版社，48頁。

讓給日本，清國則保留台灣北部這個腹案與日本交涉，但李鴻章並未採納。縱使他有「割台之牛與之，〔日本〕亦未必允」的識見，但「一島兩國分治，口舌旣多，後患亦大」的憂慮完全左右了他的態度[20]。

　　這段時間，台灣已再三發給北京反對割讓的聲明，但李對這種反對運動甚爲冷淡，認爲「恐生事變，與華官無涉」，於是採取台灣任何事態均與淸國無關的態度，又認爲「台多亂民，儻官爲唆聳，徒滋口舌，貽累國家」，恰似賣弄著台灣的反對運動乃緣於好亂的台灣住民性格的言辭，力戒淸國官吏不可參與[21]。由此可見，他對台灣的執著是非常堅定的，所以當三國干涉的結果，返還遼東可期之時，他說：「蓋日本已覆俄國，允退還全遼，台灣不可自我屢翻。」[22]他害怕因台灣問題而推翻返還遼東的決定。當他以國家大計爲前提時，優先考慮京畿的安全，他確保對京畿安全有直接影響的遼東等，是可以理解的，但若指台灣的反對運動爲「台民如此兇暴」[23]，而建議敵國日本總理大臣：「台灣主權，業經交與日本，日本自應派水陸各軍以資彈壓，維護平安。」[24]那就不得不說，他眼中根本就沒有台灣的存在。

----

[20]李鴻章《李文忠公全集》，電稿，卷二〇，譯署來電，光緒21年3月19日（陽曆4月13日）巳刻到電。又，寄譯署，同日發電。以下年代均爲光緒21年（1895），故省略之。

[21]同上電稿，寄譯署，3月22日（陽曆4月16日）辰刻發電。又，覆譯署，3月28日（陽曆4月22日）戌刻發電。

[22]同上電稿，覆煙台伍道等，4月13日（陽曆5月7日）酉刻發電。

[23]同上電稿，寄上海交伯行，4月24日（陽曆5月18日）申刻發電。

[24]同上電稿，寄伯行，4月27日（陽曆5月21日）午刻發電。

　　然而，這並不意味這些講和贊成論者積極贊同割讓台灣
並加以推動，毋寧說他們是害怕因阻止割讓台灣而導致講和
問題發生糾紛，是時日本若再進攻，清朝本身可能崩潰。因
此當三國干涉開始，他們就期望台灣割讓問題也能比照返還
遼東加以解決[25]。但當被告知那是不可能時，他們害怕給
予返還遼東不良的影響，就從這個問題退出了。儘管三國干
涉正在進行中，講和贊成派的首腦：軍機大臣、也是總理衙
門大臣的徐用儀、孫毓汶等人即逼迫光緒帝批准條約。其他
重臣也未特意反對，於是五月一日決定批准條約，三日光緒
帝終於捺印[26]。從這個過程可以推測出來，至少對講和贊
成論者而言，阻止割讓台灣並非他們關心之事。

　　那麼，講和反對論者又如何呢？大部分反對講和者是地
方的知識階層，這些人意氣軒昂卻未有實力，其主張無法付
諸實行。就連那些居住北京、反對講和的一部分中堅官吏也
未有實權。所以，這些人的反對只不過是抗議而已[27]。擁
有權力的地方督撫也只高呼強硬論而已，他們所期待的，是
列強的干涉[28]。反對講和的督撫們的奏電幾乎都在三國干

[25]A. Gérard, *Ma Mission en Chine (1893～1897)*，Paris, 1918。張雁
　　深譯〈施阿蘭論三國干涉〉，《中日戰爭》第七冊所收，421頁。
[26]前引書，易順鼎〈拾餘〉，《中日戰爭》第一冊，126～8頁。
[27]請參閱前引書，來新厦〈反割台運動〉，《戰爭論集》43頁。
[28]李鴻章被處革職留任之後，王文韶繼之兼署北洋大臣、直隸總督。王
　　文韶為對日強硬論者，但當光緒帝關於和戰有所垂詢之際，其覆電卻
　　也給光緒帝正期待俄、德、法三國干涉的印象。前引書《交涉史料》
　　（三〇五三），署直隸總督王文韶來電，4月初6日(陽曆4月30日)。其
　　他督撫亦相似。

涉開始之後才發出[29]，因為三國干涉這個有望的新局面加強了他們的信心，才使他們提倡對日強硬論。日清戰爭始終是北洋陸海軍與日本軍的戰鬥，地方督撫則幾乎全都保持中立的態勢，這些人的心態由此可略窺一二。這些督撫在提倡反對講和時，並不意味要依恃自力貫徹對日戰爭，而是在依靠列強的力量使日本畏縮。光緒帝亦同，他也無意與日本再開戰鬥。[30]

　　對於將左右清國將來的整個條約，講和反對論者的意識既然有這樣的界限，那麼他們對遙遠的孤島台灣所給予的微不足道的支援也就可以理解了。日清兩國停戰以來，戶部（掌理財政）對台灣的直接支援不超過五〇萬兩[31]。而且此金額還是南洋大臣張之洞以總督身分，在統治的江蘇省以將來取得借款之後要返還戶部為條件，懇請將一〇〇萬兩支付給台灣才獲得的。[32]

　　日清戰爭正在進行時，清國已痛感強化台灣防備的必要性，其時，主張盡力強化防備者，除張之洞外，尚有閩浙總

---

[29] 三國干涉始於4月23日，之前上奏過反對講和者，只唐景崧及山東巡撫李秉衡二人而已。其他督撫的上奏均在4月23日之後。請參閱註[14]。

[30] 請參閱註[12]。

[31] 請參閱翁同龢《翁文恭公日記》，全四〇冊，民國14年(1925)，上海，第三四冊，21～2頁，乙未，3月初1日(陽曆3月26日)。之後清廷就未再給予台灣物質上的支援。

[32] 前引書《交涉史料》(二九〇九)，署南洋大臣張之洞來電三，2月29日(陽曆3月25日)。

督邊寶泉、兩廣總督譚鍾麟等[33]。可是除張之洞之外，無論邊寶泉，或是譚鍾麟，在日清停戰至台灣民主國創立之間，均未給予台灣援助。清朝官憲之中，最關心台灣且給予種種支援者，僅張之洞。

　　張之洞與台灣省署巡撫(代理巡撫，以下簡稱巡撫)唐景崧是師徒關係，所以張之洞對台灣的關心有其個人感情的一面。同時，身負華南防備責任的南洋大臣，對具國防價值的台灣大概也抱有強烈的關心吧。但是張之洞也未必固執將台灣完全置於清國主權之下，他老早就認為清國對台灣只要擁有名目上的主權即可，並且早於日清開戰當初，他就計劃以台灣為質押，向歐美舉債以籌措軍費。此案雖被清廷採納，結果卻未實現[34]。其後清國戰敗，日清講和談判一開始，他就再次建議將台灣權益給予英美，以要求兩國防衛台灣[35]。張之洞這樣的策劃，起因於他認為日本與英國不同，日本是緊鄰清國的，其壓迫是急待解決的問題，相對地，清英兩國目前並未有緊張關係，也就是所謂「遠交近攻」的方策[36]。他的這種提案並不僅限於英國，他也向美國、俄國、

---

[33]思痛子《台海思慟錄》，光緒丙申年(1896)序，台北圖書館藏抄本，民國48年(1959)，台灣銀行復刻版，4頁。

[34]此案乃是要抵押台灣九十九年，向「a European Treaty Power」借款四億金元，這是容閎代替張之洞起草的。Yung Wing, *My Life in China and America* (New York, 1909), pp.243～4。

[35]前引書《交涉史料》(二七二三)，署南洋大臣張之洞來電，2月初5日(陽曆3月1日)。

[36]同上。

德國、法國提出過。[37]

　　總之，反對整個講和條約的講和反對論者是如何地期待着列國的干涉。三國干涉一開始，相當鼓起了這些人的氣勢，於是光緒帝四月二十七日派駐俄公使許景澄和俄國交涉更進一步的武力干涉[38]。就這樣，清國企圖廢除條約，乃至阻止割讓領土的對外交涉活潑起來了。

---

[37]請參閱張之洞《張文襄公全集》卷一四三，電牘二二，致俄京許欽差，2月22日(陽曆3月8日)發電。又向法國提出擬在越南、廣西、雲南等國境問題上讓步以為報酬的意向。同電牘二三，致巴黎王欽差，3月29日(陽曆4月23日)發電。

[38]前引書《交涉史料》(三○二四)，軍機處電寄許景澄諭旨，4月初3日(陽曆4月27日)。

第二節　列強的態度
——清國的對外交涉

　　就三國干涉一事，不論清國朝野，也不論對講和條約持何種態度，均認為應該歡迎。總理衙門當然重視這個局面，於是衙門大臣慶親王奕劻、孫毓汶、榮祿等迅速訪問俄國公使(Graf Arthur P. Cassini)、德國公使(Freiherr Schenck)、法國公使(A. Gérard)，表示謝意，同時也請教清國今後應採取的對策[1]。如果能利用三國干涉來廢除條約，對清國可真是雖戰敗卻未有所失的出乎意料的幸運。於是北京開始對在駐的列強公使進行工作，另一方面也透過駐外使節試探駐在國的意向，以及請求對廢除條約給予協助。在整個日清戰爭與善後期間，如果說清朝內部曾有過超黨派行動，那也只是在三國干涉進行中的最初數日而已。

　　一八九五年上半年，清國只有三名駐外使節，分別是楊儒兼任美國、西班牙、秘魯三國駐在公使，許景澄兼任俄國、德國、奧匈帝國、荷蘭四國駐在公使，龔照瑗兼任英國、法國、義大利、比利時四國駐在公使[2]。清廷以三國干涉中的俄國、德國、法國及英國、美國為交涉重點，令許景澄與俄國、德國，龔照瑗與英國、法國，楊儒與美國，分別

---

[1]A. Gérard, *Ma Mission en Chine (1893～1897)*。張雁深譯〈施阿蘭論三國干涉〉，《中日戰爭》第七冊，418頁。

[2]錢實甫編《清季新設職官表》，1961年，北京，中華書局，21頁。

進行交涉。此外，張之洞也透過以欽差大臣身分派往俄國、當時順道正在法國的王之春與法國進行交涉。

　　就這樣，三國干涉帶給因為講和而激烈對立的兩派前途有望的樂觀，使兩者對三國干涉有所期待而各自進行交涉，可是兩者間的互不信任與排拒並未消失。例如干涉實際開始前日，講和反對論者之一的總理衙門章京沈曾植所發出的電文：「德法俄並阻批准條約，英尤惜台，有質台之議，殊不受也。」就流露出對講和贊成論者的不滿情緒[3]。張之洞也知道他因一直主張戰爭而被北京中樞所討厭，所以有關列強干涉的建議，都盡可能設法由唐巡撫或其他人直接提出。[4]他對講和贊成論者的反感極為激烈，例如他以負責與英法交涉的龔照瑗為李鴻章屬下為由，認為「欲懇英保台，商龔無益。……龔與合肥親厚，斷不肯翻和局」，因此又專權委託非正式使節的王之春辦理交涉。[5]

　　無論屬何黨派，這些使節的報告常常基於主觀願望的推測。例如負責對美交涉的楊儒公使所提出的報告云：與美國國務院折衝的結果，美國政府準備支援清國[6]。而王之春的

[3]張之洞《張文襄公全集》，卷一四四，電牘二三，致台北唐撫台，3月28日（陽曆4月22日）發電。由張轉送的此電文，原打電者名為「植」，有關其名為「沈曾植」的推論，請參閱第五章第三節註[21]。

[4]前引書，張之洞《全集》，卷一四五，電牘二四，致台北唐撫台，4月初4日（陽曆4月28日）發電。

[5]同上，卷一四五，電牘二四，致台北唐撫台，4月初4日（陽曆4月28日）發電。

[6]故宮博物院編《清光緒朝中日交涉史料》（三〇六一），出使大臣楊儒，4月初6日（陽曆4月30日）來電。

報告則是「俄將阻遼東〔割讓〕，法希阻台灣〔割讓〕」，法國曾勸告清國延期批准條約，而且希望嚴守秘密云云[7]。王之春並非正式的駐外使節，因此法國外相(Gabriel Hanotaux)拒絕與他會面，這是日後才弄清楚的[8]，所以其情報來源值得懷疑。然而他從巴黎發給張之洞的情報及建議，卻給張或透過張給台灣巡撫唐景崧極大的影響。

講和反對論者對外交涉的著眼點，如張之洞自己所述，並不僅止於阻止割讓台灣，而在於條約的全面改廢[9]，但事實上他們比贊成論者還關心台灣的割讓問題。反對論者之一的總理衙門大臣汪鳴鑾得知台灣並未包含於三國干涉範圍，立刻告知唐巡撫並提供方策：由台灣直接請求英國保護、與張之洞聯名透過龔公使向英國外交部交涉、要求總理衙門懇請英國公使盡力等[10]。台灣的唐巡撫也大為贊同，並推測即使三國只阻止割讓遼東而無意阻止割讓台灣，但若知悉英國有取得台灣之可能性時，必不情願，基於此，唐巡撫建議張之洞應該也懇請俄國、德國就保全遼東的辦法，進行討論保全台灣的問題[11]。

---

[7]前引書，張之洞《全集》，卷一四五，電牘二四，致台北唐撫台，4月初4日(陽曆4月28日)發電。

[8]前引書，故宮博物院《交涉史料》(三一八九)附件一，總理各國事務衙門與法使問答節略，4月18日(陽曆5月12日)。

[9]前引書，張之洞《全集》，卷一四五，電牘二四，致台北唐撫台，4月初6日(陽曆4月30日)申刻發電。

[10]同上電牘二四，唐撫台來電，4月初4日(陽曆4月28日)丑刻到電。

[11]同上電牘，唐撫台又電，同日申刻到電。

就這樣，清國當局，尤其講和反對論者及台灣的唐巡撫等人，期待著列強干涉能延伸到台灣問題，其所以如此，是有相當根據的。他們觀察十九世紀後半即圍繞著台灣問題的列強動向，推測列強對日本之佔有台灣不可能毫不關心。

從出現於亞洲歷史的當時開始，台灣就成為列強競爭的舞台之一，對照台灣史來看，這是很明顯的事實。近半世紀以來，就有好幾個新的國家勢力著眼於台灣。

未參與對日共同干涉的美國也是其中之一。十九世紀後半乃是西漸運動(Western-ward Movement)跨過太平洋向亞洲進展的時期。脅迫日本開放通商的培里提督(Commandor Mathew C. Perry)意圖使台灣成為保護領土，於一八五三年派遣艦隊前往台灣[12]。此外，尚有前美國駐清全權外交委員Peter Parker有暫時佔領台灣的意見，首任駐日公使Townsend Harris有以購買方式領有台灣的建議等[13]。結果這些意見皆未被美國採納，但至少可知，和東亞有關的美國一部分官員對台灣抱有很大的關心。其他如一八六七年美艦Rover號失事，其船員被牡丹社高砂族所殺而引起出兵台灣的事實等，也表示美國未必不關心台灣。

---

[12]Foster Rhea Dulles, *America in the Pacific* (Boston, 1932), p. 72.

[13]有關當時美國之台灣佔領計劃，下列文獻可為參考。庄司萬太郎〈美國人之台灣佔領計劃〉，台北帝國大學文政學部《史學科研究年報》第一輯，昭和9年5月，363～427頁。田中直吉、戴天昭《美國の台灣政策》，昭和43年，鹿島研究所出版會，第二～五章。黃嘉謨《美國與台灣(1784～1895)》，民國55年(1966)，台北，中央研究院近代史研究所。

　　鴉片戰爭以來大舉侵入清國的英國也對台灣抱有強烈的興趣。當鴉片戰爭之際，英國曾好幾次派遣艦隊砲擊台灣，特別是一八四二年(清道光二十二年)竟有多達十九艘船的大艦隊來襲。由於台灣守備堅固，每次都被擊退[14]。至一八五八年，英國依據天津條約，成功地使清國開放台灣(台南)為通商港口，這是列強在台灣島擁有通商口岸的嚆矢。

　　一八六八年(清同治七年)，有英國人James Horn與普魯士人James Milisch(漢名米里沙)認為台灣東部非清國政令所及之處，不能視為清國版圖，乃在南澳一帶開墾，即所謂的東部開拓事件。台灣兵備道(司令官)就此問題向英國領事抗議，但英國置之不理。此事終於成為清英兩國間的問題，總理衙門大臣恭親王向駐北京英國公使Sir Rutherford Alcock激烈抗議，英國才命令James Horn停止開墾，這是英國公使基於目前還不想與清國發生衝突的判斷所採取的措施，但該公使及駐台英國領事依然認為台灣東部為清國政令不及的獨立地域[15]。翌一八六九年也曾發生英國艦隊砲擊安平、英國兵上陸包圍官署的事件。

　　法國的對台政策也頗為積極。由於一八五八年的天津條約，法國大致與英國同時得以在台灣島開設通商港口。相繼而來的是俄、美兩國。在天津條約上，法國除台南外，也指

---

[14]連雅堂《台灣通史》，卷一四，外交志，英人之役。

[15]有關東部開拓事件，請參閱同上書，英人之役，及Sophia Su-fei Yen, *Taiwan in China's Foreign Relations,* 1836～1874 (Connecticut, 1965), pp.106～109; p.117.

定淡水為通商港口，更於一八八四年（清光緒十年）佔領台灣
之一部分。是年於安南發生的清法兩國的戰火也波及台灣。
孤拔提督（Admiral A. A. P. Courbet）所率領的法國艦隊砲擊台
灣各地，同年並佔領基隆，翌年佔領澎湖諸島。至一八八五
年六月，終於依據在天津締結的清法越南條約，才從基隆、
澎湖撤兵。[16]

　　日清戰爭末期的一八九五年三月初旬，法國艦隊曾停泊
澎湖島，與當地守將歡談，並提出協助防衛澎湖的意向，這
是法國依然垂涎這個小島的一種表示吧。事實上，從外面也
可以明顯看出法國是反對日本佔有澎湖的[17]。此時，澎湖
守備軍乃在劉永福指揮下，接到這個報告的劉永福命令嚴屬
拒絕對方的建議。這是因為劉永福尚無法忘却先前在安南和
法軍交戰的怨恨。[18]

　　德國之侵入清國，較英、法為晚，但當一八六〇年普魯
士開始侵入清國的同時，發生了普魯士艦隊砲擊台灣的事
件。起因於高砂族糾紛的這個事件，被普魯士所利用，使普

[16]有關台灣在清法之間的戰鬥，請參閱中國史學會主編《中法戰爭》，全
　　七冊，1955年，上海，新知識出版社，第一冊所收，羅惇曧〈中法兵
　　事本末〉，21～2、26頁。有關條約內容，請參閱第七冊，424頁。
[17]Krasny Archiv: *First Steps of Russian Imperialism in Far East 1888～*
　　1903, in The Chinese Social and Political Science Review, XVII/2
　　(July 1934), pp. 236～81。以下略稱*Krasny Archiv*。p. 261, The most
　　devoted note of the Minister of Foreign Affairs, (April 6) March 25,
　　1895.
[18]伊能嘉矩《台灣文化志》下卷，990～1頁。

魯士亦得依一八六一年締結的條約,獲取英、法、俄、美四
國依天津條約所得的權益。因之,普魯士就利用台南、淡水
二港做爲通商港口。普魯士的成功,啓開未與清國交戰的國
家也想比照上列四國獲得權益的先例。六〇年代時,葡萄
牙、丹麥、荷蘭、西班牙、義大利、奧匈帝國相繼與清國締
結條約,獲取在台灣二港口從事貿易且居住的權益。[19]

　　普魯士的侵入台灣雖被英國佔去先機,但也有比英國積
極的一面。前述東部開拓事件當事人之一的James Milisch爲
普魯士人,他兼任漢撒同盟加盟都市(Hansestadt)的駐台領
事。對於總理衙門的抗議,駐北京的普魯士公使von Rehfus
卻反過來威脅,如果對James Milisch有加害行爲,將爲兩國
關係帶來重大的後果[20]。在此一事件上,英國讓步清國,
相反地,普魯士卻始終採取高壓的態度。

　　普魯士這種態度絕不是出自駐外機關的意思,而是國家
的政策。德國統一之後,台灣問題仍爲侵入遠東的重要問題
之一,不只開拓台灣島之一部,圍繞著佔領台灣的爭論,爾
後數十年一直繼續存在[21]。在日本要求佔有台灣的階段,
德國宰相Prince von Hohenlohe及外務大臣Baron von Mar-

---

[19]Yen, *op. cit.*, pp. 98～9.

[20]*Ibid.*, p. 108.

[21]*Die Große Politik der Europäischen Kabinette, 1871～1914*, Nr. 2222,
Der Staatssekretär des Auswärtigen Amtes Freiherr von Marschall
an den Botschafter in London Grafen von Hatzfeldt.
本文摘自孫瑞芹譯〈德國干涉還遼文件〉,《中日戰爭》第七冊,319～
418頁。以下同。

schall對佔領台灣甚爲消極，他們希望獲得的，似是舟山列
島[22]，但皇帝威廉二世(Wilhelm II)卻對佔領台灣相當積極
[23]。至於北方雄邦的俄國，則看不出佔有台灣的意圖。然
而，外相魯巴諾夫公爵(Prince Lobanoff-Rostovsky)受到法國
外相Gabriel Hanotaux的影響，害怕日本使澎湖島成爲第二
個直布羅陀，因而懷有必須阻止日本在該島設防的想法
[24]。西班牙由於已佔有菲律賓，也不滿日本佔有台灣，有
意對日本的佔有台灣加以限制，或是在此擴張本國殖民地。
[25]

　　由於這些事實，再加上三國干涉發生，以及駐外使節根
據主觀願望推測的報告等，越加激發了清國朝野，尤其講和
反對論者的期待。然而，即使這些國家過去對台灣抱有領土
野心，只要不將之繼續做爲國家的基本外交政策，其態度當
然就要隨當時國際情勢的變化而變化。至少在三國干涉的階
段，沒有一個國家明確提出佔有台灣或在台灣建立新權益的

[22]*Ibid.,* Nr. 2220, Der Staatssekretär des Auswärtiges Amtes Freiherr
von Marschall an den Reichskanzler Fürsten von Hohenlohe, z. Z. in
StraBburg; Nr. 2227, Der Reichskanzler Fürst von Hohenlohe an
Kaiser Wilhelm II.

[23]*Ibid.,* Nr. 2219, Der Reichskanzler Fürst von Hohenlohe, z. Z. in
StraBburg, an den Staatssekretär des Auswärtiges Amtes Freiherrn
von Marschall.

[24]*Ibid.,* Nr. 2264, Der Botschafter in Petersburg Fürst von Radolin an
das Auswärtige Amt.

[25]*Ibid.,* Nr. 2269, Der Staatssekretär des Auswärtiges Amtes Freiherr
von Marschall an den Botschafter in London Grafen von Hatzfeldt.

政策。

　　美英兩國皆無意出面對日干涉。美國早於日清戰爭進行時，就與日本簽署通商航海條約。美國政府當局對日感情極為良好，在日清講和條約簽署之前，在國務卿Walter G. Gresham與總統Grover Cleveland討論之後，向日本政府當局保証美國不會勾結歐洲諸國來干涉日本[26]。可見楊儒公使的報告是錯認事實。

　　另一方面，負責與英國交涉的龔照瑗公使雖要求英國外相金巴黎伯爵(Earl of Kimberley)採取和俄德法三國共同的步調，但遭到拒絕[27]。英國為牽制處於對立關係的俄法兩國侵入亞洲，正巴不得日本力量壯大。[28]

　　那麼，實際出面干涉日本的俄、德、法三國又如何呢？三國出面干涉，乃是基於各自的盤算，而目前最大且唯一的目的，乃在阻止日本佔有遼東，因此也害怕台灣問題不利於此目的之順利達成。遼東干涉，不能否認有李鴻章盡力的一面，但基本上是三國獨自的政策。俄國早在二月一日俄帝尼古拉二世(Nicholas II)主持的御前會議上就已預料到，當日清講和之際，日本的對清要求會侵犯到俄國的權益，決定勸

---

[26]財團法人開國百年紀念文化事業會編纂《日美文化交涉史》，全六卷，昭和31年，東京，洋洋社，I，401頁。

[27]前引書，《交涉史料》(三〇六〇)，出使大臣龔照瑗來電二，4月初6日（陽曆4月30日）。

[28]請參閱立作太郎博士論行委員會編《立博士外交史論文集》，昭和21年，東京，日本評論社，所收論文〈明治二十七、八年戰役とヨーロッパ強國の外交〉，特別是342頁。

誘英、法等歐洲諸國進行共同干涉。為此，乃派遣俄國地中
海艦隊與遠東艦隊會合[29]。其後至四月中旬，就將來之日
本對俄政策，有尼古拉二世及重臣之間的不同意見，直到四
月十七日才正式呼籲英法德進行共同干涉[30]。俄國之干涉
乃以本國的利益為出發點，意圖於滿鮮獲得不凍港，且於北
滿鋪修西伯利亞鐵路，以之封鎖日本侵入[31]。法國與俄國
有同盟關係，不得不與俄國協同步調[32]。至於德國，則素
有侵入遠東的意圖，期待屆時俄國能予以支持，同時也企圖
把楔子釘入俄法同盟，於是接受了俄國的勸誘[33]。在三國
干涉進行中，有關台灣的事情，僅有法國取得俄國的同意，
意圖要求日本約定不在澎湖設防，不割讓澎湖給外國，而且
這件事也因德國認為會帶給三國干涉不良影響，乃決定留待
干涉成功之後才進行。[34]

---

[29]Andrew Malozemoff, *Russian Far Eastern Policy, 1881～1904* (Cali-
fornia, 1958), p. 60.

[30]*Ibid.*, pp. 61～6. See also, *Krasny Archiv*, pp. 265～72, Minutes of
the Meeting of the Special Committee Held March 30 (April 11,
1895).
亞力山大大公(Grand Duke General-Admiral Alexei Alexandrovich)
主張在西伯利亞鐵路完成之前，有必要與日本協調，相對地，他的重
臣卻主張日本在南滿保有據點，對俄國將成為很大的威脅。

[31]*krasny Archiv*, p. 262, The most devoted note of the Minister of
Foreign Affairs, (April 6) March 25, 1895.

[32]William L. Langer, *The Diplomacy of Imperialism, 1890～1902* (New
York, 1951), Vol. I, p.185.

[33]前引書，立《外交史論文集》，364、390頁。

[34]法國是害怕日本佔有包括澎湖在內的台灣，將威脅到台灣海峽的自由
航行。三國有關包括澎湖在內的台灣問題的要求，是遼東干涉成功後
的六月才向日本提出的，而日本則於七月十九日宣告台灣海峽為公共
航線，不割讓包括澎湖在內的台灣給外國。

有關此問題，請參閱拙論文〈日本の台灣接收と對外措置㈡〉，國際法學會《國際法外交雜誌》第六九卷第二號（昭和45年7月）。

列強之關心台灣，由來已久，縱使當時各國政府內部也有抱持關心的人，但政策上卻未有阻止日本佔有台灣或從日本奪取台灣的計劃。因而清國的對外交涉可謂毫無進展。值得注意的是，不管列強的意圖如何，清國當局及在台官紳都是根據主觀願望的推測，期待列強的協助。例如張之洞連毫無意思介入台灣問題的英國也寄予期待，結果只要稍微有好跡象出現，就小題大作加以誇大，使抗日意願越發昂揚。過度期待與錯認事實，加上反對講和的爭論與抗日意識的昂揚，是清國對外交涉的特徵，也給台灣官紳的行動帶來莫大的影響。

就圍繞講和問題的兩派清朝當局來說，贊成論者即使在三國干涉之初、前途有望的情勢下，也未曾與台灣取得聯繫。相反地，反對論者則經常與台灣保持密切聯繫，並詳予通報和列強交涉的經過。若就日後成立的台灣民主國與清朝官憲的關聯來考察，可以發現，這中間即使有過某些關係存在，但那顯然是講和反對論者，而不是贊成論者。

第二篇

台灣的獨立與抗日運動的展開

台灣邁向獨立的過程

　　由於一八七四年(明治七年)日本曾出兵台灣的事實，日清戰爭的爆發促使清朝當局對日本是否再度覬覦台灣產生警戒心，因此增強了台灣的防備。不過由於北方戰線不利，對於是否要將部分的台灣防衛軍調赴北方前線，或直接攻擊日本本土，衆說紛紜[1]。台灣住民對日本可能進攻台灣，也心覺不安，然而因爲戰爭始終侷限在北方戰線，所以多存隔岸觀火的心態，無怪當他們聽到日本要求割讓台灣的消息時，驚訝萬分。與戰爭毫無瓜葛的台灣，爲何非得割讓呢？只有戰敗才需割讓啊！他們認爲，日本要求佔有台灣是不合理的[2]。他們也許不知道，王朝也好，國家也罷，都和屬於該體

[1] 王彥威編《清季外交史料(光緒朝)》，卷九七，13～4頁，旨寄邵友濂著詢劉永福能否率偏師搗長崎電，光緒20年9月初8日(1894年10月6日)。
[2] 此種心理在〈台民布告〉中表露無遺。蔡爾康等編《中東戰紀本末》初篇八卷，續篇四卷，光緒22年(1896)，上海廣學會，上篇卷四，60頁，「台灣自主文牘」所收。

制的土地、人民有連帶關係。但縱使知道，或許也懷抱著自己的土地就是不同的情懷吧。

時值一八九五年三月[3]，要求割讓的消息傳到台灣。當時李鴻章已經赴日進行和談。諷刺的是，台灣住民真正感受到戰爭的存在，是在日清戰爭即將結束之時。及至同月末，傳聞已形成清晰的映像。同月二十三日，日本軍登陸澎湖，二十六日佔領該島。

澎湖群島由數十個小島形成，除了是漁港、貿易轉口站之外，沒有經濟上的價值。但從向來是台灣島門戶的觀點看來，其戰略價值極高。該群島離台灣島僅三十海浬，歷史上攻取台灣島的諸勢力，都先取得澎湖，而且台灣目前是在清朝統治下，所以日本軍攻取連結台灣島與大陸的澎湖群島，其目的很明顯是要切斷兩者的聯絡，進而佔有台灣。

澎湖淪陷的消息帶給台灣島極大的衝擊。運送難民往大陸的定期船班早已不敷使用，只好利用不定期輪船或帆船來運送。甚至也謠傳在台清朝官僚將逃離台灣。唐巡撫張貼布告否認，由於此舉奏效，澎湖的淪陷只帶給人民某種程度的不安，並沒有造成恐慌[4]。在台官民沒想到清朝會輕易地放棄台灣，可是當三月三十日簽訂的日清停戰協定並未把台灣

[3]故宮博物院編《清光緒朝中日交涉史料》(二七三三)，署台灣巡撫唐景崧來電，光緒21年2月初6日(陽曆1895年3月2日)到電。

[4]H. B. Morse, "A Short Lived Republic," *The New China Review,* I/1 (March 1919), p.24. 以下此雜誌略稱*NCR*。

James Davidson, *The Island of Formosa* (New York, 1903), p.268.

列入停戰範圍的消息傳到台灣島內時，上層階級對清廷的不滿之聲沸騰不已，詳情容後再述。台灣的上層階級就是土著的士紳(生員、舉人、進士等有學位者、有官銜者、或有當官經歷的在鄉者)及富豪的總稱。他們在當地有很大的影響力，尤其是士紳，頗以知識階級的身分代表一般住民的意向而自負。正因為他們迄今都與官廳有密切的聯繫，所以當預想不到的噩耗傳來，對他們的衝擊極為強烈。他們認為已被清廷出賣、拋棄了，甚而肆無忌彈地發表不忠的言辭[5]。不滿之聲最先發自台北的上層階級，並非因為他們最為反日，而是因為台北是首府的關係，消息的傳遞比其他地方來得快。

有一部分士紳透過唐巡撫向清廷抗議，吐露悲憤：

「北方停戰，台不在列。洋行得信喧傳，台民憤駭，謂北停戰，台獨不停，是任倭以全力攻台，台民何辜，致遭岐視！[6]

可是清廷却隱瞞了事態的嚴重性。四月二日，軍機處發給台灣訓令：

[5]Morse, *loc. cit.*, *NCR*, p.24.
[6]俞明震〈台灣八日記〉，台灣唐維卿中丞電奏稿，3月初6日(陽曆3月31日)發電、3月初7日發電，左舜生選輯《中國近百年史資料續編》，民國22年(1933)，中華書局，民國47年(1958)，台北，中華書局復刻版，309～10頁。

「遠隔之地，斷難支援，朝廷日夜憂慮，昨年以來片刻不得息。」

表達對台灣的關懷至深，並命令唐巡撫：

「激勵將士，開導紳民，敵愾同仇，力圖捍禦。」[7]

這番激勵的話多少安撫了唐巡撫也是實情。雖說日本軍佔領了澎湖群島，如想再進攻台灣島的中部，以台灣守備軍的兵力，可南北兩方予以夾擊。再則，北部防備鞏固，南部四月下旬開始有風浪而無法下錨。基於此觀點，唐巡撫對台灣的安危抱持樂觀想法。不僅如此，已經購買的武器及在廣東新招募的外勇(大陸出身的士兵)若能於四月下旬到達台灣的話，甚而能一舉奪回澎湖。[8]

儘管清廷隱瞞實情，但日本在講和談判中要求割讓台灣的消息頻頻透過洋行傳出。驚愕不已的唐巡撫向清廷詢問原委真相，清廷卻避而不答[9]。四月十七日，唐巡撫得知該日簽訂講和條約，而且含有割讓台灣的條款。不過這個消息是來自素與他保持密切聯絡的南洋大臣張之洞的通風報信，並

---

[7]前引書，《交涉史料》(二九三四)，軍機處電寄唐景崧諭旨，3月初8日(陽曆4月2日)發電。

[8]前引書，唐維卿電奏稿，3月11日(陽曆4月14日)發電。《資料續編》310頁。

[9]同上電奏稿，3月20日(陽曆4月14日)發電。《資料續編》311頁。

非朝廷[10]。該日知道決定割讓台灣後，台灣島內已可看出暴亂的徵兆[11]。以後的一週內，唐可說是充滿苦惱的日子。十八日，身為進士且與他為至交的全台灣義勇統領邱逢甲隨同士紳來拜訪他，申明如果日本人來接收台灣，台灣住民只有開戰一途。[12]

　　十九日，清廷向一般住民告示割讓台灣的最初通知。割讓通知來自總理衙門的電報，沒有皇帝隻字半語的諭旨。獲悉此情報的上層階級個個悲憤莫名。這個通電中出現「交割時須極力保護〔領土授受委員〕，并諭百姓切勿滋生事端……故此電」的字眼，不僅不慰撫士紳，反而要保護敵人，這究竟是怎麼一回事？此舉深深刺痛了他們的心[13]。迄今清廷要求他們協助作戰、捐款，他們都甘於犧牲。可是割讓之際，他們竟一無所悉，皇帝不但沒有一句撫慰的言語，反而命令他們不得滋事，根本就是漠視他們的存在，令人忿憤不平。

---

[10]張之洞《張文襄公全集》，卷一四四，電牘二三，致台北唐撫台，3月23日（陽曆4月17日）卯刻發電。

[11]前引書，唐維卿電奏稿，請參閱3月23日（陽曆4月17日）所發二通電報。《資料續編》312頁。

[12]前引書，王彥威《外交史料》，卷一〇九，5頁，台撫唐景崧致軍務處台民呈稱願効死勿割台地電，3月24日（陽曆4月18日）發電。

[13]前引書，俞明震〈八日記〉，《資料續編》313～4頁。來自總署（總理衙門）之台灣割讓電，《中日交涉史料》及《清季外交史料》均未收錄。僅有俞明震節錄者。
此外，台灣與清廷之通電常常有「紳民」「台民」字句，從字義推察，似包含一般住民，實際上指的不外均是「士紳」。因為對「士紳」而言，他們自認代表「台灣所有住民」。

當天，台北的士紳至巡撫衙門，通電給台南、台中各地的士紳，呼籲要留唐巡撫在台灣[14]。他們唯恐唐巡撫等人的離台會減弱台灣的防備。此處所謂的防備，不單指不久後入侵的日本軍，也包含於動盪不安時期激增的盜賊，以及隨著原有統治權力的權威喪失進而造成社會不安的處置。對富豪而言，地方紊亂意味著他們的家產將遭到破壞，甚至會危及士紳的生命。儘管迄今仍協助清朝，且被任命為幫辦撫墾大臣的林維源在地方上擁有極大的勢力，但據說，部分住民正想趁機懸賞取其性命。[15]

在總理衙門的割讓通知中，也出現如果人民想「內渡（到大陸），允其自由」的言詞。不過，悲憤萬分的士紳卻考慮寧可加入英國籍[16]。既然清朝放棄台灣，反對日本佔有台灣的他們為了阻止日本的野心，也為保全性命於社會紊亂中，極渴望有足以仰賴的外國勢力為其支柱。四月二十日，中部及北部的有力士紳拜訪唐巡撫，在其斡旋下，以提供台灣煤礦、金礦、茶葉、樟腦、硫磺等稅收做為補償[17]，懇求來

---

[14]前引書，《交涉史料》（三〇一〇），署台灣巡撫唐景崧來電，4月初2日（4月26日）到電。

[15]H. B. Morse, *Letter-books, 1886~1907*, MS., 5 Vols. (deposited at Houghton Library, Harvard University), Vol. III, p.131, Report to Robert〔Hart〕, April 23, 1895.

[16]前引書，俞明震〈八日記〉，《資料續篇》314頁。

[17]*The Foreign Office Records Relating to China and Japan*, MS. (preserved in the Public Record Office, London), FO. 46/458, pp. 95~100, Report to N. R. O'Conor from L. C. Hopkins, Tamsui, April 22, 1895; p.101, Memorandum drawn up by the Deputation of Notables at the Interview between Governor T'ang and Mr. Hopkins in the Governor's Yamen at Taipeh on April 20, 1895.

訪的英國代理領事霍布金斯(L. C. Hopkins，漢名金璋)向英國
請求保護台灣。

是日，反對割讓台灣的士紳隨同一般住民打響銅鑼，呼
籲大眾罷市，抗議被割讓。由於秩序大亂，甚至有人計劃搶
奪掌管財政的布政使衙門司庫(金庫)。巡撫當局事前發現情
況不妙，得以防患於未然[18]。此搶奪計劃究竟是為確保抗
日資金，或單純是已成為暴徒的民兵想搶奪財物？不得而
知。然而由此可見，向來自詡擁有絕對權力的統治機構，當
其權威出現崩潰徵兆，因被壓迫的人民之反動，任何權力者
都可能危害上身。

至此，唐巡撫已準備秘密撤退。為安撫民心，他迄今都
表明無論如何都會留在台灣，但如今感到生命危險，他就企
圖處分政府財產，把私財送回大陸。四月十九日與二十日，
唐引見霍布金斯，目的是要委託在台英商卡斯(Francis Cass,
Laptaik Cass & Co.代表人)及巴特拉(Count A. Butler & Co.代表
人)交涉賣掉政府所有的不動產[19]。另外，唐也暗地拜託他
們兩人，請求允許利用入港的福爾摩沙輪(S. S. Formosa)裝
載似是其私人財產的六十萬美金運往大陸[20]。二十一日，
士紳再三拜訪唐巡撫，並威脅他，指責儘管他們不願被日本

---

[18]前引書，《交涉史料》(三○一○)。

[19]Morse, *op. cit.,* pp.130～5, Report to Robert〔Hart〕.

[20]*Ibid.* H. B. Morse說，雖然不清楚這筆錢是公款或私人財產，不過連
相當高階的官吏都不知道有這筆錢存在，推測應是私人財產。單以積
存這筆私人財產，就能夠說他是瀆職，賺了外快。

統治，卻被貴官出賣給日本。然後禁止連他在內的所有官員及眷屬離開台灣，同時也禁止將公款、武器及官吏的財產帶出台灣[21]。唯一的例外是允許唐八十歲高齡的母親內渡。該日唐母匆匆離開台北城。翌日，當護衛兵欲將其行李運出巡撫衙門時，被誤解是要將財寶攜出島外，因而遭到士兵與住民的襲擊[22]。由此事件也可推測，唐巡撫雖在朝廷命令下欲割讓台灣，却勢必被紳民與士兵阻止，若企圖官吏內渡、軍隊撤退，官吏必首當其衝而受害。此種情形見諸唐的奏電，他說即使自己留在台灣，也無法奉旨負起授受台灣手續的責任[23]。事實上，身為巡撫，唐的權威已下滑。二十二日襲擊唐母行李的事件，甚至發展到襲擊巡撫衙門，士兵湧入衙門內，除了殺害中軍方良元外，另出現死者三十名。唐目睹武將在巡撫衙門內被殺害，不僅無法處罰加害者李文魁，反而得昇其官階[24]，至此巡撫的權威大墜。民兵阻止運出私人財產六十萬美金，以致唐無法達成目的[25]，其焦

[21]*Ibid.* See also, Morse, *loc. cit., NCR*, p.25.

[22]Morse, *op. cit.*, pp.132〜4, Report to Robert〔Hart〕. *The Foreign Office Records*, FO 46/458, pp. 102〜4, Report to N. R. O'Conor from L. C. Hopkins, Tamsui, April 24, 1895.

[23]前引書，唐維卿電奏稿，3月27日（陽曆4月21日）發電，《資料續編》314頁。又請參閱前引書，張之洞《全集》，電牘二三，唐撫台來電，3月26日（陽曆4月20日）到電。

[24]Morse, *op. cit.*, pp.132〜4.又姚錫光《東方兵事紀略》，全五卷，光緒23年(1897)，武昌，卷五，台灣篇上第九，4〜5頁。

[25]霍布金斯曾警告英商，英國若漠視兵民的意向而運出財貨，已知詳情的兵民必加報復而襲擊在台歐美人。事實上，也曾有呼籲攻擊大稻埕洋行的標語牌出現。Morse, *op. cit.*, pp.133〜5.

躁心情可想而知。關於變賣政府的不動產，唐於二十三日兩度央求霍布金斯[26]，可是對方不願冒險。

　　被士兵及士紳強留在已經決定割讓的孤島上的唐巡撫等在台官吏，正處於如唐電奏的「惟日以淚洗面」[27]的困境。所以當三國干涉開始，對他們不啻是福音。唐巡撫電奏表達其喜悅：「歡聲雷動，安堵如恒。」[28]從三國開始干涉的四月二十三日至講和條約批准互換的五月八日半個月間，對處在亂兵及反對割讓的台灣士紳威脅下的唐景崧等在台清朝官僚，可說是充滿期待的時期。雖然三國干涉的目的在阻止日本佔有遼東，不過，在台清朝官僚却是希望列強也能介入台灣割讓問題。四月二十五日，他們也曾建議清廷把台灣做為各國租界，授予各國礦山採礦權。他們打著給予利益、列強就會對日本施壓的如意算盤。[29]

　　另一方面，三國干涉對反割讓的台灣士紳也是一則喜訊。他們認為這是一個大好時機，乃以激烈論調要求清廷利用列強干涉來刪除割讓領土的條款。士紳們要求唐巡撫代奏的血書如下：

---

[26]*Ibid.*

[27]前引書，唐維卿電奏稿，3月27日(陽曆4月21日)發電，《資料續編》314頁。

[28]同上電奏稿，4月初1日(陽曆4月25日)發電，《資料續編》315頁。

[29]同上電奏稿，4月初1日(陽曆4月25日)發電，《資料續編》316頁。

「萬民誓死不從倭，割也死、拒也死，寧先死於亂民手，
不願死於倭人手。現聞各國阻緩換約，皇太后、皇上及衆廷
臣，倘不乘此時將割地一條刪除，則是安心棄我台民，台民已
矣，朝廷失人心，何以治天下？」[30]

字裡行間流露出一片忠誠卻被不平等對待的憤懣。與其
說它是給朝廷的上奏文，毋寧說是近於威脅了。

當時的清國大陸地區恰值三國干涉，加強了信心，清廷
內部的主戰論者、地方督撫及知識分子等反對講和論者紛紛
上奏倡導條約作廢。爲了參加會試而聚集北京的台灣出身的
部分舉人，也向清廷陳訴割讓台灣的不是[31]。台灣士紳從
國際法中找到要求的根據。從士紳給唐巡撫的血書中可看出
這種主張：

「查《公法會通》第二百八十六章有云，割地須商居民舷順
從與否；又云民必須順從方得視爲易主等語。」[32]

---

[30]前引書，《外交史料》卷一一〇，14頁，台撫唐景崧致軍務處據紳民血
　　書稱誓不從日請照公法以民意爲從違電，4月4日(陽曆4月28日)。
[31]前引書，《交涉史料》(三〇三二)附件一，戶部主事葉題雁等呈文，4
　　月4日(陽曆4月28日)。
　　此外，當時到底有幾位台灣出身的舉人在北京，不得而知，但署名的
　　只有三人，一部分人並沒有在此呈文上署名。
[32]前引書，《外交史料》卷一一〇，14頁。

　　但如李鴻章所指出的[33]，士紳引用的《公法會通》只不過是一位學者的著述，但可以瞭解士紳如何強調不應漠視他們的存在與意見。很明顯地，今後的情勢無論如何演變，台灣士紳都要留住唐景崧在台灣。當時唐抱持樂觀的推測，認爲如果台灣能獨立，就可要求各國保護，也可借到外債。另一方面，在外援到來之前，唯恐日本侵略，所以懇請張之洞以講和撤退的江南軍備來支援台灣[34]。張之洞也推測唐景

[33]前引書，《交涉史料》(三〇八九)，大學士李鴻章來電，4月初8日(5月2日)到電。

1880年(光緒6年)，丁韙良、聯芳、慶常、聯興、貴榮、桂林等人將Johann Gaspar Bluntschli, *Das moderne Völkerrecht der civilisirten Staaten als Rechtsbuch dargestellt*, 1868之法語釋本Lardy, *Le Droit International Codifiés*, 1869再譯成漢文，以《公法會通》(全一〇卷，五冊)的書名出版，台灣士紳所引用者，似爲此書。筆者承蒙明治大學法學部講師住吉良人氏的好意，得以拜讀《公法會通》的抄本。

根據L. Oppenheim的說法，J. G. Bluntschli的這本書曾譯成法文、希臘文、西班牙文、俄文等。L. Oppenheim, *International Law*, 2 Vols., Vol. I: *Peace* (8th ed., London, 1955), p.58。再根據住吉氏的說法，清國政府以《公法會通》做爲官吏的指南書。從這種情形看來，該書也給予關心國際法的部分清國知識分子極大的影響。就連李鴻章也認識「住民之同意」云云，乃是部分國際法學者的主張，並非已成爲國際法。

士紳引用的《公法會通》第二八六章全文如下：

「國家割讓領土給他國時，必須注意四點：該國確有此意與否爲其一；那一國是以實力佔據與否爲其二；住民能順從否爲其三；違反條約，妨害他國與否爲其四。」

士紳引用的部分即是其中第三項。附帶說明，士紳也引用第二八八章。該章敍述如下：

「他國不待割讓就佔據、合併領土時……若住民不順從即不能爲之。」

[34]前引書，張之洞《全集》卷一四五，電牘二四，唐撫台又來電，4月初5日(陽曆4月29日)申刻到電。

崧勢必被迫留在台灣[35]，但是如果朝廷放棄台灣而台灣獨立時，台灣已經與清朝毫無瓜葛，清朝當局對支援台灣軍資或武器就有所顧忌了，所以張之洞也難以約定要支援台灣。[36]

及至五月，台灣內部的情勢越發險惡。暴動此仆彼起，並襲擊鹽館以及釐金衙署[37]。這是因為三國干涉僅侷限於遼東，並不包括阻止台灣割讓的消息傳到台灣所致[38]。如果認為這樣的暴動或不穩的情勢是紳民反對割讓的憤懣表現，那也未免是以管窺天。另一方面也有人認為，這是清國壓制下的住民想趁統治權力在台灣已衰亡之機，向壓制者一雪鬱憤的行為[39]。唐景崧在奏電中說：

「王靈已去；……奸民並乘此為亂。」
「朝廷一棄此地……民潯自逞……各官亦難保全。」[40]

說的就是此時期的情形。另外，來自大陸的士兵認為，台灣割讓，西洋各國也有責任，所以將怒火發洩於在台外國

---

[35]同上電牘，致台北唐撫台，4月初6日(陽曆4月30日)丑刻發電。
[36]同上電牘，致台北唐撫台，4月初6日(陽曆4月30日)申刻發電。
[37]前引書，唐維卿電奏稿，4月初8日(陽曆5月2日)，《資料續編》318頁。
[38]同上電奏稿，4月初6日(陽曆4月30日)，《資料續編》317頁。
[39]這也是許多權力機構凋零時的現象。第二次大戰後，日本帝國放棄台灣時也出現過同樣的現象。
[40]前引書，唐維卿電奏稿，3月23日(陽曆4月12日)發電。又請參閱4月初3日(陽曆4月27日)發電，《資料續編》312、316頁。

人身上，射擊停泊中的英國軍艦。[41]

在不穩情勢持續中，唐景崧陸續收到來自清廷及張之洞的好消息。

五月五日，透過軍機處，駐巴黎公使龔照瑗帶來以保護台灣為目的的法國艦隊即將訪台[42]，且收到張之洞「法確允保台」的好消息[43]。張之洞的情報是依據在巴黎的欽差大臣王之春的通電。該電文的內容只不過是：「祈商台撫，仍以激變情形設法，則法可著手。」[44]王之春認為如果以台灣住民激烈反對割讓為藉口，則法國較易出面干涉。他只不過把這樣的判斷傳達給張之洞，可是張之洞加以樂觀的推測，然後又傳達給唐巡撫。法國艦隊訪台的消息使唐巡撫欣喜若狂，儘管他認為「到達兩船何益」，但從他誤信此計劃已中止時立即電奏「崧命在旦夕，急不可言」的情形可以得知，他對法國艦隊的訪台抱持多大的期待[45]。原本唐景崧希望延後講和條約的批准互換，藉著列強的干涉來阻止台灣的割讓。不過他相信，即使批准互換，只要法國派遣艦隊來保護台

[41]同上電奏稿，4月初8日(陽曆5月2日)發電，《資料續編》318頁。

[42]世續等奉勅修《大清德宗景皇帝實錄》，全首四卷，五九七卷，滿州康德4年(1937)，新京，滿州國務院，卷三六五，9頁。又請參閱前引書，《交涉史料》(三一二八)。

[43]前引書，張之洞《全集》，電牘二四，致台北唐撫台，4月13日(陽曆5月7日)發電。

[44]請參閱同上電牘，王欽差來電，4月12日(陽曆5月6日)到電。

[45]同上電牘，唐撫台來電，4月15日(陽曆5月9日)到電。前引書，《交涉史料》(三一四三)。

灣，也能阻止日本佔領台灣[46]。五月五日，日本通知列強要歸還遼東，但這是在台灣割讓問題依舊不變的情況下批准互換講和條約，顯示台灣幾乎已到絕望的地步。而且，唐景崧寄予希望的法國艦隊遲遲未在台灣海面出現，五月十五左右，唐判斷台灣已絕望了。[47]

官憲權威下墜的影響也波及地方。例如五月十四日，新竹發生了類似襲擊唐母行李的事件。知縣想把家產送返大陸，卻遭到群眾阻止，當時還有人因而喪命。他們表明徹底反對官吏拋棄台灣而逃亡的態度。他們宣佈可以帶進任何東西，但絕不允帶出一針一線，尤其嚴禁攜出武器財貨[48]。事態如此演變，並非唐景崧等在台清朝官僚所期待的。反對割讓台灣的台灣士紳也對內外情勢的演變深感絕望。迄今為止，士紳數次透過唐巡撫，電奏清廷反對割讓的意旨。向英國求援，也置之不理。懇請總理衙門商請三國併阻割台，均無成議。面對這種「今已無天可籲，無人肯援」的絕望狀態[49]，最後乃決定要台灣獨立。

五月十五日，邱逢甲率領台灣士紳與唐巡撫密談，告訴他計劃，並要求提供武器與資金。會談後，發表〈台民布

---

[46]前引書，張之洞《全集》，電牘二四，唐撫台來電，4月10日(陽曆5月4日)到電。

[47]同上電牘，唐撫台來電，4月21日(陽曆5月15日)到電。

[48]Morse, *op. cit.,* p.147, Report to Robert〔Hart〕, May 17, 1895.

[49]前引書，蔡爾康《中東戰紀》上篇，卷四，58～60頁，「台灣自主文牘」，〈台民布告〉。

告〉，表明「台民獨立」的意圖，呼籲各國若承認台灣獨立且共同援助防衛台灣的話，則租借所有金礦、煤礦、及能耕作的田地與能建築的土地。台灣士紳又電稟總理衙門、北洋大臣、南洋大臣、閩浙總督、福建藩台(布政使)及全台官憲，表明創建獨立國的意圖：

「伏查台灣為朝廷棄地，百姓無依，惟有死守，據為島國，遙戴皇靈，為南洋屏蔽。」[50]

如此已決定了台灣獨立的大方針，翌十六日開始談論具體的措施。

該日部分士紳聚集於台北籌防局，請求巡撫唐景崧暫理台灣政事[51]。唐雖辭謝，卻不被接受[52]。同日，唐景崧下令：凡官吏、將兵擬內渡者，須於五月二十七日(陰曆五月四

---

[50]John W. Foster, *Papers of John W. Foster*, MS. (deposited at Prince-ton University Library), 〔Morse Report despatched from〕 C. H. 〔Custom House〕, May 27, 1895. See also, Morse, *loc. cit., NCR*, p. 27.

此文獻與論文均記載日期為5月16日，但「台灣自主文牘」則記載通電大陸各省的日期為15日(陰曆4月21日)。接到此通電的張之洞電奏清廷即是16日(陰曆22日)。由此可見，關於日期，應是H. B. Morse的錯誤。請參閱前引書，《交涉史料》(三二○三)。

〈台民布告〉及台灣士紳給各省的通電全文收錄於前引書，「台灣自主文牘」。

[51]請參閱同上「自主文牘」，〈台灣民主國總統布告〉。

[52]前引書，張之洞《全集》，電牘二四，唐撫台來電，4月23日(陽曆5月17日)到電。

日)前內渡，滯留台灣者，薪水加倍[53]。接到台灣要獨立訊息的清廷於五月十六日召開御前會議討論對策，卻毫無結論[54]。及至二十日，則免除唐景崧台灣省署巡撫的職務，命其即刻赴北京，同時也命令在台大小文武各官內渡[55]。

擔任主要官職的清朝官僚大半在接到這兩種內渡令後即相繼內渡。省中央的高級官吏中，次於巡撫的布政使顧肇熙、台灣鎮總兵萬國本、台灣道陳文騄等人相繼內渡。其時除了已經落入日本手中的澎湖廳外，台灣三府、三廳、一直隸州、十一縣共計十八名首長中，願意留下來的只有五名[56]。而且留下來的其中一位，即台東直隸州同知胡傳，是因位在遠隔之地，尚未接到內渡令而留下來。當他知道已發佈內渡令，是在一段時間之後了，但一旦知道，也立刻內渡

---

[53]前引書，姚錫光《紀略》卷五，台灣篇上第九，5頁。

[54]翁同龢《翁文恭公日記》第三四冊，41頁，上，乙未4月22日（陽曆5月16日）。

[55]前引書，《外交史料》卷一一二，18頁，旨著台撫唐景崧開缺來京及文武各員內渡電，4月26日（陽曆5月20日）發電。

[56]地方行政區域本來包括澎湖，共有四廳，但此時澎湖廳已經在日本佔領下，所以不包括在內。
　　另外，除了四廳外，數年前似也在台東直隸州管轄地域新設置「卑南廳」，由於期間短暫且沒有任命該廳首長，所以此「卑南廳」不予計入。有關遵從內渡令而內渡的高級官吏的資料，由於沒有完整的記錄，故根據如下資料作成「官吏內渡表」：
　　①廖漢臣〈台灣民主國在台北〉，台南市文獻委員會《台南文化》第二卷第三期，21頁。
　　②伊能嘉矩《台灣文化志》上卷，246～7頁。
　　③*The Foreign Office Records*, FO 46/458, p.144.

④洪棄生《瀛海偕亡記》上卷，5頁。

⑤吳德功〈讓台記〉，台灣銀行編、出版《割台三記》，民國48年(1959)
　收錄，42～6頁。

⑥胡傳《台灣日記與稟啓》，民國49年(1960)，台北，台灣銀行，263
　頁。

⑦參謀本部編《明治二十七八年日清戰史》第七卷，361頁。

⑧連雅堂《台灣通史》卷四，獨立紀，108頁。

〔官吏內渡表〕

	官職	姓　名	內渡日(陰曆)	資料來源
中央及地方的官廳比照	布政使	顧肇熙	五月初三日	③
	台灣鎮總兵	萬國本	五月二十五日	⑥
	台灣道	陳文騄	五月二十五日	⑥
	台北府	管元善	五月初三日	③
	淡水縣	李淦	五月初六日	③
	新竹縣	王國瑞	留任(五月二十六日才內渡)	①
	宜蘭縣			?
	基隆廳	方祖蔭	留任	①
	南雅廳	宋維釗	留任	⑧
	台灣府	孫傳袞	五月十六日辭職	⑤
	台灣縣	葉意深	五月	④
	彰化縣	丁燮	五月(根據⑤爲閏五月初三日)	④
	苗栗縣	李烇	留任	①
	雲林縣	呂兆鎭		⑤
	埔里社廳			?
	台南府	朱和鈞	五月二十五日	⑥
	安平縣	謝壽昌	五月二十五日	⑥
	嘉義縣	?	依願免職，內渡日不明	⑥
	鳳山縣	?	同上	⑥
	恒春縣	?	同上	⑥
	台東直隷州	胡傳	留任	⑥

本表係以有無留守作戰之意爲基準而作成的。例如王國瑞最後雖匆匆
內渡，但只要有留守作戰的意願，則歸爲「留任」。反之，即使遲至最
後才內渡，却是因等待內渡船等等理由而延遲者，或已經辭職者，則
一律歸入內渡官吏項內。

了[57]。在日清戰爭最高潮時，爲防衛台灣而來的福建提督楊岐珍也率兵內渡了[58]。大部分在台高級官吏並沒有留在台灣參加抗日戰爭之意。在內渡的文武各官中，跟著士兵內渡者，由於有武力而沒有遇到困難，可是文官就得遭到各種阻礙了。根據當時駐安平的英國領事赫思德(R. W. Hurst)報告，台南一帶的高級官吏要內渡時，必須支付二千五百兩到四千兩不等的釋放費[59]。極多數的富豪士紳攜帶萬貫家產逃往大陸。渴望在大陸生活者也逃到大陸。因此，已成爲港口的淡水河上到處都是裝滿逃難者行李的船隻。而不得已待在台灣的人，爲了減輕不久後即將來臨的戰亂之災，將其財產埋在地下。對此驚天動地的大變革，住民則反應不一，看不出他們有統一的意思，以及基於統一的思想而產生的共同步調。富豪們放棄台北，街道冷冷清清，半數商店都大門深鎖[60]。不過，認爲台灣主權變動也與各自生活無關的人們，則和以往一樣行動。在台北歐美茶商下工作的數千名採茶女就是典型的例子，他們絲毫不爲所動，仍然照舊工作。[61]

---

[57]前引書，胡傳《日記》，262～6頁。

[58]前引書，姚錫光《紀略》卷五，台灣篇上第九，7頁。

[59]*The Foreign Office Records*, FO 46/458, pp.35～9, Report to N. R. O'Conor from R. W. Hurst, Tainan (Anping), June 14, 1895.

[60]*Ibid.*, FO 46/458, p.132, Report to N. R. O'Conor from L. C. Hopkins, Tamsui, May 19, 1895.

[61]關於此問題，H. B. Morse與James W. Davidson的觀察可爲參考。Morse, *op. cit.*, p.143.; Davidson, *op. cit.*, p.262.

　　上層階級本質上並不喜歡社會混亂。不過他們的願望並不只阻止日本佔有台灣的單一方向。由於士兵亂七八糟，社會混亂而造成匪賊猖獗，整個台灣島已呈現一種無政府狀態。在這種狀態下，大多數商人反而渴望侵略者到來[62]。不只上層階級，士兵的暴也行使得一般住民陷於恐怖中。騷擾事件中，往往士兵是加害者，而住民是被害者。例如淡水附近的八里坌，廣東兵蜂湧而至，男子都被趕走，士兵霸佔民婦，當起主人[63]。日後此地區未抵抗日本軍，是不無道理的。漢人向來蔑視日本人，稱之為倭人或倭奴。台灣住民也不例外[64]。在台清國官僚為了提高台灣住民的戰鬥意志，多方宣傳強調日本士兵的殘暴[65]。因此，住民畏懼日本軍的進攻。儘管如此，大多數的台灣住民對日本佔有仍漠不關心。他們認為割讓只是日清兩國間爭鬥的變化，在他們的腦海裡，只留下不可思議的結果與命運的印象。大多數的台灣住民覺得，清國屈服在日本之下，放棄對台灣的統治權，但最終的結果卻忽然落在台灣住民的頭上。[66]

---

[62]Davidson, *op. cit.*, p.273.

[63]*Ibid.*, pp.272～3.

[64]當時的台灣住民也稱日本人為「番仔」。

[65]官吏發出布告宣傳：可怕的黑倭奴綁架婦女，殺害小孩，驅使成人為奴隸，使富者狼狽，貧者拉去充軍。Davidson, *op. cit.*, p.262.

[66]蔡培火《日本々國民に與ふ》，昭和3年，東京，台灣問題研究會，33～5頁。
蔡為大正至昭和年間的台灣人反日運動指導者之一，因此，他的分析饒富趣味。

　　在官民對割讓的分歧反應、反對割讓的部分士紳絕望、以及被威脅、窮困的清朝官僚的失望氣餒中，五月十九日，引頸而望的法國軍艦終於來訪台灣，不過並不是「艦隊」，只是一艘巡洋艦。副將陳季同速往拜訪法國軍艦。據聞當時法國軍官曾說，如果台灣獨立，則容易締約[67]。二十一日，陳季同及台灣士紳邱逢甲、林朝棟、陳儒林等人決定公推唐景崧為人民主宰者，懇請他再度治理台灣政事[68]。當天，法國軍官拜訪唐，說明如果是為清國取回土地，相當困難，但如果是為台灣保護人民，則較容易，因此建議：「台灣必定要獨立，擁有自主權。」[69]唐景崧、陳季同等人因而燃起新希望[70]。唐景崧認為，只要法國派遣艦隊到台灣，就能防備台灣。法國軍艦訪台的事實成真，無疑是一大鼓勵[71]。之後的二十三日，他終於發表台灣獨立宣言。期望在二十五日獨立的這個宣言，對即將成為台灣新主人的日本人充滿憎惡之情。

---

[67]前引書，張之洞《全集》，電牘二四，唐撫台來電，4月27日（陽曆5月21日）到。
　　實際來訪的只有巡洋艦Beautemps Beaupré號一艘而已。Davidson, *op. cit.*, p.284. 伊能嘉矩等許多論者將此艦名分開，認為是二艘，乃是錯誤。請參閱伊能嘉矩《台灣文化志》下卷，990頁。
[68]前引書，吳德功〈讓台記〉35頁。
[69]前引書，張之洞《全集》，電牘二四，〔唐撫台來電〕又，4月29日（陽曆5月23日）到電。
[70]Davidson, *op. cit.*, p.284.與法將會談數日後，陳季同告之Davidson：「我等有希望。」
[71]前引書，張之洞《全集》，電牘二四，唐撫台來電，4月10日（陽曆5月4日）到電。

台灣民主國獨立宣言[72]

照得日本欺凌中國，索台灣一島，台民兩次電奏，勢難挽回。知倭奴不日即將攻入。

吾等如甘受，則吾土吾鄉歸夷狄所有。如不甘受，防備不足故，斷難長期持續。屢與列強折衝，無人肯援，台民惟有自主。台民願人人戰死而失台，決不願拱手而讓台。台民公議自立為民主之國。決定國務由公民公選官吏營運。為達此計劃且抵抗倭奴侵略，新政府機構中樞必須有人主持，確保鄉里和

---

[72]此獨立宣言(Official Declaration of Independence of the Republic of Formosa)見於如下著作：

James Davidson, *op. cit.*, pp.279～80.

Herr Max von Brandt, *Drei Jahre Ostasiatischen Politik, 1894～1897* (Stuttgart, 1897).

Albrecht Wirth, *Geschichte Formosas bis Anfang 1898*(Bonn, 1898).

Albrecht Wirth書中的宣言係從Herr Max von Brandt的書中轉載而來的。Wirth的書有曹永和的漢譯版。曹譯〈台灣之歷史〉，台灣銀行經濟研究室編印《台灣經濟史六集》，民國46年(1957)，1～84頁收錄。獨立宣言係用漢文書寫。由於原文散佚，故翻譯James W. Davidson書中所收錄者。Davidson所使用的「Council」一辭，Wirth的曹譯為「大會」，這一點他日仍有必要加以考證，所以此處暫且譯成「會議」。另「籌防局」，Davidson譯成「Tong Feng Meeting House」。日文文獻中沒有發現獨立宣言文。連台灣抗日運動資料之集大成的台灣總督府警務局編《台灣警察沿革誌》，也將6月2日唐總統發布的告示誤為是獨立宣言。請參閱第二篇(上卷)32頁。Davidson收錄的宣言文，與唐發給外國政府的宣言文相同，可見宣言文是被譯成英文後才送交諸國。送交英國領事館的宣言文，收錄於*The Foreign Office Records*, FO 46 /458, pp.146～7.

平。夙敬仰巡撫承宣布政使唐景崧，會議決定推舉為台灣民主
國總統。

　　初二日公同刊刻印信，全台灣紳民上呈。當日拂曉，士農
工商公集籌防局，開始嚴肅此壯舉。

　　乞勿遲誤！

以全台民之名布告之

　　五月二十四日，獨立宣言與英文譯本送交在台各國領事
館。表明台灣即將成為共和國，必促進與列國的貿易，國交
緊密化。此書簡亦以台灣紳民名義，送交在台各國領事館。
[73]

　　五月二十五日，照預定舉行獨立儀式。由樂隊前導，部
分台灣士紳至巡撫衙門，將「台灣民主國總統之印」獻給唐景
崧。唐景崧朝服出，望闕九叩首，旋北面受任，大哭而入
[74]。這是一場非常奇怪的總統就任典禮，但台灣民主國因
此得以誕生。

　　附帶說明，「民主國」是清國使用的「Republic」的譯語
[75]。再則，台灣民主國的英文名稱似乎是The Republic of

---

[73]*The Foreign Office Records,* FO 46/458, pp.148～9, The notables and
　　 people of all Formosa to Mr. Hopkins, May 24, 1895.
[74]江山淵〈丘逢甲傳〉，《中日戰爭》第六冊，399～400頁。
[75]例如1885年締結的清法越南條約及翌年的清法越南邊界通商章程之漢
　　 譯正本，法國的國名為「大法民主國」。請參閱中國史學會主編《中法
　　 戰爭》第七冊，425頁。

Formosa。之後會論及台南政府除用此名稱外，也併用The
Taiwan Republic。Taiwan與Formosa都指台灣，意義毫無
差別。由於台灣的獨立，台灣省的首府台北就變成台灣民主
國的首都。基隆砲台發出二十一響禮砲。翌二十六日，新共
和國的國旗：藍地黃虎的「虎旗」隨風飄揚。

　　短命的共和國充滿苦難的日子從此開始了。

第四章
各地的抗日運動

第一節　各地的武裝抵抗

1.防備狀況

　　台灣本來駐有清軍約四十營(編制員額一營約五百人，但實數只有三百人左右)[1]，邵友濂巡撫時代(1891～4年)將其一部分撤回大陸，因此在日清開戰時，台灣兵力僅二十數營而已，防備大爲減弱。圍繞著朝鮮問題，日清兩國的關係一夕惡化，而且因爲一八七四年日本曾有出兵台灣的事實，所以

---

[1]張其昀《中國軍事史略》，民國45年(1956)，台北，中華文化出版事業委員會，45頁。
　　東京，台灣協會《台灣協會會報》第二三號(明治31年創刊。本號發行年月不詳)所收論文〈清領時代台灣兵制一斑〉，21～2頁。

清廷判斷日本仍然垂涎台灣，於是命令福建水師提督楊岐珍及廣東南澳鎮總兵劉永福渡台[2]。楊岐珍奉令率領十二營兵力開往台灣。就這樣在開戰一個月後的八月下旬，在台清兵的數額，包括新招募者在內，已達到四十營[3]。至九月下旬，劉永福也帶來廣東兵二營，擔任台灣南部的防衛。其後，劉永福更於廣東招募四營，使其兵力增為六營。邵巡撫曾有意要用台灣住民來防衛台灣，但鑒於從來只存在於少數地方的團練僅具多防功能，為強化其功能，乃託台灣士紳邱逢甲負責完成其任務。邱逢甲將全台壯丁編為一六〇營，不過這僅止於做成名簿而已，實際施予訓練的，據說只三十二營[4]。其砲台設施，在淡水有二處，最北端的基隆有四處，台北、基隆間的獅球嶺有一處，北部共計七處，南部則台南安平口有三處，打狗港與旗后各一處，共計五處[5]。故台灣全島的砲台一共十二處，都是一八八五年清法戰爭前後構築的。彈藥的製造則由製造局負責，有千人的從業員在此工作，每月可生產子彈五萬發，砲彈數十發，而屬下的火藥廠

[2]世續等修《大清德宗景皇帝實錄》卷三四，11頁；卷三四三，9頁。
[3]姚錫光《東方兵事紀略》卷五，台灣篇上第九，1～2頁。
　　王彥威編《清季外交史料(光緒朝)》卷九五，6頁，台撫邵友濂致樞垣報台境布防並策應澎湖電，光緒20年8月初1日(1894年8月31日)發電。
[4]丘琮〔念台〕〈倉海先生丘公逢甲年譜〉，丘逢甲《嶺雲海日樓詩鈔》，全六卷，民國2年(1913)，全三冊，民國49年(1960)，台北，台灣銀行，第三冊所收，395頁。
[5]前引書，姚錫光《紀略》卷五，台灣篇上第九，1頁。

則具有生產火藥二萬數千磅的能力[6]。然而僅這些製造能力也無法應付實戰，因此從一八九四年六月下旬左右，開始在上海設立轉運局，擔任對台灣的補給。武器兵員的輸送則由斯美、駕時、飛捷三船擔任，又爲防備海岸，從張之洞所轄的南洋水師中派遣南琛與威靖二艘軍艦，南琛亦兼任輸送任務，威靖則因裝備不佳，僅對台灣輸送一次武器兵員就被撤除了。直至十一月，爲了增強輸送，乃購進新福建輪[7]。就這樣，台灣的軍備一步一步地齊備了。十月十三日，邵巡撫被改任爲署湖南巡撫，於同年十一月回大陸。[8]

邵友濂離開後，以布政使兼任台灣幫辦軍務的唐景崧被任命爲署巡撫。唐巡撫首先將原有的團練改稱爲義軍(民軍)，並與南洋大臣張之洞及一部分華南督撫取得密切聯繫，也派遣部屬前往大陸招募士兵。由於唐巡撫的籍貫是廣東，因此招募而來的大陸士兵全部都是廣東兵，而且大部分是流氓、盜賊之輩，因此兵員數額雖大量增加，紀律卻大爲敗壞。總之，一八九五年五月當時的台灣防衛兵力，包括台

[6]子彈的生產，月額達到十餘萬發，但不堪使用的幾達五成。《台島劫灰》，清刊，東洋文庫藏寫本，2頁。有關此文獻的說明，請參閱第六章第一節註[24]。

[7]同上，2～3頁。

[8]前引書，世續等修《德宗實錄》卷三四九，9頁。
此外，邵友濂於翌1895年2月被任爲清國全權代表，擬與日本議和，但被日本拒絕。邵之辭台灣巡撫職，至1895年5月7日才正式被准，參見同上，《實錄》卷三六五，10頁。

灣民軍在內，推定共有一五〇營，人數約五萬人[9]。這個數字相當具流動性。其中有臨陣逃亡者，也有至實際戰鬥階段才加入者。就兵力減少來說，因為有清廷的內渡令，所以有一部分兵力，尤其是楊岐珍率領麾下十二營內渡，乃對日後北部的防衛戰帶來相當不良的影響。台灣民主國成立後的防衛佈局如下：[10]

> 基隆一帶　提督張兆連、基隆通判孫道義
> 獅球嶺　　胡永勝
> 淡水一帶　候補總兵廖得勝、海壇協將余致廷
> 台北一帶　唐景崧、邱逢甲於南崁、台北間巡迴守備
> 桃園一帶　提督余得勝
> 新竹一帶　吳湯興
> 台中一帶　候補道楊汝翼、林朝棟
> 台南一帶　劉永福
> 東海一帶　吳永忠

---

[9]依筆者的計算。

　有關當時的兵力，並未有十分可靠的記錄。根據參謀本部編《明治二十七八年日清戰史》第七卷，附錄第一〇九「在台清國軍兵之推算，明治二十八年五月中旬大總督府陸軍參謀部調查」記載，約為三萬三千，但這似乎僅指在台清兵的數量。又據H. B. Morse, *The International Relations of the Chinese Empire,* 3 Vols., Vol.III: *The Period of Subjection, 1894～1911* (Shanghai, 1910～1918), p.49之記載，台灣的抗日兵力為五萬至八萬。

[10]廖漢臣〈台灣民主國在台北〉，台南市文獻委員會《台南文化》第二卷第三期，22頁。此外，台北一帶的守備，除依據廖之論文外，亦取材自吳德功《讓台記》39頁及前引書，姚錫光《紀略》卷五，台灣篇上第九。

台東一帶　胡傳

2.日本軍登陸與台北的陷落

台灣攻防戰從五月二十九日下午二時開始。日本軍前鋒北白川宮能久親王所率領的近衛師團第一旅團於本日登陸台灣東北端的澳底。日本軍之所以避開港灣設備良好的淡水、基隆，而從偏僻的澳底登陸，是預料從兩地登陸可能遭致激烈抵抗。日本軍果真料準了，第一旅團毫無困難地完成了登陸，且做好從陸路進攻基隆的態勢。途中，首先於瑞芳遭到抵抗。

在日本軍登陸之前，楊岐珍已將麾下十二營撤往大陸，只有張兆連的七營與民軍四營防衛基隆，至於瑞芳，則防備薄弱，僅僅由簡溪水麾下民軍一營與紹良所率領的二哨（五哨為一營）擔任守備而已。瑞芳一告急，民主國內務督辦俞明震從台北、提督張兆連等從基隆，分別帶兵趕來支援，結果，雖有數千士兵盡力防守，瑞芳仍失守了，張也負了重傷。這一戰，僅有佈署於瑞芳周圍山上的劉燕砲兵隊（速射砲五門）能給日本軍一些威脅，台灣守備最後終於慘敗。日本軍死三人，負傷十七人。較之日本軍的輕微損失，台灣守備軍光是遺棄的屍體就高達百具。[11]

---

[11]松本正純《近衛師團台灣征討史》，明治29年，東京，昭和10年，東京懇話會，復刻版，17頁。俞明震〈台灣八日記〉，左舜生《中國近百年史資料續篇》收錄，301～5頁。

佔領了瑞芳，基隆已經很近。六月三日，日本軍以常備艦隊砲擊基隆，同時近衛師團也開始進攻基隆。是日早晨，俞明震在通往基隆山上的戰鬥中負傷而退往獅球嶺，於是台灣守備軍相繼崩潰。日本軍乘勢突破基隆市街，向台北要衝的獅球嶺進攻。基隆、獅球嶺攻防戰雖僅數小時就結束，守備軍卻死了二百五十人，傷者不計其數，可見其激戰程度。特別是中央砲台的攻防戰況，日本文獻有如下的記載：「其抵抗頗頑強，例如我第一聯隊攀登時，常有撐傘士兵在砲台展望，雖經我方擊斃，立有人代之，未嘗有躲避者，其勇猛可感矣。」[12]在基隆海面指揮作戰的台灣總督則在基隆港掃海完畢後，於六日登陸基隆，就這樣，這個新的統治者在台灣的土地上留下了第一個足跡。

基隆陷落帶給台北極大的衝擊。從基隆敗走的守備軍湧進台北，使台北陷於混亂。事先得到瑞芳陷落報告的唐總統，命令廣東出身的黃義德率領護衛營（親衛隊）在獅球嶺、台北之間的八堵阻止日本軍挺進。黃義德去是去了，卻未讓士兵下火車就又折回台北，他不僅詐報獅球嶺已陷落，八堵也下大雨，無法紮營，又欺騙總統說：聽到日本軍懸賞六〇萬兩要取總統首級，為了防止內亂發生，所以急馳而返。[13]回到台北的黃義德軍並於同日夜間（六月三日）要求發軍餉

---

[12]前引書，松本《征討史》27頁。前引書，俞明震〈八日記〉，《資料續篇》305頁。松浦和作著、出版《明治二十八年台灣平定記》，明治29年初版，昭和7年再版，301～40頁。請特別參閱340頁。

[13]前引書，姚錫光《紀略》卷五，台灣篇上第九，11頁。此外，思痛子《台海思慟錄》，台北篇，9頁。

而引起騷動。[14]

　　獅球嶺陷落，敗兵湧進台北城（六月四日傍晚），這時城內的騷亂已達頂點。城內的亂兵搶劫行人，姦淫婦女，甚至縱火等，野蠻到極點[15]。由於前線戰敗，城內混亂，民主國的最高首腦慌了手腳。四日凌晨一時左右，唐總統的親信王觀庭切斷電報線[16]，目的不清楚，但從本日傍晚唐總統逃亡一事看來，似乎是準備逃亡的一環。

　　同日黎明時，俞明震、方越亭、熊瑞圖等人拜訪唐總統，建議先退往新竹，以圖再起，但唐已經失了鬥志，其親信甚至以槍相向，至此，俞明震就留個字條，下定決心要逃亡大陸了[17]。軍務督辦李秉瑞也逃走了，外務督辦陳季同則與唐總統同船逃走。[18]

　　總統及民主國政府首腦相繼逃亡後，台北城如同地獄一般。目睹當時狀況的紐約先驅論壇報（New York Herald）記者James W. Davidson有如下的記述：

　　「知道總統已逃亡的士兵縱火焚燒總統衙門。在一片燃

---

[14]前引書，俞明震〈八日記〉，《資料續篇》306頁。這件騷亂，因有盧嘉植所率領的東莞勇（廣東兵之一部）一百人固守金庫，故騷亂未擴大就結束了。

[15]同上，307頁。

[16]同上，308頁。

[17]同上，306〜8頁。

[18]H. B. Morse, "A Short Lived Republic," *NCR*, I/1 (Mar. 1919). pp. 33〜4.

燒聲中，轟響著暴徒的叫喊聲與被害人的哭喊聲，來福槍的
槍聲震耳欲聾。清兵襲擊司庫，貪婪的士兵用布頭兒包著銀
幣，能拿走多少就拿走多少，沿途撒滿銀幣。一個士兵因為
奪得過多銀幣，無法隱藏而在路上被踢死，銀幣也被搶去，
另外一個人則被割斷喉嚨。數百名強盜從灰燼中拿走未燒掉
的東西，連椅子、壞時鐘也不放過。在路邊，美金二元就買
得到精巧的克虜伯山砲一門。數萬的清兵如今已從事更有賺
頭的行業，於是以美金幾分就賣掉他們的來福槍，舊槍支則
被扔掉。」[19]

　　所謂「更有賺頭的行業」，乃是搶劫。士兵為搶劫留存於
布政使司庫的銀幣，互相殘殺的結果，死者竟高達四百多人
[20]。當唐總統出走總統衙門時，因為擔心護衛兵阻攔，乃
分給護衛兵五萬兩，得知此事的其他士兵也要求分銀而擁上
衙門，但因為唐總統已經離開了，於是縱火洩憤。[21]

　　唐總統逃亡後，台北城內陷入大混亂，萬華、大稻埕的
士紳李秉鈞、吳聯元、陳舜臣、陳春生、白其祥等人意圖鎮
壓而集會商議，卻苦無良策，最後決定迎接日本軍進城，藉
以維持治安，於是派遣小販辜顯榮膺此險任。六月六日，辜
顯榮隻身前往基隆與搭乘橫濱丸而來的水野遵公使會面，告

---

[19]Davidson, *The Island of Formosa*, pp.301～4.
[20]前引書，姚錫光《紀略》卷五，台灣篇上第九，12頁。
[21]Davidson, *op. cit.*, p.301.

知台北城內未有守備軍，並懇請日本軍進城[22]。另一方面，居住台北大稻埕的歐美人士則以自衛對付混亂的局面，這些人也感覺到日本軍進城有其必要。此外，美國人James W. Davidson、英商G. M. T. Thomson、德商R. N. Ohly等人亦應士紳劉廷玉、陳儒林、貿易商李春生等人之請，志願前往基隆請求日軍進城[23]。途中於水返腳遇見帶著辜顯榮的日本軍。由於Davidson等人告急的報告與辜的報告相符，日本軍終於決定要進城[24]。就這樣，日本軍派遣部隊前往台北，但城門未開，無法進城，正在困惑時，有一個台灣婦女陳法冒著從城內飛來的子彈，從城牆上面放下梯子，協助日本軍進城[25]。就這樣，日本軍得到一部分台灣紳民的協助，不流血而進入台北城了。

　　日本軍於六月七日未損一兵一卒就進入台北，接著於九

[22]顏興〈台灣民主國前前後後〉（上），《台南文化》第二卷第二期，12頁。另，問樵〈白其祥的事蹟〉，《台北文物》第五卷第二、三期合併號，民國46年(1957)1月，74頁。

　　辜顯榮往基隆，從台北出發是6月6日上午三時。辜顯榮翁傳記編纂會編、出版《辜顯榮翁傳》，昭和14年，台北，14頁。又，據說本來他是要與上層仕紳階級同往，但在約定地點未見有人前來，不得已自己一個人去迎接（依據辜顯榮對其子辜寬敏氏所言。1966年6月20日與辜寬敏氏會談）。上層階級害怕「匪徒」威脅自己的財產、生命，也恐怕若歡迎日本軍，萬一清軍反攻時，自己會被逼到不利的立場。Davidson, *op. cit.,* p.305.

[23]Davidson, *op. cit.,* p.305～7. 前引書，吳德功《讓台記》40頁。

[24]《台灣日日新報》昭和10年6月1日刊。井出季和太著、刊行《興味の台灣史話》，昭和10年，台北，81～2頁所收。

[25]前引書，台灣總督府《警察沿革誌》第二篇（上卷），70頁。

日在幾乎未受抵抗的狀況下佔領軍事據點淡水。從五月二十九日登陸台灣以來，日本軍僅費時十日就將首都台北歸為己有。佔領台北後的日本軍迎接樺山總督進城，於六月十七日舉行了始政典禮。

3.武力抵抗運動的激化

日本軍於六月十九日開始南進，其實這是苦難旅途的開始。這時，中部各地的住民自衛組織已逐漸組成。日本軍挺進至新竹之前，已遭受到沿途枋寮、大湖口、箕窩庄、楊梅壢等數十或數百住民的抵抗。二十二日，日本軍輕易取下守備軍敗走後的新竹城，但近郊各地的抵抗運動仍然繼續，三日後，也出現過由三百住民組成的部隊試圖奪回新竹城之舉。

日本軍以慎重態勢繼續南進，而住民為截斷其退路，不斷擾亂其後方。尤其安平鎮庄的頑強抵抗，使樺山總督痛感一個師團兵力不足以佔領台灣，終於請求增援。六月二十八日，日本軍以步兵一中隊、二小隊，攻擊據守安平鎮民屋的數百住民，卻無法攻下而撤退。七月一日則以二中隊步兵、一小隊砲兵攻擊，再加上二小隊工兵實施爆破作業。雖然如此猛攻，但要攻下它，也還得留待翌日。[26]

這時，南部正在進行守備體制的重新整備，即於台南設置議院，並試著推舉台南一帶防衛負責人劉永福將軍為唐總

---

[26]前引書，參謀本部《日清戰史》第七卷，65～70頁、82頁。

統逃亡後的台灣民主國政府最高指揮者。七月二日，劉召集
士紳歃血爲盟，誓言抗戰到底：

> 「……台灣現爲民主之國。凡我同人，誓爲固守。……永
> 福忝爲盟主，戰事一開，自必甘苦與共，生死與共。」[27]

　　清法戰手時，在安南以武勇馳名的劉永福是日本軍可怕
的人物，樺山總督致書劉，勸其投降，劉則加以拒絕。對日
本軍來說，局勢並不樂觀，前途烏雲密佈。類似安平鎮庄的
頑強抵抗隨處可見，例如暫時被平定的枋寮庄，七月二日仍
可看到民軍出沒，而日本軍在三日以二小隊攻擊，卻無法擊
退民軍，日本軍繼在翌四日以包括砲兵一小隊在內的一中隊
對付民軍，將家屋燒掉。儘管如此，二日之後，民軍再度聚
集，日本軍則召來一小隊的援軍始得平定[28]。抵抗主要是
在村落進行，因此，日本軍在攻下城市時，並未遭到太多困
難。日本軍儘管佔領了城市，也未必能安然自若。因有台灣
守備軍將要襲擊台北的傳說，故日本軍必須分出一部分兵力
防守台北，事實上台灣守備軍也嘗試要奪回新竹。
　　這一段時間，日本軍的增援部隊逐漸到達台灣。當其攻
下澎湖島之後，一直駐在該地的比志支島支隊也早於六月四
日登陸基隆，擔任防守台北的任務，使近衛師團第一旅團得以

---

[27]全文請參閱《日清戰爭實記》，全五〇編，明治27年8月～29年1月，東
　　京，博文館，第四六編，30～3頁。
[28]前引書，參謀本部《日清戰史》第七卷，70～1頁。

南進，接著，近衛師團的其他部隊也於七月二日開到台灣。
就這樣，七月上旬時，日本軍的兵力已達到一個多師團。

　　日本軍以增援部隊組成南進支隊，擔任新竹先遣部隊的
後方掃蕩任務。但是，從序戰開始，輸送隊約三十五人在三
角湧、大料崁之間幾乎全被殲滅了。其他各部隊也遭到民軍
的迎擊而有一番激烈戰鬥。特別是奉令沿內陸大料崁挺進的
步兵第三聯隊第二大隊，於二甲九庄、烏泥堀庄、福德坑
庄、尾重橋等地遭到特別頑強的抵抗。在這幾個寒村，日本
軍於七月十三日當日消耗掉的子彈數量就高達一萬八千餘
發，超過北部最大激戰地基隆攻防戰的消耗量，為瑞芳戰的
三倍[29]。日本軍又於翌十四日在大料崁近邊尾寮庄一帶戰
鬥，更遭到消耗同數量子彈的激烈抵抗[30]。另一方面，沿
官道南下的支援主力並未遭到激烈抵抗，因此得以到達中
壢，但得知附近龍潭陂、銅鑼圈庄有抗戰部隊聚集而加以攻
擊。七月十四日在龍潭陂附近的戰鬥，日本軍投入步兵一大
隊、砲兵一中隊、工兵二小隊、騎兵一小隊的兵力，不僅砲
擊，甚至焚燒村落，但也出現十二名死傷者。[31]

　　當日本軍正在中部各地陷於苦戰時，住民則以收回台北
為目標，七月十三日在台北近郊的埤角與日本軍進行了一場
激戰，這一戰，日本軍死傷二十六名，卻無法攻下柑仔林
庄，敗退而走。

---

[29]同上，84～90頁。前引書，松本《征討史》17、27頁。
[30]前引書，參謀本部《日清戰史》第七卷，92頁。
[31]同上，96～7頁。

　　同樣地，台北城內的局勢亦呈現一片緊張的氣氛，附近的桂仔坑、姜仔寮、尖山外庄等地的住民蜂擁而起，一部分住民則連續數次試著奪回桃仔園市街，日本軍因此不得不東奔西走。住民如此勇敢且激烈的抵抗，使樺山總督感受到：「土民之桀猾且頑迷，非立即嚴加懲罰，將來必無綏撫懷柔之途。」乃下定決心以大兵力鎮壓台北、新竹[32]。於是以步兵第三聯隊、第四聯隊第二大隊、第二聯隊第二大隊為主力，組成三支隊伍，並決定方針，第一期掃蕩台北、中壢間，第二期掃蕩中壢、新竹間。

　　從七月二十二日開始的掃蕩戰帶給台灣住民極大的殘害，裝備優良的日本軍恣意攻擊這個地域的村落。在連續四日的第一期掃蕩戰中，被日本軍燒掉的民家高達數千，被屠殺者，僅日本軍確認的，就達到數百。這樣一來，這個地域的抵抗運動暫時全部屏息了。在這期間，日本軍僅死二人，負傷者未滿二十人，但消耗砲彈卻高達五百餘發，子彈五萬六千發，由此可見日本軍充滿憤怒的攻擊情況[33]。從七月二十九日開始至八月三日結束的第二期掃蕩戰，則大致按照第一期的規模進行，把中壢以南、新竹以北的住民捲入恐怖與破壞的漩渦裏。據守民屋抵抗的住民頂多不過數百，日本軍卻加以集中攻擊，例如七月三十一日攻擊龍潭陂時，動員步兵一大隊三中隊，砲兵、工兵各一中隊及騎兵一小隊。住

---

[32]同上，101～8頁。
[33]同上，111～23頁。

民的抵抗引來報復戰及大規模且殘暴的掃蕩戰，雖使住民畏縮，亦惹起住民對日本軍的憎惡與復仇心。日後，台灣住民吳得福在襲擊台北之前(八月初旬)，切開自己的孩子，與同志啜飲其血，以殊死的決心誓為報復。[34]

　　日本軍完成新竹以北的掃蕩後，八月三日集結新竹。另一方面，日本大本營答應樺山總督的請求，命令旅順的第二師團攻下台灣，八月六日，第二師團屬下混成第四旅團從基隆開始登陸，擔任新竹以北的防守。從登陸以來即連續征戰的近衛師團則以苗栗、彰化為目標，六日開始陸續南進。近衛師團在隘寮坡、金山面庄、水仙嶺、水尾溝、柑林溝的各村落曾遭抵抗，有的襲擊聚集該處的抵抗部隊，至八月八日，常備艦隊以艦砲從頂寮庄及筆尖山海面射擊東方高地，藉以掩護陸戰。本地域有先前試圖奪回新竹的吳湯興、姜紹祖、徐驤等人所率領的民軍，與留台指揮抗日戰的台灣府(台中)知府黎景嵩所組成的新楚軍(由當地住民及敗兵組成)守備，持續勇敢且頑強的抵抗[35]。為了阻止南進的日本軍，台灣守備軍將一千兵力聚集於西山庄高地，據守堡壘抵抗，卻抵擋不住日本軍的猛烈砲火，終於敗走。日本軍則乘勢進擊，在未遭抵抗的狀況下，於八月十四日佔領苗栗[36]。

　　失掉苗栗的抗日勢力敗走至台中、彰化一帶，而大安港附近的抗日軍也遭到艦砲攻擊，不得不退走。日本軍在苗栗

[34]有關吳德福的事跡，請參閱《台灣征討圖繪》第三編，20～2頁。

[35]思痛子《台海思慟錄》12頁。

[36]前引書，參謀本部《日清戰史》第七卷，158～9頁。

至台中之間，僅遭到微弱的抵抗，但對地理不熟，且遇上豪
雨季節，因此海上輪送極爲困難，房裡溪、大安溪及大甲溪
等也決堤了，加上疫病蔓延，處境萬分困苦。不過日本軍判
斷，迅速攻下彰化城才是上策，因而決定進兵，將兵力組成
爲左右兩縱隊，左縱隊攻擊台中，右縱隊沿海岸道路攻擊彰
化。左縱隊雖在頭家厝庄及三十張犁庄附近遭到抵抗，卻輕
而易舉於八月二十七日佔領台中[37]。但與台中相比，攻取
彰化就困難多了。彰化城是台灣中部的重鎮，有山砲佈署於
鳥瞰城內的近郊八卦山，並有民軍及黎景嵩的新楚軍，以及
來援的劉永福麾下吳彭年軍隊等共十二營約四千人固守城內
及山上。參加本戰鬥的日本軍兵力爲步兵六個大隊半，砲兵
四中隊，再加上騎兵、機關砲、工兵各二中隊。就彼此的戰
鬥兵力而言，其戰鬥規模之大，可與日後的嘉義攻防戰相比
擬。正因爲規模大，所以八月二十八日開始的彰化、八卦山
攻防戰也就特別激烈，結果是日本軍獲得壓倒性的勝利。在
本戰鬥中，日本軍擄獲的武器有新舊大砲約四十門，步槍一
千二百支，砲彈約二千發，子彈高達二十萬發[38]。台灣守
備軍則損失了多位將領。民軍指揮吳湯興與姜紹祖都在這一
役戰死，從台南來援的吳彭年與湯仁貴也在這一役喪生。台
灣府知府黎景嵩、彰化縣知縣羅樹勳、雲林縣知縣羅汝澤則
從鹿港經海路逃亡大陸。[39]

---

[37]同上，167〜8頁、172頁。
[38]同上，192頁。
[39]洪棄生《瀛海偕亡記》14〜5頁。前引書，思痛子《思慟錄》14頁。

　　另一方面，佔領彰化、鹿港的近衛師團則奉台灣總督八月二十九日的命令，停止南進行動，讓士兵休養。近衛師團從登陸台灣以來，已轉戰各地三個月，勞累不堪，軍中疫病也極為猖獗。日本軍從日本出發時，船內就已流行霍亂，而三月登陸澎湖的六千名士兵當中，有三分之一不待旬日就生病，病死者總數高達五分之一。時至五月，霍亂已蔓延到台灣島。除霍亂外，赤痢也極流行，至於台灣風土病的瘧疾，當近衛師團到達彰化時，生病者已達一七％[40]，包括霍亂、赤痢等疫病的生病者應為其數倍，例如駐留彰化時，二百七十餘人的步兵中隊，健康者頂多不過一百二十人，甚至只有十三人。近衛師團長認為彰化乃是台灣瘴癘之氣最嚴重的地方，如果前面的河川漲了，將會失去時機，因此希望挺進。然而，台灣總督畏懼無益的前進可能重蹈新竹附近的覆轍，加以否決。[41]

　　就這樣，近衛師團的南進被迫暫時停止，但威力偵察仍繼續進行。然而偵察部隊卻遭到數次襲擊而不得不敗退，至此，近衛師團終於痛感前途的坎坷了，於是，配有步兵與砲兵部隊的騎兵一大隊南下斗六、他里霧偵察，於九月二日抵達大甫林，並住宿於住民已逃亡的該地，翌日受到台灣民軍約五百人的襲擊。日本軍將之趕往斗六方面，但於他里霧街附近再度受到五百軍民的襲擊。其後，大甫林附近的衝突持

[40]陸軍省醫務局《明治二十七八年役陸軍衛生事蹟》，全三卷，明治34～40年，東京，第三卷，中，17～9頁、30～1頁。
[41]前引書，參謀本部《日清戰史》第七卷，215頁。

續不斷，七日，七百民軍連續三次襲擊大甫林。爲此，近衛師團派遣配有砲兵的部隊前往救援，騎兵大隊才勉強得於十日回到北斗。

4. 日本軍兵力的加強與全島的掌握

正當進行這樣的小戰鬥時，近衛師團仍在繼續休息，而南進軍的重新組成則在這一時段進行。南進軍乃由不久將抵台的第二師團在內的台灣兵站部與近衛師團組織而成，並經台灣總督頒佈命令，歸台灣副總督陸軍中將高島鞆之助指揮。作戰計劃經過數次改訂，最後決定由近衛師團長北白川宮能久親王率領陸路部隊南進，由混成第四旅團長伏見宮貞愛親王率領預定登陸布袋嘴附近的部隊，從基隆開往布袋嘴海面，預定來台的第二師團長乃木希典中將，則率領部隊在澎湖待命，之後從枋寮登陸，三面圍攻台南。南進行動預定九月二十九日開始，但因暴風雨，河水氾濫，陸路南進部隊延至十月五日才出發。[42]

日本軍當前的目標爲嘉義。可是南進部隊於途中遭到許多抵抗。例如先遣部隊渡西螺溪前後，於樹仔腳庄、新厝庄、湳仔庄、饒平庄、後埔庄等地遭到抵抗。抵抗規模並不大，卻極爲頑強，使日本軍要經過曾經佔領過的他里霧街，尚且必要再次猛攻。又因在西螺、土庫遭到猛烈抵抗，日本軍火燒兩街，使兩街幾乎燒光[43]。抵抗軍與日本軍戰鬥

---

[42]同上，216～20頁。
[43]同上，231～3頁。

時，並未採大軍對峙的激戰方式，所以各村落的戰鬥規模並不大，但隨著日本軍的南下，幾乎一兵未損而保有戰力的劉永福軍的影子就逐漸濃厚起來了。同日於各地發生遭遇戰，參加的雙方人員越來越多。例如十月七日他里霧及其附近的戰鬥，彼此都以一千五百的兵力參加。然而戰鬥訓練及裝備差異彌補了日本軍對地理不熟悉的不利，所以兵員損傷經常較台灣這邊為少。以他里霧附近的戰鬥為例，日本軍死四人，負傷九人，相較於日本軍的輕微死傷，台灣這邊死了一百七十人，傷者不計其數[44]。然而這種整個台灣攻防戰的共同現象，是無法僅以戰爭技術或武器差異來加以說明的。台灣民軍游擊性的抵抗方式，十足使日本軍感受到「草木皆兵」，於是日本軍採取非人道的手段，可疑者皆殺，俘虜亦殺，這可能亦是理由之一[45]。當日本軍佔領台北、淡水時，心理上是從容不迫的，所以也就按照大本營的命令行事，把俘虜當俘虜對待，若有大陸出身的士兵，則以日本輪船送還大陸，但於各地經過激戰之後，大本營的命令被忽視的情形就越來越多了。即使是日本軍曾經攻下的城市，也必須經常配置鎮守部隊，而當日本軍離開後要再度佔領時，就必須賠出人命才有可能了，他里霧街、大甫林街都是例子。

其次，日本軍於觀音亭、湖底庄、施瓜寮、牛挑灣庄、

---

[44]同上，227頁。

[45]這種非人道手段，也明顯出現於當時日本軍兵士的日記。齋藤淺次郎手記，大橋平治郎編、出版《支那台灣征記》，昭和10年，台北，7月17日之項，8月4日之項。

內林庄等地亦遭到激烈抵抗，但一一將之擊退，一路逼近目標嘉義。嘉義除有劉永福的黑旗兵、新募的士兵駐守，城內外幾乎全都是抗日分子，其數約一萬，勢力不容輕視，預料激戰將不可免[46]。日本軍於這場攻防戰投入了砲兵四中隊，及含機關砲三隊的各種部隊共計四千二百人，而台灣守備軍兵力實際上只有一千餘人而已[47]。於十月九日交戰的攻防戰，數個小時就告結束了，此後這個城牆高五、六公尺，寬三、四公尺的市街就任由日本軍蹂躪了。嘉義縣知縣孫育萬則與士兵一同敗走台南，劉永福的叔父，也是當地的守將劉步高，則未留名戰史，不知其消失於何處。另一方面，從日本軍攻下台北以來就轉戰各地的民軍首領徐驤則死在本疆場。

十月十日，伏見宮貞愛親王所率領的布袋嘴登陸部隊（混成第四旅團）從基隆開到布袋嘴開始登陸，翌十一日，乃木希典所率領的枋寮登陸部隊（第二師團）亦從枋寮開始卸船了。就這樣，十五日時，台灣島內已擠滿日本軍二個半多的師團，三面包圍進攻台灣軍最後據點台南的陣勢已整備完成。枋寮登陸部隊在艦砲射擊掩護下開始卸船，但在這裏也遭遇了含士兵三〇〇名在內的約一千五百住民的迎擊。此後，於頭竹圍庄、牌仔頭庄、芋仔寮等地也遭到抵抗。混成旅團的戰法與近衛師團沒有顯著的差異，同樣都極其殘酷。

[46]前引書，松本《征討史》192頁。
[47]前引書，參謀本部《日清戰史》第七卷，246頁。

例如於北馬庄，雖然輕易地「驅逐寡少之賊」，但仍燒光這個村落[48]。混成第四旅團則一邊「燒夷懷有敵意的沿路各庄」，一邊挺進，但抗戰分子仍於杜仔頭庄、鐵線橋、倒方寮、東石港等地留名於抗日史上。結果，日本軍「以懲戒為目的」，決定剿討朴子腳街以南、急水溪以北地方[49]。所謂「剿討」，無非是全面殺戮與縱火。日本軍的殘虐行為使台灣住民膽顫心驚。日後，有一逃避日本軍進攻而避難某地的婦女，因害怕小孩的哭聲而被發現隱藏處，竟扼殺抱在胸前的幼兒，可見日本軍殘虐的程度。[50]

對日本軍的「剿討」，住民並不袖手旁觀而甘心忍受。事實上，在五間厝、鯤鯓廟、急水溪畔的鹽田地帶，特別是先前有過戰鬥的鐵線橋等地，日本軍遭到激烈的抵抗。雖然那是使用火矢等原始武器的抵抗，然而總是報了一箭之仇，鬱憤也許得到了發洩。台灣守備軍繼續於大埔口、山寮、式港仔寮、筏仔頭、杜仔頭等地進行擾亂性攻擊，意圖阻止混成第四旅團的進擊，但未奏效，徒使日本軍的刀劍沾上了血影。

另一方面，枋寮登陸部隊也在艦砲的掩護射擊下，從十月十一日開始登陸，於十五日全部登陸於台灣南部。日本軍於登陸初日，首先於茄苳腳遭到抵抗，備受困苦。日本軍此役不得已投入六百餘人，結果戰死十五人，負傷五十六人

---

[48]同上，260頁。
[49]同上，263、268頁。
[50]根據筆者祖母黃許姜所言。

[51]。在台灣攻防戰中，規模最大的嘉義城的戰鬥，日本軍僅死一人，負傷十三人，相比之下，可見雖是一個小村落，其抵抗卻是極為有效且勇敢。接著日本軍於頭溝水庄、鳳山近處等地亦遭到抵抗，但未經戰鬥就取下了鳳山。至於打狗砲台，則完全沒有抵抗，日本艦隊加以威嚇射擊之後，陸戰隊登陸，當地的守備軍就袖手旁觀，任由日本軍佔領了。[52]

　　就這樣，枋寮登陸部隊的第二師團將台灣南部的要衝打狗及鳳山置於控制之下，另一方面，布袋嘴登陸部隊的混成第四旅團亦邊打邊南下，而攻下嘉義的陸路南進部隊近衛師團也向台南挺進，台南的局勢越來越告急了。十月二十日，流經台南北方十餘公里的曾文溪兩岸發生了兩軍的激烈戰鬥，而其前日，素以驍勇馳名的抗日部隊最高指揮官劉永福卻從安平經海路逃往廈門了。由於逃亡是秘密策劃的，所以無論民軍或劉麾下全不知其事，仍在曾文溪河畔奮勇抗戰。

　　近衛師團二十日於茄拔庄、灣裡街、三塊庄遭到的抵抗甚為微弱，相較之下，混成第四旅團遭到的抵抗就激烈多了。從十九日到二十日，混成第四旅團於蔴荳街、曾文溪庄、東勢宅庄等地遭到民軍的激烈抵抗，於是日本軍縱火燒蔴荳街。接著於蕭壠街遭到的抵抗更加激烈，不輕易退卻的住民的抵抗使日本軍感到為難，於是縱火燒掉有防禦設備的

---

[51]前引書，參謀本部《日清戰史》第七卷，290頁。
[52]同上，295～8頁。

家屋。投入蕭壠街攻防戰的日本軍兵力爲八百六十人,戰死十人,負傷四十五人。相對的,民軍死三百人,一般住民亦有相當傷亡[53]。據故老傳說,遭受猛烈抵抗的激昂日本軍,一發現住民就加以殘殺,逃走不及的住民全遭屠殺,因此蕭壠成爲無人街,故被稱爲「消人」。[54]

就這樣,近衛師團、混成第四旅團邊遭抵抗邊逼近台南城,另一方面,第二師團也同樣於二十日在半路竹、大爺庄、白沙崙庄等地遭到微弱抵抗,卻也順利北進,並以小部隊暫且進駐劉永福逃走後陷於混亂的台南。從翌二十一日開始,日本軍各部隊陸續進駐喪失抵抗力的台南,台灣民主國的最後據點終於成了日本軍的囊中物。

---

[53]同上,317〜21頁。
[54]該地爲筆者故鄉,後改街名爲佳里。

第二節　相對於關心抗日的另一面

當領有台灣之初，日本政府早料到將遭受台灣住民的抵抗，但其猛烈程度卻是出乎所料。然而在進行頑強抵抗的反面，台灣住民之間事實上也並存著漠不關心的心態。這個現象不僅存在於台灣住民，連在台的清國大陸官兵也是。他們對於抗日之缺乏關心，有時可見於對日本軍無抵抗，或不給抗日部隊援助，有時則可見於協助日本軍或內部騷亂等作為。這種不關心的結果，使日本軍得以減輕相當程度的犧牲。

首先，針對在台清國官兵的不關心加以說明。在台灣民主國創立之前，巡撫唐景崧向在台清國官兵發出去留選擇令，接著清廷也發出官兵內渡令，因此，大部分在台清國高級官吏與一部分士兵分別依照命令回去大陸。雖然如此，仍尚有許多清兵留在台灣，但這些清兵未必對抗日戰抱有決心。中國將領對職位高低的關心比實戰來得強，甚至為了功名，也會搶奪他人的戰功。雖然他們被命令救援危機臨頭的友方，但只因無勇氣和敵方交戰，竟然詐報戰況，貽誤戰局。這樣的事實於北部攻防戰特別顯著。當日本軍開始攻打瑞芳之前，唐總統命令營官胡連勝支援基隆，又分別命令頂石角營官陳國柱、金包里營官陳柱波、獅球嶺營官知縣包幹臣，率領廣東兵數百人趕往前線，然而他們個個自稱統領而不甘成為對方屬下[1]。前線指揮系統無法確立。不久，吳國

華軍與民軍一同夾擊日本軍，殺死日本兵士一人，棄置屍體繼續前進，可是隨後而來的包幹臣軍卻與民軍爭奪首級。此時已到達三貂嶺的吳國華得知首級被包幹臣奪走，大發雷霆，竟帶兵趕回追究包幹臣軍。就這樣，已無守備兵的三貂嶺終於被日本軍輕易佔領[2]。奪他人戰功者，誠爲恬不知恥之輩，而爲了一個首級，竟放棄重要陣地去追趕對方，其對抗日戰的熱情，令人懷疑。有關臨陣抗命、逃亡、蒙蔽上司而貽誤戰局等情況，前節所述黃義德就是典型的例子。此外如台北之混亂，身負守土護民重責的軍隊卻幹起搶劫、殺人、縱火的惡行，與其說是軍隊，不如說是土匪。

而付給護衛兵五萬兩以便逃脫台北城的唐總統，六日搭乘亞瑟輪(這時懸掛德國旗，稱爲Arthur號)從淡水逃跑時，也是付了釋放費才得以逃脫。唐逃亡時被淡水砲台的守備兵發覺，淡水稅關稅務司助理H. B. Morse則應士兵要求，將保管於稅關的公金與私財共五千兩(五百鎊)付給士兵，以換取切斷港內水雷線，取下大砲衝擊機等的協助，保証出航安全[3]。對這些士兵而言，唐總統的逃亡並非讓他們失掉指揮官，而是此後不再有支付軍餉的人。所以只要支付釋放費，

---

[1]姚錫光《東方兵事紀略》卷五，台灣篇上第九，8頁。

[2]同上，8～9頁。此外俞明震〈台灣八日記〉，左舜生選輯《中國近百年史資料續編》302頁。

[3]不過，之前在船中的民主國政府官員曾付給砲台四萬五千兩做爲釋放費，但士兵不滿意，竟再要求追加五千兩。H. B. Morse, "A Short Lived Republic," *NCR*, I/1 (March 1919), pp.31～4.

誰要拋棄台灣逃亡大陸，士兵並無關痛癢。由此可知，這些士兵的目的並不在於防衛台灣，而在金錢。

不戰而降之例，則可舉余清勝。余清勝為大科崁守將，當日本軍佔領台北之後，六月十五日，他送書信給樺山，向日本軍投降。[4]

像這種大陸士兵缺乏鬥志與無秩序，並非僅北部現象。中部、南部都可見到同樣的傾向。中部鹿港守將楊汝翼(福建候補道)奉唐總統之令支援北部前線，但他害怕前往前線，因此故意慢行，最後終於拋棄麾下的湖南兵(湘勇)一千人，於五月二十八日搭船逃亡大陸[5]。劉永福麾下的李惟義為支援而前往彰化，儘管日本軍已向彰化城攻來，但他仍「在城中方擁妓酣臥」[6]。在南部，守備軍的紀律也極為紊亂，劉永福麾下的廣東兵只埋首搶劫，一見敵人就相繼潰走[7]。其中有侵吞軍費而逃亡的指揮官，也再三見到大陸士兵乘危奪走軍費，致使部隊潰滅。前者為劉永福的部下李韋二，後者則是吳光亮的部隊。[8]

居民主國政府最高地位的唐景崧早於六月六日就逃亡

[4]參謀本部編《明治二十七八年日清戰史》第七卷，55頁。

[5]思痛子《台海思慟錄》台灣篇，11頁。此外，台灣出身的候補道林朝棟也同樣逃亡，有關此事，請參閱本節的台灣住民一段所述。

[6]易順鼎「盾墨拾餘」，魂南記，卷六，《中日戰爭》第一冊所收，149頁。

[7]前引書，思痛子《思慟錄》17頁。

[8]羅香林輯校《劉永福歷史草》，民國25年(1936)，南京，正中書局，民國46年(1957)，增訂台一版，台北，正中書局，257頁。吳德功《讓台記》41頁。

了，與唐相比，劉永福則在台南一直守到十月十九日，因此，給予劉永福很高評價的人相當多[9]，但根據戰史來看，那是給劉永福過高的評價了。劉永福在台灣抗日戰中未曾與日本軍交過一戰。他之所以得在南部保持安泰，乃是有中部的抵抗使然。這樣的評價應當較為正確[10]。日本軍攻到台南北方的嘉義是十月九日，其前，南部連個日本軍的影子都沒有。當日本軍出現於台北東北的澳底九日後，唐景崧逃亡，與日本軍出現於台南北方的嘉義十日後，劉永福逃亡，兩者程度固然有差別，但本質是相同的。劉永福不但自己不上陣，也不讓自己的義子應戰。十月十四日，日本軍艦砲擊打狗砲台，砲台僅僅反擊數發而已。守將劉成良遵義父劉永福之命，輕易放棄這個砲台，終於被登陸而來的日本軍佔領。這時，守備一方的戰死者僅四人，其中二人為中流彈而亡的平民，但日本軍並未出現傷亡，難怪英國觀戰軍官看到這種情況，十分驚訝地說未曾看過這麼不過癮的戰鬥。[11]

其次來觀察一下台灣住民不關心抗日戰的另一面吧。日本從明治七年出兵台灣之前，就有樺山資紀少佐等人連續數次實地勘察台灣，但對台灣的地理仍然不熟悉，因此當台灣接收作戰時，所使用者仍為五十萬分之一的地圖[12]，因而

---

[9]這種論述，除此之外還相當多，尤其是以劉永福部下黃海安的原稿為資料所寫的前引書，羅香林輯校《劉永福》為最。

[10]前引書，思痛子《思慟錄》13頁。

[11]蔡爾康等編《中東戰紀本末》初篇，卷四，朝警新記二，70～1頁。

[12]前引書，參謀本部《日清戰史》第七卷，14頁。

登陸作戰一開始，立刻需要請人帶路，乃於五月三十日暫派俘虜充當嚮導[13]。既然是俘虜，非出於自願是想像得到的。然而根據台灣民主國首腦俞明震的記述，日本軍從澳底登陸，乃是土民(台灣住民)勾結金砂匪(似指砂金採集者)引進的[14]。這若是事實的話，那麼早在前述俘虜之前，即日本軍開始登陸時，台灣住民之中就已有人積極迎接日本軍，並給予協助了。俞明震又記述：在瑞芳戰役中，日本軍使教民(叛徒、基督教徒)及漢奸千人控制九芎橋[15]。但據姚錫光所言，那時是每十二人就有持刀的日本兵二人跟在其後監視[16]。若是這樣，就未必是出自本心的協助了。《日清戰爭實記》有如下的記載：在這階段，將台灣住民「做為搬運工人使用，然於途中逃亡者眾，故不得不附予腰繩，使士兵監督鞭策役使之」[17]。可知當初應該很難取得台灣住民的協助。

台灣住民初次主動對日本軍表示提供協助，是在日本軍進入台北城之時，日本軍之得以不流血進城，乃是得到一部分台灣紳民的協助使然。首都台北被日本軍掌握，如同保証了日本的勝利，於是對日本軍表示提供協助的住民越來越多了。曾有台北近郊錫口的住民施良被日本軍雇用，帶日本軍於錫口雇傭搬運工人，搜羅糧食。另外，錫口屈指可數的富

---

[13]同上，17頁。

[14]前引書，俞明震〈八日記〉，《資料續篇》301頁。

[15]同上，303頁。

[16]前引書，姚錫光《紀略》卷五，台灣篇上第九，10頁。

[17]《日清戰爭實記》第三一編，10頁。

豪陳采舍則將次子陳文乾與弟陳有義供日本軍驅使[18]。隨著時間推移，日本軍佔領區域擴大，這種對日本軍的積極援助也就增加了。辜顯榮則從迎接日本軍進台北城以來，繼續當日本軍嚮導及御用商人，北白川宮師團長往鹿港時，辜顯榮由於令街民設香案迎接及其他貢獻等，於翌年被紋勳六等，時為三十歲[19]。鹿港住民迎接北白川宮，雖是辜顯榮努力的結果，但受要求的鹿港住民也有與辜同樣的意向，那是不可否認的。

像這樣提供日本軍積極援助的情況之外，台灣民眾對抗日戰的觀望態度、抗日意願的缺乏也頗為顯著。允許台北城、台南城的不流血進城就是典型的例子。當日本軍進城時，這兩個城市的住民是高舉著自製的日章旗迎接的。這是最缺乏抗日意識的行為。

與台北、台南大異其趣的，新竹竟有一部分難民預備黑白兩種旗，白旗寫「大日本善良民」，黑旗寫「歡迎義勇軍」，並設崗哨，一看日本軍前來就高舉白旗，一看台灣這邊的士兵前來就趕快換上黑旗，如此終日反覆著換旗戲法[20]。這雖是基於自衛本能的措施，但這種像局外人的行為正說明了一部分住民對抗日戰的關心所在。當日本軍進新竹城時，新

[18]廖漢臣〈詹振抗日考〉，《台北文物》第三卷第一期，民國43年(1954)5月，61頁。陳采舍就是陳春光。《台灣征討圖繪》第二編，5頁。

[19]辜顯榮翁傳記編纂會《辜顯榮翁傳》23～8頁。

[20]篁村〈日軍侵竹邑前後〉，《台北文物》第一○卷第二期，民國50年(1961)9月，110頁。

竹士紳鄭竹率眾迎接。[21]

　　在整個台灣攻防戰期間，高砂族維持著局外中立。日本
的台灣接收作戰大致限定於已開拓的西部平原，對佔全島面
積三分之二的山岳地帶並未加以攻擊。因此對高砂族而言，
當前的日本軍入侵並非直接緊迫的威脅。高砂族對日本的抵
抗，一直要到十年後，即一九〇六年日本當局開展「理蕃政
策」才激烈起來。在一八九五年當時，山岳地帶的高砂族尚
未與西部平地的漢人系住民和睦，從高砂族的立場來說，漢
人系住民和日本人的決鬥，不過是兩個外部集團的紛爭而
已。[22]

　　那麼，台灣住民對台灣防衛軍或抗日分子的態度又如何
呢？民主國政府首腦說抗日運動必須有資金才行，於是召集
台北主要的上層階級前來籌防局，結果籌不到資金。當割讓
台灣尚未決定時，被認為是當時清國三大富豪之一的台灣仕
紳林維源，在日清戰爭正進行中，為了充實台灣的防備而親
自招募民軍二營，並自付軍費，其後更應允捐出四萬兩

---

[21]前引書，吳德功《讓台記》48頁。

[22]從十九世紀前葉以來，就出現過山岳地帶的一部分高砂系住民與漢人
　　系住民的互鬥，但一般說來，漢人系住民壓迫高砂系住民的情形較
　　多。進入日本統治時代，尤其是1906年以後，當高砂系住民直接經驗
　　到對兩者都是異民族的日本人的專橫跋扈之後，兩者的共同情誼日益
　　加強。這種情義歷經歲月淬鍊而益加強化，第二次世界大戰之後，台
　　灣在中華民國統治下，這種傾向並未減弱，反而是更強了。其最戲劇
　　性的表現，可見於兩者在1947年二二八事件的合作情況。請參閱拙論
　　文〈台灣獨立運動史(4)〉，《台灣》第三卷第四號(1969年4月)。

[23]。可是當日本佔有台灣一決定，他就不答應捐金了。他判斷抵抗日本已毫無勝算，不如遵從清廷命令，交出台灣給日本。他受到邱逢甲的威脅，暫且同意與其他地主同樣課征自己的不動產的附加稅，但不久他就內渡大陸了，內渡時更將其莫大的資產加以處理，使抗日軍無法利用[24]。在北部，守備這邊的慘敗雖不能說缺乏資金是唯一原因，但未能獲得這些富豪的協助的確也是事實。新竹的情況更加悲慘。吳湯興的民軍苦於缺乏武器軍費而無法交戰，但定居新竹的大部分上層階級則在觀望情勢而不肯給予援助[25]。在台中，因富豪已逃亡，所以也沒有達成軍費籌措的目的[26]。但即使富豪逃光了，住民可沒全部逃光，重要的是住民漠不關心。台南也不例外。一部分台灣士紳組成籌防局，課以軍

---

[23]世續等修《大清德宗景皇帝實錄》卷三五四，26頁。

　　王彥威編《清季外交史料(光緒朝)》卷一〇七，15頁，台撫唐景崧致軍務處請旨飭令林維源籌借軍餉百萬兩電，2月初10日(陽曆3月6日)

[24]*The Foreign Office Records,* FO 46/458, p.131, Report to R. N. O' Conor from L. C. Hopkins, Tamsui, May 19, 1895; p.134, same to same, May 24, 1895.

　　此外，鶴見祐輔《後藤新平傳》台灣統治篇，上下二冊，昭和18年初版，昭和19年再版，東京，太平洋協會，下，113～4頁。依據林本人對後藤新平所言。

[25]洪棄生《瀛海偕亡記》卷七，7頁。

[26]台灣府知府孫傳袞於內渡之前，將手頭現金二〇萬兩送返大陸，因而繼任知府職的黎景嵩只保有餘款二千兩而已。陳衍《台灣通紀》，民國11年(1922)，民國50年(1961)，台北，台灣銀行，第二冊，252頁。其後，孫擬募款充作戰費，但費時三個月只募到七千餘兩而已。川崎三郎《日清戰史》，全七卷，明治29～30年，東京，博文館，第七卷，218～9頁收錄，依據黎發給劉永福的電報。

費籌措的任務，但關鍵性的委員本身雖是富豪，捐款者卻寥寥無幾。[27]

　　台灣民軍的首領也未必個個都為防衛台灣而戰鬥到底。台灣出身的候補道林朝棟率領民軍六營，雖奉唐總統命令北上，卻預料將有苦戰而逃亡大陸，不僅如此，當他逃亡時，甚且也勸告其親屬不可抵抗日本軍[28]。至於據稱帶有民軍數十營的邱逢甲，則不僅未曾和日本軍交過一戰，就帶同家屬及麾下的統領謝道隆等三、四十人，匆匆從梧棲港逃亡對岸的泉州。[29]

　　六月五日，逃往淡水的唐總統向邱逢甲、林朝棟、楊汝翼（大陸人）等人發出求援電報，那時邱雖然駐紮於台北近旁的南崁，卻未馳往救援[30]。可是給予邱逢甲很高評價的人，沒有根據就記載唐景崧逃亡後，邱轉戰各地，這分明是捏造的。把邱之一生細膩入微記述的邱之子所編的年譜，不知是故意還是無意，並未記載邱的內渡日期[31]。另外，在可信的戰史上都見不到他的名字，可知他是不待轉戰就提前內渡了。如邱逢甲等一度策劃過抗日的人，在他逃亡之後，也僅止於作詩吐露憤慨激昂之情，而那些既不願日本統治又

［27］前引書，陳衍《通紀》第二冊，254頁。

［28］前引書，洪棄生《偕亡記》上卷，13頁。

［29］丘念台述著《嶺海微飆》，民國51年（1962），台北，中華日報社，41頁。

［30］前引書，吳德功《讓台記》39頁。

［31］丘逢甲《嶺雲海日樓詩鈔》第三冊，387～410頁收錄，〈倉海先生丘公逢甲年譜〉，請特別參閱397～8頁。

無意抗日、只顧到處逃亡的士紳，卻是託筆嘲笑著抗日運動
者。例如生員楊希修以某士紳於查點兵員時，用集來的街上
乞丐冒充騙取軍費為題作詩，而割讓當時，正值三十歲壯年
卻逃亡大陸的新竹詩人王松，竟以這種嘲笑為是。[32]

　　不管抗日戰所依據的是什麼名目，戰亂必惹起社會混
亂，隨之而來的便是盜賊猖獗。結果住民不僅對日本軍，連
對抗日運動也發出怨嗟之聲了。這種情況可見於日本軍上陸
後的台北附近的民謠：[33]

　　　　去年五月十三 (陽曆六月十六日) 迎城隍

　　　　今年五月十三 (陽曆六月五日) 搶軍裝

　　　　可惡撫臺一時走去死

　　　　害吾百姓反亂豎白旗

　　　　是儂皇帝太不謹

　　　　放伊東洋來做王

　　　　東洋做王來時知

　　　　下腳劉義拍起來

　　　　劉義東洋來相對

---

[32] 王松《台陽詩話》，乙巳年 (1905) 序，民國48年 (1959)，台北，台灣銀
　　　行，復刻版，26頁。

[33] 台灣慣習研究會《台灣慣習記事》第一卷第七號，明治34年7月，72頁
　　　收錄。
　　　所謂「城隍」，係台灣宗教所言的陰界為政者，而陽界為政者則是知縣
　　　或知府，大概是假託「城隍」來寓指清朝官僚吧。5月13日 (陽曆6月5
　　　日) 為祭城隍爺之日，知縣等人需參拜該廟。是日台北城陷於大混亂。

　　害吾淡水做戰場

　　東洋不比紅毛蕃

　　看伊食穿比儂恰不堪

　　驚伊將來那變動

　　總著離了台灣心即安

　　台灣防衛戰的特異現象是，雖共同與日本作戰，但來自大陸的清兵卻和由當地住民組成的民軍不和，兩者到處衝突。來自基隆的敗兵湧進台北城當日，廣東兵與民軍雙方於城內激戰[34]，使混亂更加厲害。在新竹，吳湯興、姜紹祖、胡嘉猷等人所率領的民軍與廣東兵交戰，使廣東兵死了數百人[35]。大甲的住民則不許從銅鑼灣敗退而來的李惟義所率領的官兵駐紮當地[36]。在南部則有內文、薯寮、六戈哩的住民三千餘人乘亂掀起暴動，而劉永福則以「先撫後剿」的方法，派遣士紳鎮壓並殺害很多人[37]。所以當日本軍一逼近台南府時，軍民間相互的憎惡就顯露無遺了[38]。十月二十日，許多大勢商人及仕紳乃哀求居住台南城的長老教會牧師Thomas Barclay與Rev. Jas Johnston，請其催促日本軍

---

[34]前引書，姚錫光《紀略》卷五，台灣篇上第九，12頁。

[35]前引書，吳德功《讓台記》42～3頁。

[36]前引書，易順鼎〈拾餘〉，《中日戰爭》第一冊，140頁。

[37]李鴻章《李文忠公全集》，電稿，卷二一，寄譯署，6月21日(陽曆8月11日)申刻發電。

[38]前引書，蔡爾康等編《中東戰紀》初篇，卷四，朝警新記二，72頁。

早日進城。[39]

　　如上所述，對於日本佔有台灣這種新局勢，台灣住民的反應極為複雜，在日本軍實際登陸之後，確實也曾有過激烈的武力抗日，但另一方面，對抗日不協助、不關心，甚至協助日本軍者也相當多。台灣住民採取相異行動的動機，從表面來看是多樣性的，但概括來說，也許他們是缺乏做為共同社會一員的意識，也未有可資共同竭盡忠誠的對象，這才是最大的原因吧。

---

[39]*The Foreign Office Records,* FO 46/458, p.58, Letter to R. W. Hurst
　　from Thomas Barclay, Tainanfu, October 22, 1895.
　　這時的情形，詳細敘述於本書簡。

台灣民主國的創立及崩潰

第三篇

第五章
台灣民主國創立的背景

第一節　台灣社會的分析

　　如前所述,當日本佔有台灣時,台灣住民曾經展開過激烈的抗日戰,並創建了獨立國家。台灣住民的總力道並不集中於單一方向,事實上,包括士紳、富豪在內的台灣住民的行動是多面向的。因此,若要理解台灣住民的複雜行動,探索台灣民主國創立的背景、抗日戰的原動力,實有必要解剖、分析割讓當時的台灣社會。

　　從政治角度來看,清朝的台灣統治並不能說是成功的。一般住民對清朝的統治並未有忠誠心;另一方面,這時已有一部分土著上層階級開始警惕外國的侵略了。在台灣,由外來壓迫所引起的民族主義的形成尚在萌芽階段,不但認同清朝的感情甚弱,相對地,「做為台灣人的共同意識」也極其淡

薄。從經濟角度來看，台灣是富裕的，經濟狀態遠比中國大
陸佳，但生產工具被少數富豪壟斷，富豪及一般民眾在經濟
上的從屬關係，也延伸到政治面的從屬關係。從社會角度來
看，台灣住民之間的矛盾，導致分歧爲細化的小集團，而站
在這些小集團頂點的，乃是本書所謂的土著上層階級，他們
是由士紳與富豪形成的。下面就清楚解釋這些問題。

　　清朝從大陸派官僚來擔任台灣政務，並未起用台灣住
民，這並非基於差別待遇，而是基於「迴避」原則[1]。大部分
來自大陸的官僚與台灣住民同是漢族人，滿族人極少[2]。雖
然如此，在連續二百十餘年的台灣統治期間，大規模的叛亂
計有二十二次，小規模者高達七十次[3]。早期的叛亂以繼承
鄭王朝「反清復明」者爲多，後期的叛亂則以經濟理由爲多，
而被統治者對統治者的反感，即成爲叛亂的潛在主流。比起
大陸，台灣叛亂的頻繁是頗富象徵性的。這正顯示，台灣住

---

[1]清國任命地方官吏時，訂有詳細的原則，禁止該地方出身的官吏，稱
　爲「迴避」。請參閱徐道鄰〈清代考試與任官制度〉，張其昀等共著《中國
　政治思想與制度史論集》，全三冊，民國43年(1954)初版，民國50年
　(1961)再版，台北，中華文化出版事業委員會，第三冊，16～7頁。此
　原則並非最嚴格者，清末時，甚至有獻納金錢以免任官的種種限制。
　請參閱同書，18～9頁。
[2]請參閱台灣省文獻委員會《台灣文獻》第八卷第三、四期合刊，清代台
　灣方志職官年表特輯，民國46年(1957)12月。
[3]關於主要叛亂的詳情，請參閱伊能嘉矩《台灣文化志》上卷，788～889
　頁。此外，拙論文〈台灣獨立運動史(1)〉，《台灣》第三卷第一號，收錄
　有叛亂一覽表，35～8頁。

民對清朝的忠誠心甚為薄弱，不管統治者是滿族人或漢族人，住民都抱持極為旺盛的反抗精神。

所以，清朝不任用台灣住民來防衛台灣，却在台灣部署「班兵制度」，採取每隔三年從大陸輪調士兵前來的政策。這個台灣獨有的制度，一直繼續到清朝統治台灣的末期。一八一〇年(清嘉慶十五年)時，曾有人建議廢止這個制度，士兵改由台灣住民擔任，但被認為這等於把台灣交給台灣住民，因此未被採納[4]。這表示清朝對台灣住民不信任，但反過來說，也表示台灣住民對清朝忠誠心薄弱。這種傾向一直繼續到清朝割讓台灣給日本時為止。割讓之前七年，中部發生了施九段的大叛亂。因此，當在台清朝官僚正準備抵抗日本佔有台灣時，為免去後顧之憂，必須「中南部又先發兵鏟土匪劫掠者」[5]。巡撫唐景崧之所以將勇猛的林朝棟軍、劉永福黑旗軍分別佈署於台中及旗后，據說也是為了防範該地的叛亂。[6]

清朝的統治組織，省下有府，府下有廳、縣。縣政由知縣總攬，實際上是胥吏在處理。從組織面來看，清朝統治權力可直接控制的，只達到廳、縣的單位。至於縣以下的村落或街，以及細分城市的「坊」、「段」等，越是末端的地方行政

---

[4]請參閱姚瑩《東槎紀略》，全五卷，道光己丑年(1829)序，民國46年(1957)，台北，台灣銀行復刻版，卷四，94頁，〈台灣班兵議(上)〉。

[5]洪棄生《瀛海偕亡記》上卷，2頁。

[6]連雅堂《台灣通史》卷四，獨立紀，103頁。易順鼎〈盾墨拾餘〉卷六，魂南記，《中日戰爭》第一冊，148頁。

組織，清朝的控制越爲間接。這些基層行政組織的負責人，依規定分別由各地方的有力者推舉，再由廳、縣任命。所謂有力者，係指地方上有德望、人格、學問、才能、資產，且願奉仕公事的人。大陸自古以來就有以這些人物扮演社會指導統帥層的角色[7]。各地方的上層階級可以說是由這些有力者組成的。其中「生員」以上，無論捐職者（因捐獻而得來的官職）、被授有官銜者、有當官經歷者，都被稱爲「士紳」[8]。由於他們是在該地生長，所以熟悉民情，與民眾的聯繫也很密切。與此相反地，官僚係由外地派來，且又有驕傲自大的傾向[9]，因而與民眾隔絕。所以，與官僚同爲「讀書人」階級的士紳，就具有官廳與民眾之聯絡人的作用，尤其在官僚與民眾相互語言不通[10]的社會，如台灣，士紳所扮演的功能與角色的確很大。

其次，末端地方行政組織的負責人則由該地上層階級從

---

[7]根岸佶《中國社會に於ける指導層──耆老紳士の研究》，昭和22年，東京，平和書房，66頁。
　　根岸氏所說的「紳士」，相當於本書的「士紳」。「耆老」係指有資產、有聲望的人士，常常是高齡者。這些耆老紳士，自古以來就在大陸社會扮演著指導階層的角色。本書之所以未將「耆老」這個概念引進台灣社會，並非因「耆老」不存在於台灣社會，而是依據筆者觀察，「耆老」應包含在富豪之中。

[8]有關「士紳」的概念，未必已被統一。本書按照本文所述的概念。

[9]根岸氏將知縣比作縣的「獨裁官」。前引書，根岸《耆老紳士》98頁。

[10]清朝的官用語言爲北京官話、四川官話、南京官話三種，而台灣住民使用的是福佬話、客家話、數種高砂語，各自的系統都與官話不同，官吏與一般住民語言不通。

同伴中推舉[11]。這些末端行政組織的負責人則透過鄰里連坐的「保甲」制度[12]來控制各家庭。由於他們並非從外部用權力強制移入，而是本來就擁有獨自的勢力，再加上其爲村落，多由血緣相近或出身地相同的移民所組成[13]，因此都能分別在該地發揮很大的影響力。至於他們的指導力大小、影響力所及範圍，則取決於他們的支持勢力，例如地域團體、血族團體、職業團體的勢力大小與影響範圍[14]。尤其士紳，隨其聲望、勢力之大小，其影響力並不侷限於村落，有時也及於縣、府、省。就台灣的情形而言，如靠捐獻而被任爲幫辦撫墾大臣的林維源、鎮壓太平天國之亂而被任爲福建提督的林文察之子、本身因於清法戰爭時與登陸台灣的法軍交戰的戰功而被任爲候補道的林朝棟、以進士馳名的邱逢甲等人，都是影響力及於省的例子。村落聯合體的「聯莊」組織等影響力雖不及他們，但站在其頂點的士紳等上層階級的影響力則已經超過單一村落的範圍。因此，提及台灣士紳的

---

[11] 不過，末端地方組織併立由廳、縣任命的胥吏：「地保」，相當於警察官。

有關末端組織，請參閱戴炎輝〈清代台灣鄉莊之建立及其組織〉，台灣銀行經濟研究室編印《台灣經濟史九集》，民國52年（1963），台北，56～83頁。

[12] 以數戶爲「牌」或「甲」，數甲爲「保」。其數不一定，但大體上依十進法定之。同上，68～70頁。有關保甲制度之詳請，請參閱前引書，伊能《文化志》，672～95頁。

[13] 台灣的村落有「劉厝」或「謝厝寮」等這種地名，是同族聚居的村落。大部分村落由少數之姓所組成，又，從「潮州」、「饒平」等地名觀之，率皆冠以大陸出身地地名，也有從同一個地方移民並構成村落，而且不喜歡「外地人」遷入。

[14] 前引書，根岸《耆老紳士》117頁。

行動時，必須視其爲非特定個人的行動，背後有受其指導的民衆存在。這些包括士紳在內的土著上層階級的勢力，加上經濟性的影響力，使其勢力更加堅固了。

台灣的土地所有權形態，可分爲「大租戶」、「小租戶」、「佃人」等階層。大租戶爲原始開墾者，他們從官廳取得土地開拓權，將土地永久租予小租戶，收取租金。小租戶則雇傭佃人耕作租來的土地。小租戶的身分由大租戶保証，其安全受大租戶的武力保護。就這樣，大租戶擁有數百甲土地，對外則代表幾百幾千的農民，其勢力之大，猶如小型的諸侯。然而隨著時間推移，沒落的大租戶出現了，其所有地被小租戶細分，於是許多中小地主誕生了。小租戶(地主)雇傭佃人耕作或出租土地給人時，並未有明確的契約，但地主擁有予奪土地的權利[15]。被地主掌控生活的佃人在社會上是居於劣勢的，只能唯唯諾諾聽從地主的命令。

台灣的產業有樟腦業、硫礦業、煤礦業、採金業、鹽業等，但無論哪一業，於台灣經濟都未佔有很大的比重。台灣的主要產物爲米穀、茶、砂糖。由於米穀豐富，所以從清朝佔有台灣之初，台灣就被稱爲福建、廣東的穀倉[16]。砂糖的生產量，一八九四年時高達五萬三千噸[17]；至於茶，則做爲主要輸出品而佔了北部輸出的九四％，其結果，雖有大

[15]台灣銀行經濟研究室編印《清代台灣經濟史》，民國46年(1957)，台北，23頁。
[16]同上，26頁。
[17]同上，41頁。

量的鴉片輸入，但台灣的對外貿易仍經常維持大幅的出超
[18]。這與清國大陸在鴉片戰爭後苦於大幅入超的情形是顯
著的對比。一八九二～三年當時，台灣的生產力足夠養育七
百萬人（實際住民數為二六〇萬），這是英國官員Joseph H.
Longford所報告的[19]。這個認識具有重要的意義。台灣士
紳也自負台灣富裕，所以就有了給予外國經濟特權，也許外
國就會防衛台灣以免日本侵略的想法。另外，砂糖是從甘蔗
加工製糖，但製糖所生的利益則被砂糖商人及大糖廠經營者
壟斷[20]。甘蔗、茶、米穀都是農產物，其生產過程又有上
述的地主與佃人關係介於其間。就這樣，上層階級在經濟面
對一般民眾具有影響力。

　組成上層階級的士紳與富豪，其經濟背景未必有所不
同。但要成為府、縣的生員，或考上科舉成為舉人、進士，
則需要長年的讀書生活，因此，出身富裕家庭者較為有利。
士紳與富豪更以「門風相對」這個相互利用的目的結成姻戚關
係，又透過血緣團體、地域團體舉辦貧民救濟事業而提高聲
譽，扶植勢力。一八六〇年代的台灣社會，一般無職民眾

[18]1882～91年，淡水港的貿易出超額為一千萬關平兩，安平、打狗兩港
　　的貿易出超額為三三〇萬海關兩。台灣銀行經濟研究室編印《台灣經
　　濟史六集》所收，馬士（H. B. Morse）〈1882～1891年台灣淡水海關報
　　告書〉96～7頁；P. H. S. Montgomery〈1882～1891年台灣台南海關報
　　告書〉124頁。
[19]F. Q. Quo, "British Diplomacy and the Cession of Formosa, 1894～
　　5," *Modern Asian Studies,* II/2 (Apr. 1968), p.144, n.8.
[20]前引書，台灣銀行《清代台灣經濟史》41頁。

中，有七成將生計依存於上層階級的報告[21]，正說明上層
階級影響力的強大程度。就這樣，上層階級在平時從經濟
面、社會制度面控制一般民眾，一旦有事，就驅使他們要爲
自衛組織效勞。如前所述，清國並未起用台灣住民爲士兵，
然而當民亂發生時，爲「不使住民附和叛徒或使住民助官兵」
[22]，有時也會臨時招募「義民」。此時，土著上層階級就充
分發揮招募的能力了。

　　清法戰爭(一八八四年)之際，當局認爲僅以來自大陸的
士兵防備台灣，恐有所不足,,而迫於現實的需要，因此決
定在台灣招募民軍(義勇、台勇、民勇或土勇)。這個時期，士
紳已有西力東漸的恐懼，於是指揮他們招募來的民軍和登陸
的法軍進行了英勇戰鬥，清朝鑒於這個成果，於日清戰爭時
決定再次招募民軍。而擔任招募、指揮工作者，不用說，就
是土著上層階級，尤其是士紳，那是由於前述的社會結構，
也由於其對政治的關心度所使然。

　　一般民眾並未有治學所需的經濟餘裕，所以愚昧無知，
對政治毫不關心，他們正如「汝去山，我去官」這句台灣俗諺
所言，當山賊也好，當官也罷，並沒有多大的差異[23]。至
於對政治的關心度，士紳比起一般民眾或僅是富豪者來得

[21]徐宗幹《斯未信齋文編》，同治元年(1862)序，民國49年(1960)，台
　　北，台灣銀行復刻版，66頁，「請籌議積儲」。
[22]前引書，戴炎輝〈台灣鄉莊〉74頁。
[23]請參閱矢野仁一《近代支那の政治と文化》，大正5年，東京，イテア
　　書院，73～4頁。

高，也有見識。更因士紳已進入當時的政治金字塔階層的序
列，所以對官廳陳述政治意見，大多透過士紳進行[24]。因
此，士紳也就自負為民眾的代表。可是，士紳得以代表所屬
或所領導集團影響所及的範圍，已如前述，這種情形在台灣
尤為顯著，而台灣社會的分裂狀態乃是原因之一。

　　宏觀視之，台灣住民與清朝統治權力的對立乃是潛在的
主流，但在台灣社會內部，也可見到對立抗爭，雖然它未必
是永久性的、普遍性的。

　　首先可舉的就是漢族系移民與高砂族系原住民的對立。
遠從荷蘭統治時代，兩者之間的關係就不佳，但由於兩者都
在荷蘭統治下，比起與荷蘭人的關係，兩者關係還算是較佳
的[25]。然而從鄭王朝直到清朝，為政者的種族多屬漢人，
於是，雖是一般的漢人移民，但映在高砂族眼裏的，卻是統
治者。事實上漢人移民是極為暴戾的。雖說是開拓未墾地，
但漢人移民的未墾地乃是以前高砂族狩獵活動的地域，漢人
的開拓活動使高砂族的生活空間縮小了。有時，奸詐的漢人
與愚昧、樸實的高砂族交易時，欺騙他們。對此，高砂族則
以「出草(獵取人頭)」報復，而漢人移民則時或單獨，時或與
在台清軍協同攻擊。漢人移民與高砂族之間的這種關係，有
時也被在台清朝官僚利用。在台清朝官僚之所以在漢人移民

[24]同上，18～22頁。
[25]請參閱C. E. S.〔Coyett et Socii〕, 't Varwaaloosde Formosa。谷河梅
　　人譯《閑却されたる台灣》46～7頁，巴達維亞總社對荷蘭台灣長官
　　Nicholas Verburgh發出的指令。

居住地與高砂族居住地之間劃上境界線，也是在防止漢人進入山地抵抗爲政者[26]。另外，也有很多高砂族與漢人雜居、同化者。然而一般說來，兩者關係極爲不佳。

此外，高砂族本身也分爲許多種族，時常互相交戰。漢人移民之間也經常出現激烈的對立。大部分移民是從華南的福建、廣東兩省移來的，他們把華南惡習之一的「分類械鬥」(派閥武鬥)帶進台灣。又，較早佔據肥沃地域的福建系移民有排斥廣東系客家移民的傾向，後者只能取得較未開發的土地，因此同樣對前者抱有反感。此外，同爲福建系，泉州出身者與漳州出身者也不相容，連同姓結黨與異姓血鬥的事件也出現過。甚至也有起因於音樂系統不同的血腥鬥爭[27]。分類械鬥並非異集團間恒常化的對立關係的實現[28]，只是這些集團間再三發生的偶發性現象而已，但這現象卻妨礙了台灣住民形成共同社會。因此，清朝統治時代在台灣興起的

---

[26]Harry S. Lamley, *The Taiwan Literati and Early Japanese Rule, 1895～1915: A Study of Their Relations to Japanese Occupation and Subsequent Responses to Colonial Rule and Modernization*, Ph. D. disertation, 1964, University of Washington, (unpublished), p.68.

[27]有關分類械鬥，於前引書，伊能《文化志》上卷，929頁有詳細論述。關於這個問題的研究，中村哲〈分類械鬥——台灣を中心として〉，金關丈夫博士古稀紀念委員會編《日本民族と南方文化》，昭和43年，東京，平凡社，795～818頁所收，也甚出色。

[28]這些被視爲對立關係的集團雜居在一起，也有對立的集團合作抵抗其他集團等等現象存在。請參閱前引書，伊能《文化志》上卷，930、943頁。更加重要的是，這些集團並非經常都在相鬥。

幾次台灣建國運動，都以「徒黨的運動」告終。[29]

　　認識了上述台灣社會的狀態之後，接著再探討台灣民主國創立的背景吧。

---

[29]請參閱前引書，拙論文，34～44頁。尤其44頁。

第二節　台灣民主國創立提案人諸説

　　有關台灣民主國策劃創立的眞相，如議事錄之類的文獻並未保留下來。因爲內務督辦兪明震從台北逃亡之前，已全部「焚燬」各處往來的密電[1]，其後，總統衙門又遭到士兵及民眾搶劫縱火，消失殆盡。而位居台灣民主國政府要職者也沒留下民主國創立經過的記錄。兪明震的〈台灣八日記〉僅收錄兪未予焚燬而攜出的唐景崧電奏稿而已。但這日記本身僅記載民主國創立三日後八日間諸事，並未涉及台灣民主國的創立過程。由於這些原因，有關台灣民主國創立提案人的事跡，眾說紛紜。

　　台灣民主國的出現有兩個意義，其一，台灣已成爲獨立國；其二，不管實質如何，已大致採取共和政體。

　　主張台灣獨立的人未必就是主張採取共和政體的人，而主張共和政體的人也不一定是主張台灣獨立的人。雖然這樣，論者仍常常無意識地把台灣獨立的提案人與共和政體的提案人等同看待，通通以台灣民主國創立的提案人來論述。在此首先介紹諸說法，並指出其錯誤或不周的論點。

　　有關台灣民主國創立提案人的諸種說法，可分爲如下四類，即「陳季同提案說」、「陳季同與台灣士紳共同策劃說」、

---

[1]兪明震〈台灣八日記〉，左舜生選輯《中國近百年史資料續編》306頁。

「清朝官僚提案說」、「邱逢甲等台灣士紳提案說」。

1.陳季同提案說

伊能嘉矩與吳德功是這個說法的代表。台灣史泰斗伊能在其鉅著《台灣文化志》上主張：台灣民主國「乃熟悉外交事務，時為唐巡撫幕僚的陳季同仿傚法蘭斯共和國之建國而創立者」[2]，而吳德功甚至舉出其日期，「五月二十一日〔原文是陰曆四月二十七日〕閩縣人道衙陳季同倡言立民主國之謀。」[3]這個主張的特徵在於，它雖然強調陳季同自動性的角色，卻不排除邱逢甲等一部分台灣士紳的作用，但只斷定提案人為陳季同。台灣史研究家王育德氏則不涉及台灣民主國提案人，也未就台灣獨立提案人加以論述，斷定提案採取共和政體者為陳季同，主張邱逢甲不過是被陳的構想所吸引而強行付諸實行而已[4]。這應是屬於強調陳季同之角色意義上的一種說法。

陳季同曾經以駐巴黎清國公使館員的身分旅居法國，也有法文著作[5]。他之所以被認為熟悉共和政體，乃是這種經

---

[2]伊能嘉矩《台灣文化志》下卷，955頁。台灣總督府警務局編《台灣警察沿革誌》亦持同一見解。請參閱第二篇（上卷）32頁。

[3]吳德功《讓台記》34～5頁。

[4]王育德《台灣──苦悶するその歷史》88～9頁。

[5]據說陳季同除 *Les Chinois peints par eux-mêmes* 外，尚有幾本著作。H. B. Morse, "A Short Lived Republic", *NCR*, I/1 (Mar. 1919), p.33. 有關陳之經歷，請參閱陳衍《福建通志列傳選》，全三冊，民國53年（1964），台北，台灣銀行，303～7頁。附帶一言，本書係選錄自陳衍《福建通志》，民國11年（1922）。

歷使然。而且陳季同渡台的時期是在台灣民主國將要創立之前，這些都是導致論者強調陳季同角色的原因。

事實上在陳季同抵台以前，台灣就已經在討論共和政體的獨立國了。五月九日，唐巡撫曾與來訪的代理淡水海關稅務司H. B. Morse討論過台灣獨立及共和政體的問題。這時就出現過「Min-kuo〔原文「民國」之意〕」這個名詞[6]。民國者，一如民主國，就是採取共和政體的獨立國。[7]

陳季同抵台是在台灣民主國創立之前，那是唐與H. B. Morse的「民國論議」之後二日的五月十一日[8]。從這一點觀之，在台灣首先提案創立台灣民主國者，至少不只陳季同。如果提案人是陳季同，那麼這個提案應是陳於渡台前以電報或其他方法向唐巡撫提出的。果真如此的話，唐巡撫要求陳季同來台，應是為了創立台灣民主國。可是實際如何呢？根據陳抵台不久親自對James W. Davidson所說，他是為了學習法、德、英等六、七國語言而來，理由是鑒於最近發生的三國干涉，認為也許有所幫助[9]。而渡台前在華北的陳，由於中途在天津、上海等地逗留過，他花費在旅途上的時間，推測至少有十天，當他到達台灣時，三國干涉事實上已經結

---

[6]H. B. Morse, *Letter-books (1886～1907)*, MS., Vol.III, pp. 142～3, Report to Sir Robert〔Hart〕, May 10, 1895.

[7]日後滅亡清國的，就是中華民國。

[8]*The Foreign Office Records,* FO 46/458, p.129, Report to R. N. O' Conor from L. C. Hopkins, Tamsui, May 19, 1895.

[9]Same to same, p.130.

束，只是其時碰巧遇到台灣獨立運動將達高潮之時。事實上他本身被任爲民主國政府要職，也是引起猜測的原因吧，[10]

2.陳季同與台灣士紳共同策劃說

主張台灣民主國創立提案人爲陳季同與台灣士紳的，以井出季和太爲代表。井出於《南進台灣史攷》有如下的記述：「〔民主國〕政府之創立，除邱逢甲外，尚有先前任職於巴黎清國公使館之陸軍武官陳季同參與，其政體乃模仿法蘭斯共和制。」[11]不過井出的主張有不明確之處。他說台灣民主國之創立是由邱逢甲及陳季同共同策劃，卻也記述「巡撫唐景崧意圖建立台灣民主國」[12]。撇開唐景崧與邱逢甲不論，光是他認同陳季同爲提案人的角色，正犯了「陳季同提案說」的同樣錯誤，所以這個說法也缺乏準確性。

3.清朝官僚提案說

主張這個說法的是James W. Davidson。他在日本佔有台灣之後就任美國駐台灣領事，他預料日本佔有時，台灣將會發生戰鬥，所以先以記者身分渡台。他不但在台灣民主國創立時有機會在台北觀察其情況，也與唐景崧、陳季同等人

---

[10]James W. Davidson將聽自陳的資料再加上臆測，結果主張，指示台灣民主國創立的人是大陸清朝官僚。請參閱本節第三項。

[11]井出季和太《南進台灣史攷》13頁。

[12]同上，409頁。

會過面[13]。因此,其說法似乎更具權威性。Davidson的主
張如下:

「民主國的創立究竟是唐巡撫與其同僚所為,抑或在大
陸的官憲所為,不得而知。可是由後者發出指示是千真萬確
的。那並不是住民的運動……。把這個島宣言為民主國,藉
以確保台灣的構想一出,就急需熟悉國際法及共和政體的官
吏。陳季同正是最能勝任者,他在北京參加會議,於天津、
上海逗留數日後,這個新被任命的官吏,名目上是外務大
臣,實際上是為取得外國承認,組織遵循外國習慣的新共和
國,並被任為新選出的總統的顧問而渡台。」[14]

豈止一般台灣住民,Davidson連台灣士紳的角色也加
以否定了。而且他認為陳季同所扮演的角色並非主動性、政
策性的,只是被動性、技術性的。所以台灣民主國的創立提
案者應當另外有人,是由這些人發出指示給陳季同及在台清
朝官僚。

那麼,策動創立民主國、發出指示者是誰呢?如果像
Davidson所說曾在北京開過會議的話,那麼,一直熱烈反
對割讓領土的主戰派首腦軍機大臣翁同龢縱使未參加會議,
也應該接到報告才是。可是當得知台灣已經獨立、採共和政
體、並由唐景崧就任總統這個消息的翁同龢卻極為驚愕。翁
同龢接到電報時的驚訝之狀記載於日記上:「唐巡撫竟為台

---

[13]James Davidson, *The Island of Formosa,* p.258; p.284.
[14]*Ibid.,* pp.278~9.

民擁戴爲自主之國總統。噫！奇矣！」[15]不過，翁同龢已接有五月十五日以台灣紳民名義發出的「島國」獨立的預報[16]，所以翁之驚訝，與其說是台灣獨立，莫如說是採取共和政體，以及唐巡撫就任總統職位這個事實吧。總之，從其日記也可得知，翁同龢是接到台灣發來的電報，才知道台灣要成爲民主國。

　　一向反對割讓台灣的欽差大臣劉坤一也在唐景崧就任台灣民主國總統之後才驚訝得知其事，他寫給張之洞如下的書信：「實創千古未有之奇。」[17]在這些北京及周邊的講和反對派首腦全然不知的情形下，於北京開過有關台灣民主國創立的會議是無可想像的。如果有過那樣的會議，那一定是與講和反對派首腦無關的低層次會議吧。如果這樣，唐景崧也沒有必要違背朝廷論點來接受這些人的會議決定了[18]。就總統制等幾個制度而言，很明顯地，這是違反最熱心支援台灣、且與唐巡撫保持密切聯絡的張之洞的意向。張之洞接到民主國要創立的報告之後，在發給唐景崧的回電中陳述了如下的意見，促唐熟慮：

---

[15]翁同龢《翁文恭公日記》第三四冊，44頁，乙未5月初4日（陽曆5月27日）。

[16]同上日記，第三四冊，41頁，乙未4月23日（陽曆5月17日）。

[17]劉坤一《劉忠誠公遺集》，書牘，卷一一，60頁，致張香濤。

[18]清廷於5月20日命令在台官憲內渡。王彥威編《清季外交史料（光緒朝）》卷一一七，18頁。

「名目宜酌。電奏只宜云自約爲民會民政之國，不可云民
主，不可云自主。外洋總統甚大，似不相宜，湏稍變，或云總
管，或云總辦，讒譖嫌疑亦湏防也。」[19]

　　許多人認爲台灣民主國之創立，是大陸清朝官僚，指主
戰派，所唆使的主張，其共同缺點之一，是未能就台灣爲何
採取共和政體一事加以充分解釋。縱然台灣採取共和政體的
目的在於獲得列強承認或便於獲得支援，但與清國君主制相
反的這個制度，對清朝乃是一大威脅，連自己的存在都有不
保之虞。那時光緒帝正在策劃新政而起用康有爲等進步分
子，進行被稱爲一八九八年「百日維新」[20]的政治改革，儘
管如此，清朝的政治制度並未做到徹底的改革。直至一九〇
五年始被決定的憲法制訂方針，也不過只是立憲君主制而
已。連當時爲進步分子之一、講和反對論者、當然也反對割
讓台灣的以康有爲爲中心的人所做的改革，也不過是這種程
度。雖說台灣已經從清國的疆域脫離出來，可是清國當局，
或在其價值體系下的反對割讓台灣的進步分子，會建議在一
直爲清國領域的台灣，施行否定君主制的政治體制—「共和
制」嗎？那是無法想像的。

　　對「清朝官僚提案說」的論者而言，H. B. Morse的報告

[19]張之洞《張文襄公全集》卷一四六，電牘二五，致台北唐巡撫，光緒21
　　年5月初1日(陽曆5月24日)發東一電。
[20]以康有爲、梁啓超爲中心，光緒帝所進行的改革係自1898年6月11日
　　開始，至9月20日戊戌政變發生，共一〇三日就受到挫折了。

書是立証的最好資料。然而從來沒人知道該報告書所在何處，所以也就沒有被利用過。Morse親手交給John W. Foster致總稅務司Sir Robert Hart的報告書要目文獻(未出版)正是這份資料，在這份文獻上，有關台灣獨立的記述如下：

「五月二十三日，總理衙門通知我據說是發給〔唐〕巡撫密電的內容。說：台灣應該獨立，旗幟應於五月二十四日更改，事需趕辦等等。果然，五月二十四日台灣獨立就被宣告了。」[21]

這份報告書並未收錄於H. B. Morse的書簡集。不過在收錄於該書簡集的致Sir Robert Hart的其他報告上，有關於這個問題的更爲詳細的記述：

「我所聽到的二十二日巡撫收到總理衙門密電的內容，

---

[21]John W. Foster來到淡水海面時，H. B. Morse於船上訪問他，並向他報告最近十日間發生的事。請參閱John W. Foster, *Diplomatic Memoirs*, 2 Vols. (New York, 1909), Vol. II. p.159。Morse, *loc. cit.*, *NCR*, p.28。這時，Morse將5月27日致總稅務司Sir Robert Hart的報告原稿親手交給Morse，但不知何故，這份報告並未收錄於Morse的書簡集。請參閱Morse, *op. cit.*, p.153。

可是在《*Papers of John W. Foster*》文書之中，有可斷定爲這時的報告書。這份報告書的發信號碼爲 "No,1298, C. H., Tamsui, May 27, 1895", C. H.似是Custom House的簡略，亦即Morse服務的機關。尤其在Morse的書簡集裏，隨處可看到與這份報告出現日期內容類似者，這是筆者斷定的根據。

這件文書的名稱，是提供筆者該文書的司馬晉氏(Mr. James Seymour，哥倫比亞大學圖書館館員，John W. Foster之孫)所取的暫時名稱。它未經整理而混雜於Foster致其家屬的書簡檔案中，碰巧被正在整理的Seymour發現，想到也許對筆者有所幫助，所以寄來抄本。

所寫的是：『台灣應為獨立王國，旗幟應於五月初一〔陽曆五月二十四日〕更改，如有遲延五日情事，即不可斷然實行。』」[22]

H. B. Morse並未直接閱讀這份「密電」，另外，尚有幾個理由讓筆者懷疑該「密電」的真實性(請參閱下節)，不過就以該「密電」為根據，暫且不說台灣民主國未以王國面貌出現，至少「獨立」應是來自總理衙門的指令。然而姑且不論該「密電」的可靠性，僅只觀察這時及其前後的北京政情就能發現有關應該獨立的指令，那可有重大的矛盾存在。

當時的總理衙門大臣是由消極且中立的恭親王奕訢、講和贊成派徐用儀、孫毓汶，及講和反對派汪鳴鑾所組成[23]。三國干涉發生當初，兩派均寄望藉三國的努力而全廢條約，因此，如果該「密電」是那時發出的，可以理解，可是據說發出「密電」是五月二十二日前後，講和贊成論者正害怕台灣問題會影響遼東歸還，他們會發出這樣的「密電」嗎？唯一可能性是講和反對派發出的。可是即便是講和反對派發出的，也有很大的疑問存在。因為在將要獨立的階段，唐巡撫將其所以如此做的理由絮絮叨叨地向總理衙門等辯解，這也

---

[22]Morse, *op. cit.,* p.149, Report to Sir Robert〔Hart〕, May 24, 1895.

[23]除此四人外，尚有慶親王奕劻、福錕、廖壽恒、張蔭桓、敬信、榮祿等人為總理衙門大臣。請參閱錢實甫《清季新設職官年表》，1961年，北京，中華書局，「總署大臣年表」1895年之項。這些人對這個問題甚為消極，未提出多少意見，傾向於中立。其結果，該衙門被徐、孫控制了。

許是對講和贊成派另有用心的作為，可是對與唐有密切關係的張之洞也用同樣的作法辯解，那就離奇了。[24]

　　就清廷而言，與汪鳴鑾、李鴻藻、翁同龢等人成為一體的光緒帝在該「密電」之前一星期，一接到發自台灣士紳的「獨立之通電」，就立即命令停止台灣士紳的武器購入及大陸官憲將武器搬入台灣。而且發出這個命令五日後，即「密電」之前二日，更命令在台官兵內渡，不但如此，數日之後，即台灣民主國創立之後，再次禁止對台之軍費、武器支援[25]。光緒帝這一連串命令的背後，縱使有來自講和贊成派的壓力，或者列強的忠告等情況，但要秘密援助資金，應非不可能。事實上也並未有過那樣的援助。光緒帝的命令並非只為不給日本以支援台灣為藉口而再開戰端，立即，並非表面上反對台灣獨立，實際上卻給予援助的欺敵作戰。對台灣獨立寄予同情的張之洞，也在禁止支援命令發出後就未再給予台灣任何援助，因而也可推測出來。

　　從以上所述，可知光緒帝的一連串命令是出自真意。若以此為前提，就難以想像以講和贊成論者佔優勢的總理衙門，會以自己的意向發出台灣應予獨立的秘密命令。只要這樣的問題未被解釋清楚，主張不僅台灣民主國之創立，連台灣之獨立也是起因於大陸主戰論者的指示及鼓勵，那是缺乏

[24]故宮博物院編《清光緒朝中日交涉史料》(三二五九)。前引書，張之洞《全集》，電牘二五，唐撫台來電，5月初1日(陽曆5月24日)到電。

[25]請參閱世續等修《大清德宗景皇帝實錄》卷三六六，9頁；卷三六七，7頁。

說服力的。

4.邱逢甲等台灣士紳提案說

提倡這個說法的有姚錫光等人。姚錫光在《東方兵事紀略》有如下的記述：

> 「乙未三月〔一八九五年三月二十六日至四月二十四日〕棄台信益急，台人惶懼。〔工部〕主事邱逢甲主建自主議，登壇誓眾於新竹，出示告台民，遂議立民主，開議院，製國旗。」[26]

根據採取同說的羅香林的記載，這時邱逢甲呼籲眾人曰：「台灣者，吾台人之所自有，何得任令之私相授受？清廷雖棄我，我豈可復自棄耶！」於是全台灣紛紛響應他的呼籲，推舉他策劃，結果台灣民主國的諸制度自此建立[27]。王芸生也有如下的記述：「邱逢甲復建議自主，台民爭而贊成之。」[28]羅香林、王芸生等人比姚錫光更進一步暗示民主國的創立是基於全台灣住民的總意，而羅、王、姚均強調邱逢甲之主體性角色，這一點也沒有什麼不同。採取這個說法

---

[26]姚錫光《東方兵事紀略》卷五，台灣篇上第九，5頁。

[27]羅香林輯校《劉永福歷史草》241頁。不過羅香林的記述有明顯的時間錯誤。羅香林認為邱逢甲演講的日期是在台灣授受手續完了之後，但該手續是六月二日才完成的，而民主國早於五月二十五日就創立了。

[28]王芸生《六十年來中國與日本》，長野勳、波多野乾一編譯《日支外交六十年史》，全四卷，昭和8～11年，東京，建設社，第三卷，294頁。

的另外還有許多人。[29]

　　台灣於光緒十一年(一八八五年)昇格爲行省以來，由於首任巡撫劉銘傳努力的結果，包括澎湖在內，於全台灣設有十所電報分局，並於基隆新竹間鋪修鐵路[30]。從這觀點來說，通信手段是相當方便的。然而並不能以此斷定，當民主國創立之時已在全台灣徵求過一般住民的意見並將其反映。有記錄顯示，新竹曾有過有關民主國創立的集會，中南部也觀測到獨立運動出乎預料地高漲起來[31]，就連當時政治中心的台北，有關民主國創立或民主國之事，也只能於事後以布告方式告知一般住民，事前並未與住民商量[32]。由此可知，上層階級，士紳姑且不說，「全台灣」一般住民參與台灣民主國的創立，那是無可想像的。在台北舉行的台灣民主國創立典禮那天，台北城內除典禮會場外，與平日並無不同，

---

[29]例如，沈雲龍〈丘逢甲傳〉，林熊祥等著《台灣文化論集》，全三冊，民國43年(1954)初版，同年再版，台北，中華文化出版事業委員會，(二)，299頁。

清史編纂委員會與中國文化研究所合作編纂《清史》，全五〇五卷，民國50年(1961)，台北，國防研究院，卷四六四，列傳二五〇，唐景崧。

新田隆信〈台灣民主國の成立とその法的地位〉，《富山大學紀要經濟學部論集》第一〇號，昭和31年6月發行抽印，6～7頁。

[30]伊能嘉矩《台灣巡撫トシテノ劉銘傳》，明治38年，台北，新高堂，40頁。此外，台灣總督府鐵道部《台灣鐵道史》，全二卷，明治43～4年，東京，上卷，29頁。

[31]*Foreign Office Records,* FO 46/458, p.130B, Report to N. R. O'Conor from L. C. Hopkins, May 19, 1895.

[32]Davidson, *op. cit.,* p.278.

也看不出住民有何興奮之狀[33]。由此看來，一般住民是未
扮演過任何角色的。邱逢甲等台灣士紳所扮演的功能與角
色，則如後述，是不能加以忽視的，雖然其角色所佔的比重
極為重要，但顯然並非台灣民主國創立的唯一原動力。關於
這一點，將於下節詳述。

---

[33]*Ibid.*

[34]根據江山淵〈丘逢甲傳〉，《中日戰爭》第六冊，400頁的記載，紳民有
　　數千人。但根據前引書，姚錫光《紀略》卷五，6頁的記載則為百餘人，
　　甚至台灣省文獻委員會《台灣省通志稿》，全一〇卷，民國41～53年
　　（1952～64），台北，卷九，革命志，抗日篇，9頁的記載則為地方士
　　紳十餘人。不過這裡的「十餘人」可能是「百餘人」的誤植。

第三節 台灣獨立的原動力

要追究誰爲台灣民主國的創立提案人，的確十分不易，因爲缺乏足以証明的文獻，即使有答案，也不過是依據有限的已知文獻所作的推論。但政治行動要看是由怎樣的人物發動，因爲它所所具的意義，往往隨發動人不同而各異。從這個觀點來看，個人所佔的比重甚大。然而即便是這樣，也不可忘掉，特定的個人不僅應被重視，也需考量該個人所代表的集團或社會背景的因素。

論者在探求台灣民主國創立的原動力時，常常從推定提案人開始。這未必是錯誤，但有關民主國創立原動力的探究，莫如用別的方法，也就是說，透過分析當時台灣社會諸勢力的動向、影響及外在勢力的活動，似較爲合宜。因爲要探究最初的提案人幾乎不可能，所以此一方式更加有其必要。當時，主張台灣獨立者與主張共和制者，未必是同一個人，因此暫且分別論述之。以下先就造成台灣獨立的諸階層與其動機加以考察。

關於這一點，必先注目的是台灣士紳的存在。如第一節所述，他們說起來是台灣社會的上層階級，由於已進入清朝政治金字塔式的階級組織序列，所以對清朝的忠誠心比一般住民來得高，除此之外，他們尚有其他因素反對割讓台灣。他們都有輝煌的未來，但其社會地位或對未來之期待，需在重視科舉的清朝價值體系內才能存在，如果台灣歸日本佔

有，他們的輝煌未來可能就煙消雲散，他們的地位也可能下落或消失，甚至反而會因爲過去的地位而帶來災難。因爲有這樣的顧忌，所以士紳們之阻止日本佔有台灣，是與自己的切身利害密切關聯的。

　　個人的利害關係姑且不談，從精神面來說，士紳比較有強烈的抗日要素，因爲自古以來傳襲於大陸的「中華思想」自視爲世界核心而蔑視其他國家。自鴉片戰爭以來，這個「世界的核心(The Middle Kingdom)」卻受到「蠻族」西歐列強相繼而來的無情打擊，至此才體會到西歐之富強，雖然如此，大陸對西歐的恐怖感仍未達到取代侮蔑感的階段[1]。但大陸對不過是東方島國的「倭國」、「倭人」所懷有的侮蔑感也越發強烈地保留下來。身爲「中華思想」典型人物的士紳，對於受「倭人」統治這種事，其難以忍受的程度應比一般民眾來得深。而這些台灣士紳，是因爲學了大陸的傳統學問，才會代代相傳這種「中華思想」的，這不難想像。

　　對士紳而言，原有的價值體系最好能夠延續下去，但清國既然把台灣割讓給日本，他們就必須另謀對策了。如果能夠阻止日本佔有台灣，台灣得以獨立，這些士紳不僅能避免受「倭人」統治的屈辱感，也可保有其原來的地位。因爲有這樣的契機，所以士紳們有推向台灣獨立的因素。而富豪是否兼具士紳的身分，暫且不說，但爲了保有自己的利益，他們

---

[1]例如時至十九世紀七〇年代，當外國使節朝見時，清朝仍要求朝貢之禮。

也有反對日本佔有台灣的底子存在。有一些富豪深信台灣被日本佔有時，私有財產會被日本政府全部沒收[2]。一旦有人要來侵犯自己的財產，當然就必須加以阻止了。另外對於日本之佔有台灣，台灣上層階級所抱有的恐懼感也造成了他們對清朝的不滿情緒。他們認為因為清朝割讓台灣，所以「倭人」才來統治台灣，而唐巡撫是清朝派來台灣的最高行政官，應該分擔責任，於是他們追究唐的責任。不論士紳或富豪，這些台灣土著上層階級都具有反對日本佔有台灣的基本想法。然而似也不能說這些願望曾以從事抗日運動的形式表現於他們的行動上。他們大多數只是旁觀局勢的發展而已[3]。採取抗日對策者，的確只有一部分士紳而已。

如上所述，全體上層階級阻止日本佔有台灣的因素固然存在，但隨著時間推移，他們因利害關係或思想推斷的盤算，也就各以不同的行動表現出來。從割讓台灣的消息傳出的三月左右，至台灣民主國創立的五月底這期間，台灣的上層階級並未將他們共同的願望付諸共同行動。他們幾乎都不想自力抗日，僅期待列強的支援。從十九世紀後半起，列強即圍繞著台灣的動向，使他們判斷列強既是垂涎著台灣，助長了他們對俄、德、法三國干涉還遼之舉也許會擴張到台灣的希望。一旦判斷列強的保護已無可期待，他們的抗日意願

---

[2]根據德國駐台北領事Dr. C. Merz的分析。台灣總督府警務局編、出版《台灣總督府警察沿革誌》第二編(上卷)，38頁。

[3]日本登陸之後，這些士紳曾協助日本軍並給予方便。有關其各個背景與協助的內容，請參閱台灣總督府《台灣列紳傳》，大正5年，台北。

便隨之衰退，進而表現出與當初希望完全相反的逃亡、避難
等行動。因此，在抗日意識高昂的階段，乃有必要就上層階
級這個包括性的階層加以論述，但在台灣民主國即將創立的
階段，則縮小其範圍，必須注目討論的，僅限定於其中的一
些特定集團。

成為焦點的是邱逢甲。邱在台灣住民之中是行動範圍極
廣泛的人。從曾祖父代起即定居台灣的邱家並不富裕，但他
天性聰敏，年方二十六歲就進士三甲及格而被授予工部主
事。然而他並未在北京就職而返回台灣。他的誕生地是台灣
中部的銅鑼灣，不僅在台中的衡文書院，也在嘉義的羅山書
院、台南的崇文書院當過教師，也在苗栗與徐驤、吳湯興等
年輕一代交往，而在台北，則與唐巡撫有著親密的交情。邱
是一個想打破台灣社會派閥對立惡習的人物，從他本身為客
家系出身，卻娶了對立關係的福佬系婦女為妻這件事可看得
出來[4]。他的行動範圍與交友關係廣泛，意欲打破舊弊的勇
氣與見識等，與清貧卻進士及第這件壯舉相結合，使邱得以
在台灣社會建立牢固的名聲。他之所以在台灣獨立扮演了極
重要的功能與角色，也是這種個背景所起的作用，此乃不能
否認的事實。

如前所述，台灣獨立的方針於一八九五年五月十五日決

---

[4]邱菽園〈揮塵拾遺〉，阿英編《甲午中日戰爭文學集》，1958年，北京，
中華書局，547頁。燕京大學編、出版《增校清朝進士題名碑錄附引
得》，民國30年(1941)，北京，221頁。沈雲龍〈丘逢甲傳〉，林熊祥等
著《台灣文化論集》(二)，299～301頁。丘念台述著《嶺海微飆》，48頁。

定，那麼邱逢甲等一部分台灣士紳從何時開始討論台灣獨立呢？從他們發出的通電看來，似在四月下旬。四月十九日，以邱逢甲為首的進士二人、舉人三人，以及萬華的富豪、中南部的士紳等共二百餘人集會於萬華(台北城外的繁華街衢)。他們那時的主張是，清廷既然拋棄台灣，那麼吾人以後要對誰忠誠，應該要由吾人來決定[5]。這種主張不久就在「國際法」尋到根據。四月二十八日左右，他們依據「國際法上之規定」：領土之割讓須經住民同意始得為之，反對割讓台灣。士紳所謂的「國際法」云云，其缺乏根據已如前述。然而從他們提出尊重住民意願的這個主張，可明顯看出邱逢甲等人的「士紳自主性」意識。這個時候，士紳間曾有過「台灣獨立」的討論，這沒有懷疑的餘地。四月二十九日，張之洞接到唐景崧發來的電報徵求意見：

「台恐轉機，崧必為民劫留。台民自主，可請各國保護……。台不服〔割讓〕，堅持數月，必有解紛者。公謂如何？」[6]

「自主」一辭類似於「獨立」，可解釋為創立獨立國。這時正是三國干涉最高潮的時候，而在其前，即四月二十二日，

[5]*The Foreign Office Records,* FO 46/458, p.99〜100, Report to N. R. O'Conor from L. C. Hopkins, Tamsui, April 20, 1895.

[6]張之洞《張文襄公全集》卷一四五，電牘二四，〔唐撫台來電〕又，4月初5日(陽曆4月29日)到電。

已有北京某一官僚(請參閱第五章第三節，註[二一])唆使「庇英自立」，可見包括台灣獨立的諸多可行性，已在唐、邱等台灣士紳之間討論過了。然而那也僅止於討論，並未獲得具體的結論。邱等台灣士紳實在需要身為現任巡撫且與大陸官憲關係密切的唐景崧存在，而這個時候正是唐希望藉列強干涉台灣問題來留住台灣為清國領土的時期。可見士紳的期望與唐所盼望的招來三國干涉，兩者並非有矛盾，因此唐也時常就獨立的可行性徵求張之洞的意見。這個狀況在整個三國干涉期間一直繼續著。在此期間，由於邱逢甲的努力，台灣獨立運動已於五月初旬時在新竹一帶大有進展，並做出清國既然拋棄，台灣就應該獨立的決定，於是邱被選為領導者[7]。在中南部則有贊成日本佔有台灣的動向，但另一方面也有策劃獨立的動向，並且也有了出乎預料的進展。五月十五日，邱逢甲帶領中南部士紳要求唐巡撫提供武器軍費，就是以此做為背景。後來三國干涉的範圍僅止於遼東而結束，台灣已至絕望地步，五月中旬，士紳們才下定決心要依獨立的方式來保衛台灣，這個時候邱逢甲等人的意志甚為堅強。五月十六日他們再次會見唐巡撫，甚至言明，即便北部或台北不與其他地域合作，其他地域也要以武力抵抗日本。[8]

　　台灣獨立是邱逢甲等台灣士紳於五月十五日做出的最後決定，而那時，唐是否主動接受這個決定呢？在論述這個問

[7]*The Foreign Office Records,* FO 46/458, pp.119～23, Report to N. R. O'Conor from L. C. Hopkins, Tamsui, May 10, 1895.

[8]Same to same, May 19, 1895, p.131.

題，也就是唐所扮演的角色之前，擬先就大陸士兵的動向加以論述。唐就任巡撫以來，曾以高報酬在華南沿海諸省招募士兵，但其資質甚劣，連許多海盜之類都來應徵[9]。他們明知台灣將發生戰亂，却千里迢迢從大陸渡過台灣海峽的怒濤前來。觀諸他們渡台後喧囂且無規律的行動、日後被日本軍打敗時的搶劫、向上司勒索金錢等等行為，可見他們的目的，與其說是從事抗日戰爭，莫如說是志在錢財。

既然他們的目的是在獲取金錢，那麼戰爭結束就不受歡迎了。他們遠渡無親可依的孤島，不久又失業，那意味著他們直到今天的勞苦全都化為泡影了，這是難以忍受的。而在防備日本侵攻的階段，在大陸招募的兵員到達台灣，却要以停止抗日為理由，命令他們回故鄉，的確是困難。但日後發生的事則如實地描寫出這些大陸士兵地位的不穩定狀況。內渡的官吏，清廷都分別賜予新官位，而戰敗回大陸的士兵，却被當成累贅物，為了防止他們游民化，清朝曾給予少許金錢，把他們送回故鄉[10]。他們也許知道被送回大陸後的處境，所以新募的大陸士兵不太願意內渡[11]。若要平安地送回這些大陸士兵，實有必要給予若干的補償金。唐個人雖有

[9]姚錫光《東方兵事紀略》卷五，3頁。又，思痛子《台海思慟錄》3頁。

[10]世續等修《大清德宗景皇帝實錄》卷三七八，4頁，卷三八〇，12頁。
張之洞《全集》卷一四六，電牘二五，致福州邊制台，閏5月18日(陽曆7月10日)發電。

[11]*The Foreign Office Records,* FO 46/458, p.108, Report to N. R. O' Conor from L. C. Hopkins, April 27, 1895.

私財,但當時的台灣巡撫衙門卻沒有充分的財源[12]。這個問題真為難唐巡撫,如果按照前約割讓台灣,「軍民必立變」,在此情勢下,唐必陷入「恐為軍民劫留,無死所矣」的困境[13]。對唐巡撫來說,若遵從朝廷割讓台灣的方針,使自己及各級官吏內渡,就必須先解決大陸士兵的處置問題才行。事實上,士兵也常常襲擊即將內渡的官吏及其家屬。大陸士兵固然未要求台灣獨立,但其存在確是促使唐巡撫下定決心暫時逗留台灣的一大因素。

那麼,在台清國官僚又如何呢?對於日本佔有台灣,在台清國官僚身為外來統治者,並未有徹底加以阻止的意思,大部分都依循唐巡撫所發的去留選擇令,或數日後清廷所發的內渡令回去大陸。省中央的首長除唐巡撫外,全部都內渡。由此可見,在台清國官僚並未有創立台灣國以抵抗日本的意志。對這些在台清國官僚而言,只要內渡,官吏地位仍被保証,實無需違反朝廷命令,守在異鄉之地的台灣。在台清國官僚之中,也有逗留台灣與日本軍交戰者。然而那是因為留下的官吏發有加倍的津貼,而且高級官吏已內渡,留下來可能有更高的官階。[14]

---

[12]俞明震〈台灣八日記〉,台灣唐維卿電奏稿,3月25日(陽曆4月19日)發電,左舜生選輯《中國近百年史資料續編》313頁。

[13]同上電奏稿,4月初1日(陽曆4月25日)發電,315頁。

[14]被任命為已內渡之各地域首長的繼任者,幾乎都是從前甚為低階的下級官吏。例如,被任命為雲林縣知縣的羅汝澤,原職只不過是巡捕。洪棄生《瀛海偕亡記》11頁。

　　在台清朝官僚之中，處於最微妙立場的是巡撫唐景崧。其正式官銜爲署巡撫，但事實上與正式的巡撫無異。他被提拔爲巡撫尚未滿半年就遇到台灣的割讓。他之所以激烈反對割讓台灣，似與此有所關聯。但是一旦割讓被決定了之後，他本身是有意回大陸的[15]。然而對主張抗日的台灣士紳而言，允許他內渡，將會減損台灣戰力。於是台灣士紳與他會面，甚至威脅他留下來。士紳們的這一行動，與在台大陸士兵的利益也相符，因而成爲對唐之強烈拘束力[16]。在這種壓力下，他就聽從台灣士紳的要求而苟且留下來了。

　　唐巡撫之同意台灣獨立，雖有期待僥倖的一面，卻非出於他的本意。如果他拋棄台灣，爭先內渡的話，將陷入在台清朝「各官亦無一保全」的危險境況，因而他採取「只合臣暫留此，先令各官陸續內渡，臣再相機自處」的對策，「俟事稍定臣能脫身」，再伺機內渡[17]。在這期間，他幾乎完全失掉自主性，如他本人所言：「只可隨民去做，無可奈何矣。」[18]是處於被動立場的。當決定獨立之後，他謝絕就任總統的請求，但他所期待的法國軍艦訪台忽然又實現了，這使五月二十一日台灣士紳再次請求他就任總統時，他未再拒絕

---

[15]前引書，唐維卿電奏稿，《資料續編》314頁。

[16]唐的奏電云：逗留台灣從事抗日，「臣雖知不可爲，而屆時爲民劫留，不能自主，有死而已。」前引書，唐維卿電奏稿，4月初3日（陽曆4月27日）發電，《資料續編》316〜7頁。

[17]故宮博物院編《清光緒朝中日交涉史料》（三二五九），前署台灣巡撫唐景崧來電，5月初3日（陽曆5月26日）到電。

[18]前引書，張之洞《全集》，5月初1日（陽曆5月24日）到電。

[19]。因此,可認為唐是在這日應允就任總統的。儘管如此,他還是心不甘情不願的。他在總統就任典禮上痛哭,正表現著無可奈何的心情。

那麼,在大陸的清朝官僚給予台灣獨立的影響是什麼呢?從結果來看,台灣獨立是違背清廷意向而斷然進行的,從時機上來看,當光緒帝派等對日講和反對論者正在期待招來三國干涉之時,北京的清國官僚之中的確有人唆使台灣獨立。四月二十一日左右,北京某一官僚透過張之洞以如下言詞:「台若能自保,自不累中矣。得英庇護,自立以保民為詞,港防聘英將,巡海乞英船,土匪自緝,事當有濟。」唆使唐巡撫獨立[20]。我們只要以可靠文獻之有無為基準,即知這並非唯一,但卻是最初由北京官僚所唆使的台灣獨立。根據筆者推論,發信人為總理衙門章京沈曾植[21],發信日正是三國干涉發生之前日。這個京電引起台灣官紳怎樣的反應,不得而知,但一定符合他們不願屈服日本人的意向。在此前後數日間,這在台灣的反日本佔有運動者,至少對講和

---

[19]蔡爾康等編《中東戰紀本末》初篇,卷四,「台灣自主文牘」,59頁。

[20]前引書,張之洞《全集》卷一四四,電牘二三,致台北唐撫台,3月28日(陽曆4月22日)發電。

[21]同上電牘。發電者名為「植」,按當時習慣,一般都於電文末加上自己名字的最末一字,因此,發電者似為名末有「植」字的人。查當時總理衙門有一位沈曾植(其官職為章京,文書管理官),屬張之洞學派,與張有密切關係。由此看來,發電人似為沈曾植。

有關沈的詳細資料,請參閱如下文獻:蔡冠洛編纂《清代七百名人傳》,全三冊,民國26年(1937),上海,世界書局,1963年香港初版,香港,遠東書局,上冊,565~6頁,「沈曾植」之項。

反對論者，是求之不得的事。因為對內可以台灣紳民反對為藉口，做為反駁講和贊成論者的材料，進而成為廷議做出毀棄條約的決議根據，對外則可以此為理由，來對列強工作，使列強將西歐的「住民自決之原則」也適用於台灣。這在京電前日（四月二十一日）由張之洞轉給唐景崧的王之春電報，正說明了那樣的企圖。根據人在巴黎、跟法國交涉的欽差大臣王之春的報告，當普法戰爭講和之時，普魯士要求法國割讓Alsace、Lorraine二省，法國認為兩省住民不願意歸屬普魯士，普魯士根本無法辯駁，王之春即以此為例，建議張之洞，清國也應按照此例，聽任台灣住民的自由意志即可，張則將其意旨打電報給唐景崧[22]。

唆使「自立〔獨立〕」的京電、「應聽任台灣住民之自由意思」的巴黎電，二者均經由張之洞傳來台灣，這如實地說明這個江南最大的實力者是如何地關心著台灣的歸結，又與在台清國官僚如何地保持著密切的聯絡。之前，張曾經電奏過反對割讓台灣，其實他不僅反對割讓台灣而已，其最終目的乃在條約的完全廢除。他認為那時在台官紳的反對運動會對其最終目的發生槓桿作用[23]，所以他才慫恿唐景崧猛打反對割讓的電奏[24]。唐的悲痛電奏文雖有真實性，但似乎不能否認有幾分受了張之洞的唆使。

---

[22]前引書，張之洞《全集》卷一四四，電牘二三，致台北唐撫台，3月27日（陽曆4月21日）發電。

[23]同上電牘二四，致台北唐撫台，4月6日（陽曆4月30日）申刻發電。

[24]同上。

　　然而不十分重視似是唆使獨立的京電所具意義的人，乃張之洞本身。這時期正是台灣士紳連續三日(自四月十九日至二十一日)向唐巡撫強迫抗日的時候。四月二十九日，唐巡撫在發給張之洞的電報中呈報如下的意見：「自身必被住民強留，若台灣住民自主，即得請求各國保護。」並就若台灣住民守住數個月，可能會有挺身干涉的國家出現這一點來徵求張的意見[25]。對此，張之洞認為，若台灣自主獨立，其抗日與清國無關，因此就有不能支援之虞，所以應視時機決定，並建議唐景崧：若清國最後結果是拋棄台灣，應使台灣住民請求英國保護，如英國拒絕，則求法國保護[26]。就台灣的獨立問題，張之洞雖曾受到唐景崧的徵詢，但張之洞並未予以積極贊同，而是處於被動地位。由於台灣士紳相繼而來的要求，唐景崧終於認識到，獨立也是不得已的權宜之計，因而希望得到擁有實力的南洋大臣張之洞的贊同與意見。五月四日，唐景崧又以「願結法另創東南洋世界，一切阻撓不懼也」，徵求張之洞的意見[27]。對此，張之洞並未回答。這時期的唐景崧正處於非常困難的立場，因為採取任何行動都對他不利。他若內渡，軍隊必奪其命，他若抵抗日本軍，日本也要取其性命。縱使成功逃去大陸，對於日本引渡

[25]同上電牘，唐撫台又電，4月初5日(陽曆4月29日)申刻到電。

[26]請參閱同上電牘，致台北唐撫台，4月初6日(陽曆4月30日)，丑刻發電及申刻發電。

[27]同上電牘，唐撫台來電，4月10日(陽曆5月4日)到電。

唐的要求，清國似也無法拒絕[28]。陷入這種窮途末路的唐景崧，在未得到張之洞的明確回答之下，又受到當地的台灣士紳邱逢甲等人的強迫，終於在五月十五日發出將成為「島國」的獨立通電。

　　根據H. B. Morse的報告書(請參閱第二節)，台灣民主國的創立是依五月二十二日所發的總理衙門「密電」行事的。可是事實上至遲在五月十七日，台灣就已決定要採取共和制了[29]。至於獨立，則早於五月十五日台灣士紳就表明了。因此，即使真有總理衙門發來這種「密電」，其作用也與五月二十一日訪台並慫恿獨立的法國軍官的意見大致相同。也就是只有將早經確立的大方針付諸實施的促進作用而已。儘管如此，筆者仍然懷疑這種「密電」存在。

　　第一，H. B. Morse並非親眼看到該「密電」，只是傳聞而已，傳給他的是誰，也不得而知。被傳知「密電」之日(五月二十三日)的前後，H. B. Morse被台灣士紳強迫，從五月二十五日起，於其服務機關的海關升起台灣民主國的國旗，但他以這個海關是清國的機關為由加以拒絕[30]。從這事實看來，也不難想像「密電」云云，乃是台灣士紳為了使他同意

[28]H. B. Morse, *Letter-books, 1886～1907*, Vol. III, p.142, Report to Sir Robert〔Hart〕, May 10, 1895.

[29]前引書，張之洞《全集》，電牘二四，唐撫台來電，4月23日(陽曆5月17日)到電。

[30]Morse, *op. cit.,* pp.149～50, Report to Sir Robert〔Hart〕, May 24, 1895.

而虛構的。

第二，該「密電」的內容不僅傳給H. B. Morse，至少也傳給英國代理領事L. C. Hopkins[31]。試想，將對清國的對日關係帶來重大變動的這種「密電」內容，爲何會輕率地告知外國人，不禁令人懷疑。

第三，該「密電」所「指示」的是成立「獨立王國」，而實際出現的卻是「共和國」[32]。

第四，以清國外交史研究家著名，留有不少成就的H. B. Morse在其一九一一年出版的大著*The International Relations of the Chinese Empire*有如下的記述：「台灣民主國之獨立宣言乃得力於清國主戰派之鼓勵。」並未曾提起應具有重要意義的該「密電」[33]。至於他一九一九年發表的有關台灣民主國的論文"A Short Lived Republic"，則連大陸主戰派曾直接唆使乃至鼓勵的事實都沒談及[34]。可見，H. B.

---

[31]*The Foreign Office Records,* FO 46/458, p.140, Report to N. R. O' Conor from L. C. Hopkins, Tamsui, May 30, 1895.

[32]不過，收錄於H. B. Morse書簡集的「密電」爲"Kingdom"，而收錄於L. C. Hopkins英國代理領事的報告書則爲"Republic"。Same to same, p.140。這個差異的由來，不得而知。但是L. C. Hopkins的報告是台灣民主國(The Republic of Formosa)獨立之後四日發出的，因此，可能是L. C. Hopkins爲使前後相符而加以塗改的。

[33]H. B. Morse, *The International Relations of the Chinese Empire,* Vol. III, p.49.

[34]對五月中旬有二千五百名廣東兵抵台及再送來武器一事，H. B. Morse記述的只不過：「在清國，攻勢的主戰派看來似乎要徹底抵抗〔李鴻章等和平派之行爲〕。」H. B. Morse, "A Short Lived Republic," *NCR,* I/1 (Mar. 1919), p.27.

Morse自己似乎也不太相信這個「密電」吧。

　　第五，唐景崧平素就頻繁地以電報與張之洞保持密切聯繫，但在張之洞的電文集卻看不到他與唐景崧就該「密電」交換意見的電文[35]。姑且不論別人，以他們的密切關係，張之洞、唐景崧實無需隱瞞這樣的「密電」，這就越發怪異了。

　　台灣要獨立、採取共和制等方針，既然於五月十五日，至遲十七日就做出最後決定，那麼，這應與該「密電」無關才是。自從割讓台灣的通知到達台灣以來，不僅在台清國官僚，台灣士紳也在期待列強干涉，而成爲「島國」的獨立通電發出之後，以及台灣民主國創立之時，士紳們仍然在期待列強支援。然而發出獨立通電之時，正是列強支援無法期待的悲觀期，因此，台灣民主國在本質上雖是期待列強的干涉，但若認爲在台灣獨立的階段(五月十五日)，列強的唆使是主要因素之一，那就不正確了。台灣獨立的原動力乃在於邱逢甲等一部分台灣士紳。縱使有過大陸清國官僚的指示以及建議，也不能說這些是決定性因素，唐景崧只不過受大陸士兵及台灣士紳威脅，不得已而逗留下來罷了。

---

[35]請參閱前引書，張之洞《全集》卷一四四～六的電牘。

第四節　採取共和制的經緯

台灣民主國之所以採取共和制，並非由於台灣社會的廣泛要求，而是偶然的因素。

台灣在首任巡撫劉銘傳的時代設有洋學堂(一八八六年，光緒十二年)，所教科目有以英語爲主的外國語、普通科目及漢文等，教師則有教外國語的兩位外國人(英國人與丹麥人)，另有曾留學外國的清國人兩名[1]。學生們可能從教師那兒學了一些西洋的政治制度，但由於一八九一年邵友濂取代劉銘傳被任爲巡撫，將洋學堂廢除，因而存續期間僅五年餘，學生總數也不過六十七名而已[2]。因此，即便這些洋學生已對台灣社會帶來一些新風氣，台灣社會卻未由此而掀起新潮流。此外，光緒初年(一八七五年以後)以來，屬於新教派的南北二大勢力：台南的牧師甘爲霖(William Campbell)及淡水的牧師馬偕(George Leslie Mackay)，不僅傳教，也施予台灣住民初等或中等乃至高等的普通教育[3]，由此可見，可能有少許基督教徒也知悉一些西洋的制度。然而基督教徒曾被清朝官僚視爲異端，在以後的抗日戰時，也常常被當做敵人的協

---

[1]台灣總督府《台灣教育志稿》，明治35年初版，大正7年再版，台北，56頁。
[2]同上。
[3]伊能嘉矩《台灣文化志》中卷，66頁。

助者對待，甚至也曾被認為是叛亂者而加以鎮壓[4]，其對清
國的忠誠度，應比一般住民來得低。以此推測，這些基督教
徒應不可能與清國官僚共謀採取共和制及參與台灣民主國的
創立。不論是透過洋學堂、或是透過牧師、抑或其他方法，
即使當時的台灣已有知悉共和制的住民，為數應極少[5]。因
此，採用共和制並非社會要求使然。此外，迄至台灣展開要
求共和制的運動，即在極少數人之間亦未曾出現過，由此觀
之，共和制的採用應是直到斷然實行台灣獨立之時才想出來
的。

所以，採取共和制並非台灣社會廣泛的要求，但從決定
台灣獨立的原委來看，採取共和制也可以說是當然的結果。
台灣的獨立實際上是基於極少數台灣士紳的要求，他們既然
主張依據全台灣住民的意思而為，那麼，就需要採取反映住
民意志的制度，這才是合乎道理的做法。在反對割讓運動的

---

[4]例如清朝禮部主事，後任台灣民主國外務督辦的俞明震即曾指摘基督
教徒協助日本軍攻擊守備軍。南部劉永福則認為基督教徒三千餘人乘
亂掀起暴動，所以派遣士紳以「先撫後剿」的方法加以鎮壓。請參閱俞
明震〈台灣八日記〉，《中國近百年史資料續編》303頁，及李鴻章《李文
忠公全集》，電稿，卷二一，寄譯署，6月21日(陽曆8月11日)申刻發
電。
此外，呂實強對清國官紳為何敵視基督教徒的問題也有詳細研究。該
研究係針對1860年代至70年代前半，但其分析似也可適用於十九世紀
後半的台灣。呂實強《中國官紳反教的原因(1860～74)》，民國55年
(1966)，台北，中國學術著作獎助委員會。
[5]當時，台灣島知悉「共和國」涵義者，一般認為不超過千人。James
Davidson, *The Island of Formosa*, p.278.

過程中，唐巡撫及一部分士紳得知駐外使節帶來Alsace、Lorraine尊重民意的「實例」。但要使列強理解台灣反對日本佔有，且基於住民獨自的意思而要獨立以抗日，進而取得列強的同情，就必須加以明示，而無疑地，那時採取的政體，共和制必定比王朝來得順利。採取共和制時，富豪姑且不論，非富豪的士紳如邱逢甲等人的聲望所依存的，乃是清國的價值體系，所以他們的選擇似乎露出矛盾。然而，如後面所述，台灣雖採取共和制，但那是未徵求過一般住民意向的，可說是寡頭的共和制，士紳們似未預定統治關係的變動。因此，共和制的選定與他們的利益並不矛盾。

其次，台灣採取共和制的主要因素，除上述之外，似乎摻有唐巡撫的個人盤算。五月九日，唐與關係密切的H. B. Morse會談時，曾以共和國的問題為話題，H. B. Morse將那時的情況報告其上司，如下：

「他〔唐〕問我，如果宣告台灣獨立以之抵抗〔對日本〕，會不會招來同樣的反對〔指來自日本的譴責〕。我回答如下：如果這個運動是由〔清國〕皇帝之官吏指導，其結果是相同的。然而如果那是真正的民國，皇帝就不會被譴責。〔儘管這樣，責任還是在於唐本身。〕因此，他必須以自己的責任加以防止。」[6]

H. B. Morse反對以台灣獨立來抵抗日本，所以勸告唐

[6]H. B. Morse, *Letter-books, 1886～1907,* Vol.Ⅲ, pp.142～3, Report to Sir Robert〔Hart〕, May 10, 1895.

景崧那是愚策。H. B. Morse雖體諒唐景崧內渡必被軍隊所殺的苦衷，卻也認為抵抗日本軍應是毫無勝算，縱使他能夠逃往大陸，日本也必定要求清國處置唐，屆時皇帝似無法拒絕日本的要求。H. B. Morse並暗示唐，如果唐不抗日，因而台灣發生暴動時，英、德領事館會窩藏他，其安全得以確保，並以此勸戒他不可斷然獨立[7]。然而如前節所述，這時的他已處於不得不留在台灣的狀況。於是H. B. Morse所說的「如果是民國，皇帝就不會被譴責」這一句話，就具有重要意義了。不管在唐與H. B. Morse會談之前是否有別人也進行過「共和制討論」，也不問H. B. Morse這個意見是否立即被接受，H. B. Morse所言對日後採共和制的台灣民主國之創立似乎給予極大的影響。唐景崧本身的希望是內渡而不願在台灣從事抗日運動，但這個希望受到台灣士紳與自己所募的士兵的壓力，目前不可能實現，既然如此，以獨立來抗日，藉以迴避壓力，又採取共和制以避免將來內渡時日本對皇帝的譴責，從而自己的生命也得以確保，這個方策才是最佳之策。H. B. Morse並未建議獨立的台灣應採取共和制，但其分析卻有助唐景崧尋出自己的活路。而就採取共和制事宜，他也一再與二日後渡台的陳季同、五月十五日會談的邱逢甲等台灣士紳討論過其結果，才具體決定了採取何種形態的共和制。

　　這個問題，即如何決定採取共和制的過程，也有與此不

---

[7]Same to same.

同的各式各樣的推測。王育德氏的著作有如下記述:「僭稱
帝王既然對北京滿清皇帝有失敬的顧忌,只好稱爲總統,在
台灣立國,移住民有力者的協助既然不可或缺,就必須設置
議會這種機關來作爲籠絡的手段。」[8]這種說法未必準確。
即使設置議會有籠絡台灣士紳的作用,也難說當初就僅以這
樣的盤算來設計。在當時的台灣社會,何謂民主制度應還未
被十分理解,而在封建社會,授予從來就被熟悉的行政官
職,似比「議員」容易獲取籠絡的效果。

　　就同一問題,向山寬夫氏從另一個角度論述如下:「歸
根究底,首先,在島內完全缺乏新王朝創立的條件,又如唐
景崧總統布告所明示,預定獨立之後歸回清國,因此,新王
朝的創立實際上是不可能的,而且也有曾任清國駐法武官、
對共和制多少有見聞的……陳季同的進言,因此,採取共和
制的過程似應從以上兩項事實謀求回答才最適當。」[9]

　　在此所云的「新王朝創立的條件」是指什麼,本身就很曖
昧,又,在只知封建君主制的當時台灣社會,採取共和制與
創立王朝,何者較需要積極性的條件,也不無疑問。此外,
向山氏所云「爲將來回歸清國而預留的伏筆」也有疑問。向山
氏說:「台灣人所以會採取這種特異的共和制,理由是……
當時在清國各開放港口的中國人之間萌芽,不久成爲辛亥革
命、清國崩潰、中華民國出現之原動力的民主主義思想的影

[8]王育德《台灣——苦悶するその歷史》89頁。
[9]向山寬夫《日本統治下的台灣民族運動史》,全一四冊,昭和36年,九
　　州大學法學博士學位論文,未出版,第二冊,377～8頁。

響，可能也是因素之一。」[10]雖然向山氏並非以之為重要因素，但卻指出受新思想影響的可能性，那就更不知所云了。在一八九五年時的清國，這種新思想是不可能被接受的。即使台灣將來會「回歸」清國，那時也沒有妥當的理由採取對清國應是否定性的共和制。

　　就可能使清國蒙受衝擊、或可能於清台兩國間發生對立關係而言，新王朝的創立可能對清王朝帶來同次元的對立；另一方面，共和制的創立則可能對清王朝帶來否定性、革命性的對立關係。然而，清國割讓台灣給日本之後，台灣才獨立，所以無論台灣採取任何政體，本質上並未有向清國政體挑戰的意向存在。因此，已經獨立的台灣之所以採取共和制，應視為並非出自對清王朝顧全大局的立場。

　　正在華南興起的新思想與台灣採取共和制之間的關聯，對新思想推行者的大陸反清運動來說，台灣民主國的出現也是不受歡迎的，所以無可想像反清運動者曾對台灣之採取共和制付出貢獻。當時的華南已醞釀高舉「驅逐韃虜，恢復中華」口號的漢民族主義，若台灣採取共和制，勢必搶先同樣以共和制為目標的華南打倒滿清運動的計劃。因此，從事打倒運動的人們毋寧害怕台灣的新局勢會喚起清國覺醒，破壞他們創立共和國[11]。附帶一言，孫文與陸皓東、楊飛鵬等於一八九四年創立興中會，日清戰爭之後，這個團體從漸進

---

[10]同上，375〜6頁。

[11]*The Times*(London), May 27, 1895, p.5, col. 4〜5,〔correspondence from〕Hong Kong, May 25, 1895.

性的改革主義逐漸強化為革命性傾向，而包括這個組織在內的華南的革命運動者並未與當時台灣的任何階層取得聯繫。

其次，就採取共和制一事與大陸清朝官僚之關係加以檢討，可認為唆使獨立的人是總理衙門章京沈曾植，但從似是由他所發出的京電(四月二十二日由張之洞轉送)並未言及共和制，也未曾有過大陸清朝官僚指稱應採共和制的暗示。

根據現有資料，台灣這邊與大陸清國官僚就有關共和制一事進行第一次討論，是五月十七日唐景崧發給張之洞的電報，這日是唐與H. B. Morse「民國論議」一星期後，也是以台灣紳民名義對外聲明台灣獨立意向之後二日，從這來看，終於要採共和制應是十五、六日左右所做的最後決定。五月十七日，唐景崧報告張之洞要採共和制的同時，也說明理由如下：

「……民主之國亦湏有人主持。紳民咸推不肖，堅辭不獲。惟不另立名目，終是華官，恐倭藉口，纏擾中國。另立名目，事太奇創，未奉朝命，似不可為。如何骹淂朝廷賜一便宜淂事，准改立名目不加責問之密據，公骹否淂旁婉奏，此亦救急一策。否則，死守絕地，接濟幾何，終歸於盡也。臺之自主與留不肖，事機湊拍。由駐洋使者商之各國，謂臺不服倭，亦不強奪還華，公議臺為自主之地，公同保護。持理既正，倭氣略平，為解紛上策。先將臺自主一層造到，再由臺民自推主者，似更委順。不肖亦可進可退。乞速薈籌。」[12]

---

[12]張之洞《張文襄公全集》卷一四五，電牘二四，唐撫台來電，5月17日（陰曆4月23日）酉刻到電。

　　從唐的這個報告，也可看出有關共和制的密謀是在台灣策劃的，並不是來自大陸的指導。

　　接到這個報告的張之洞立刻回電質問唐景崧，要立何名目，是否稱總統，朝廷怕受日本追問，諒不予密許，並建議唐，萬不得已時，可親自上奏朝廷[13]。關於名目一事，如張之洞所推測，唐立即回電：「名目惟有總統，仿洋制也。」[14]從張之洞、唐景崧間的這種來往電文內容可知，只要是共和制的問題，就連和唐有密切關係的張之洞也未於事前干預，只在決定之後才被徵求意見而已。張之洞基於置總統乃是重大問題而加以反對，但反對的電報卻遲至台灣民主國預定創立的二十五日前日正午才發出，為時已晚，總統制已按照既定方針實施了。

　　總而言之，台灣獨立的原動力乃在以邱逢甲為領導人的一部分台灣士紳，而所以採取共和制，似是唐景崧的窮極之策。

　　最後要特別提起的是Harry S. Lamley氏的主張。他是傑出的台灣史研究家，其有關台灣民主國的研究論文發表了嶄新的見解。他認為不應將台灣民主國的建國者集中於某特定人物，如唐景崧、陳季同、邱逢甲、唐的親信、曾經在台北集會討論建國的台北及中部士紳與富豪均為建國者[15]。

---

[13]同上電牘，致台北唐撫台，5月19日(陰曆4月25日)子刻發電。
[14]同上電牘，唐撫台來電，5月20日(陰曆4月26日)子刻到電。
[15]Harry J. Lamley, "The 1895 Taiwan Republic–A Significant Episode in Modern Chinese History," *The Journal of Asian Studies*, XXVII/4 (Aug. 1968), p.749.

說建國者(founders)時，的確應如他所說的那樣。但是他對
「提案人」並非毫不關心，他舉出五項「民主國」創立的原因，
其中最重要的項目即是唐景崧的個人野心，及唐對邱逢甲、
劉永福的對抗意識[16]。所以他主張，由於唐的野心與對抗
意識，終於才採取共和制。就這個主張，他說明如下：

　　「台灣民主國的創立顯示競爭者唐景崧的勝利。唐的競
爭者邱未被任命為高級官僚，劉則僅被授予閒職而已。劉是
唐自清法戰爭時至今的競爭者，邱則是台灣中部目前最有權
勢的人物，其權勢之大，從住民視他為『王』可見一斑。這些
都令唐無法忍受。唐被要求做『民之主宰者』而拒絕時，他所
苦惱的是，若按照要求行事，就必須與邱等合作。那時，唐
本身的逗留就不是『被留下來』擔任領導者，而是被『扣留』在
台灣的人質，唐害怕這麼一來，將留給外部抗日運動是由北
部的唐、中部的邱、南部的劉三者合作推行的印象。到了清
廷『內渡令』下達時，唐終於決心要採共和制。唐認為共和制
將可加強他自己在台灣的地位，就這樣，唐為了改善一般住
民對他的印象，進而塑造有聲望的指導者形象，於是決定創
立新型態的政府。」[17]

---

[16]*Ibid.*, p.741。其他四項如下：
　　一、為取得列強的同情與支援。
　　二、與清國不相干，要獨自與列強交涉。
　　三、不使清國對日本的立場趨於不利。
　　四、以創立新政府來提高住民及防衛軍的士氣。
[17]*Ibid.*, pp.745～7.

　　共和制的選定是出自唐個人的盤算，Harry S. Lamley
氏的見解與筆者的觀點並無不同。因為採取共和制，唐才能
擺出就任總統是基於民意，他是受到大眾支持，不得已才承
擔下來的姿態，有這種盤算介於其間，也是令人可以贊同
的。然而主張因有這種盤算，所以遲至五月二十一日左右唐
才開始考慮採取共和制[18]的說法並非正確，這根據唐十數
日前曾與H. B. Morse進行過「民國論議」一事來看，是很清
楚的。另有關唐對劉、邱的對抗意識，對劉顯然是存在的，
對邱則有些疑問。本來就與唐有密切關係的邱，一到發起、
推動抗日運動的階段，就以強制的態度對待唐，因而兩者關
係惡化是可以理解的，但若說這成為主要的動機，使唐選定
了共和制，那就難以苟同了。唐想對外表示的「民眾之支
持」，既然不過是出自邱所指導的一部分上層階層，若排除
處於頂點的邱，唐的地位應會陷入極不穩定的局面，這一點
唐應該也考慮到才是，何況唐所擁有的「民眾基礎」，除非透
過邱，是不可能存在的。

──────────────

[18]*Ibid.*, p.747.

第六章
台灣民主國的實況

第一節 台灣民主國的制度

台灣民主國倉皇成立，不僅短期內即滅亡，而且在其存續期間，亦因與日本軍發生戰鬥，以致制度甚為簡略，未臻完備。因此，有關台灣民主國的幾個制度到底是否存在，頗受質疑，現在就來考証一下到底有哪些制度。

1.建國當時的制度

台灣民主國訂「永清」為新年號，以光緒二十一年(1895年)為永清元年[1]，並制定藍底配老虎圖案的「虎旗」為國旗，以台灣首府台北為首都，台灣省巡撫衙門為總統衙門

---

[1]有的著作指年號是「永靖」，這是錯誤的，「永清」才正確。

(現台北市中山堂〔公會堂〕所在地)。

　　諸多記載顯示台灣民主國制有憲法，在江山淵著《丘逢甲傳》中有「草草制訂臨時憲法」[2]的記述，慕尼黑大學教授Albrecht Wirth曾引用德國駐北京公使Herr Max von Brandt的著書，指台灣民主國「向列強通告其憲法」[3]。五月二十四日，從唐景崧發給英國領事L. C. Hopkins通告台灣民主國成立的書簡中，亦有一段寫道：「......With regard to the new Constitution of the State, Laws and Regulations should be passed in due succession, by Representatives publicly elected to a Legislative Chamber......」[4]此公式書簡不僅發給英國領事館，想當然也發給了甫赴任的德國領事Dr. C. Merz，再由他向北京的德國公使報告。曾擔任過公使的Herr Max von Brandt便引之斷定台灣民主國曾制定憲法。六月二日，唐景崧以漢文公佈台灣民主國總統布告，其前半即與此書簡的前半內容一致，但未見到相當於「With regard to the new Consitution of the State」的字句[5]。或許此段在

[2]根據江山淵〈丘逢甲傳〉，《中日戰爭》第六冊399頁所述，指邱逢甲起草憲法。

[3]Albrecht Wirth, *Geschichte Formosas bis Anfang 1898*.曹永和譯〈台灣之歷史〉，台灣銀行經濟研究室編《台灣經濟史六集》69頁。

[4]*The Foreign Office Records,* FO 46/458, p.150, The President of the Republic of Formosa to H. M. Acting Consul, Kuangshu 21 year, 5 m. 2 d. (May 25, 1895)

[5]川崎三郎《日清戰史》卷七，85～6頁。蔡爾康等編《中東戰紀本末》上篇，卷四，59頁，「台灣自主文牘」。

翻譯成英文時，是爲了文章修辭及配合歐美制度而多寫的吧！

富山大學教授新田隆信在其論文〈台灣民主國的成立與法律地位〉中，曾就憲法進一步列舉更具體的内容[6]。但是新田論文所提到的憲法内容缺乏根據[7]，甚至連一般認爲確實存在的「憲法」文件也不知置身何處。[8]

---

[6]新田隆信教授從臨時憲法中列舉下列數條：
　　一、總統及副總統各選出一名，以總統爲元首。
　　二、開設議院爲立法機關，訂律令章程，公舉議員。
　　三、制訂行政府官制，賦予内部、外部、軍部等名稱。
　　四、採藍地黃虎爲國旗，以之爲國徽。
　　五、訂永靖（永清）爲年號。
　　六、以台北爲首府。
　　新田隆信〈台灣民主國之成立與法律地位〉，《富山大學紀要經濟學部論集》第10號抽印，7頁。
[7]針對筆者對於註[6]所列的「臨時憲法」出自何處的質問，新田教授回信〔1965年9月13日〕寫道：「關於憲法，亦即民主國的基本法源，倉促之間似乎尚未整理出完善的條文形式，僅決定了大綱就捲入對日抗爭的漩渦中而作罷。」由此看來，新田教授也沒有確實的根據。在此並向新田教授允許公開其回信表示謝意。
[8]筆者曾三次會見被指稱「憲法」起草者的邱逢甲之子丘念台。他們父子之所以不同姓，乃因「丘」是孔子之名，清朝不准用而不得不改用「邱」之故。丘念台是在清朝瓦解以後才使用。也有人將邱逢甲寫成丘逢甲。附帶一提，丘念台於1895年隨父邱逢甲逃亡大陸，第二次世界大戰後以蔣介石政權部屬的身分進入台灣，擔任國府監察院監察委員，1967年1月12日客死東京。
　　根據丘氏的傳聞，指「憲法」刊載在當時的倫敦泰晤士報，筆者曾拜託倫敦大學亞非研究所講師Harold Kahn博士（現任史丹福大學歷史學系教授）調查，結果，1895年5月及6月的該報上並未刊載這樣的紀事。

　　「憲法」這個字詞，日本最遲在台灣民主國成立前六年已經使用，清國則大約是在日清戰爭結束後，戊戌政變(1898年)前才出現[9]。台灣是先於中華民國採取共和制的，所以儘管當時清國沒有「憲法」這個詞彙，卻已使用了「憲法」這個字眼。然而由於缺少足以証明確實有「台灣民主國憲法」存在的文獻，因此被論斷為未曾制訂憲法。所謂「台灣民主國憲法」，一般認為，就是當時促使台灣民主國成立的人士所制定的一些建國方針，而被後世的研究家「視同憲法」。不光只「憲法」，台灣民主國政府的許多組織亦頗多受爭議之處。

　　總統為國家元首，而唐景崧就任總統，這一點沒有異論，但是關於「副總統」一職，就出現了設有副總統職位，並由台灣士紳邱逢甲就任，以及未設有副總統職位這兩種說法。不少論述都只列舉民主國政府的其他官職而未提及「副總統」[10]，主張未設副總統官職者，最具代表性的是台灣省文獻委員會曾迺碩的主張。他經過論証的結果，否定了副總統此一官職的存在。他的根據是，當時在台東擔任台東直隸州同知的胡傳所寫的日記未提到副總統[11]。此外，較不為

[9]小野川秀美〈康有為之變法論〉，近代中國研究委員會編《近代中國研究》第二輯，昭和33年，東京大學出版會，115頁。

[10]以下列所記者為主：
　　台灣省文獻委員會編《台灣省通志稿》卷九，革命志，抗日篇(黃旺成纂修)，9頁。史明《台灣人四百年史》，1962年，東京，音羽書房，270～1頁。廖漢臣〈台灣民主國在台北〉，《台南文化》第二卷第三期，20頁。

[11]曾迺碩〈乙未之役邱逢甲事蹟考證〉，《台灣文獻》第七卷第三、四期合刊，民國45年(1956)12月，667頁。胡傳《台灣日記與稟啟》第二冊，263～4頁。

一般所知的是，美國國務卿退職後擔任清朝顧問的J. W. Foster隨同李經方赴台授受台灣時，從H. B. Morse手中得到的報告書也未提到副總統[12]。這兩個文件都是傳述當時情況的重要文獻，尤其H. B. Morse當時長駐淡水海關，與唐景崧私交甚篤，經常接受唐有關抗日問題的諮詢，同時他也是一位歷史家，他的記述的重要性是他人所不及的。但是不知何種理由，他有關重要官職的記述卻很曖昧[13]。因此，不能以其報告書未提到副總統一職就做出沒有「副總統」的結論。

曾迺碩不斷考証的結果，否定了邱逢甲非但被任命為副總統，且還被任命為大將軍，同時又是「義勇統領」這兩項說

[12]在John W. Foster, *Papers of John W. Foster*, MS. (deposited at Princeton University Library)中有足以斷定為當時報告的報告書。請參閱No. 1298, (dispatched from) C. H.〔Custom House〕, Tamsui, May 27, 1895.

[13]*Ibid.* 關於政府組織，H. B. Morse曾如此寫道：
The Government of the Republic has been organized on the following basis:
President: H. E. Tang Ching–sung〔唐景崧〕(   )[sic].
Minister of Interior: Lü (unknown)〔Lü或許是Yü之誤，Yü應該是俞明震〕
Minister of Foreign Affairs: General Tcheng Ki-tong〔陳季同〕, formerly, military attache at Paris.
Minister of War: Li〔李〕(unknown)

[14]曾迺碩〈吳湯興事蹟考証〉，《台灣文獻》第九卷第三期，民國47年(1958)9月，46〜7頁。

法[14]，也就是說，邱逢甲並未擔任要職。事實上台灣民主
國的成立，邱逢甲出力極多，這點曾迺碩也承認[15]，像邱
逢甲如此重要的人物，未在台灣民主國政府內謀得一官半
職，實難令人相信。主張邱逢甲擔任副總統最具代表性的，
就是江山淵所著的《丘逢甲傳》。江山淵寫道：「副總統一
席，群以屬逢甲，逢甲不獲辭，乃為副總統……」[16]羅香林
在所著的《劉永福歷史草》中，完全贊同這段記載[17]。此
外，也有不少記述指邱是副總統[18]。從政策性觀點來看，
一般推測，起用進士及第[19]，在北京擔任工部主事的台灣
當地士紳邱逢甲為副總統，對立足台灣的台灣民主國政府實
有其必要，且從其經歷來看，也不會讓人覺得他「不夠資

---

[15]曾迺碩〈中華民族乙未抗日史導論〉，《台灣文獻》第六卷第三期，6頁。
[16]前引書，江山淵〈丘傳〉，《中日戰爭》第六冊，400頁。
[17]羅香林輯校《劉永福歷史草》241頁。
[18]主要著作如下：
　　王育德《台灣——苦悶するその歷史》87頁：邱逢甲為副總統兼義勇統
　　領。顏興〈台灣民主國前前後後〉（上），《台南文化》第二卷第三期，11
　　頁：邱逢甲為副總統兼民軍大將軍。沈雲龍〈丘逢甲傳〉、林熊祥等著
　　《台灣文化論集》（二），301頁。兩者均寫成「大總統」，很明顯地，「大」
　　是「副」之誤植。邱逢甲兼任義勇大將軍。
[19]關於邱逢甲的經歷，幾乎所有論者均指其為進士二甲及第，這是錯誤
　　的，正確應該是進士三甲第九十六名。在邱逢甲及第的光緒十五年己
　　丑科中，一甲有三人，二甲一三二人，三甲一八九人，邱是台灣出身
　　者當中唯一進士及第者。請參閱燕京大學編《增校清朝進士題名碑錄
　　附引得》，尤其是221頁。

格」，何況邱逢甲具有至少能組織十營民軍的實力[20]。又據說，他私底下與巡撫唐景崧非常親近[21]。再則，從台灣民主國成立的原委來看，也可以了解，至少在台灣民主國成立的最後階段，唐景崧打從心底就不希望擔任總統，也不情願被迫留在台灣。由於唐意圖伺機內渡，並無意留在台灣從事抗日戰爭，因而想引進大力推動台灣獨立的邱逢甲在這個似乎前途無望的政府內部分擔責任，這樣的推測應該是合於常理的。從這諸多觀點看來，筆者主張有副總統一職，且邱逢甲曾被任命擔任這個職位。

台灣民主國設有相當於內閣的下列機構：

台灣承宣布政使總理內務衙門〔掌理人事行政財務，相當於內政部〕

　　督辦〔內政部長〕……俞明震

台灣總理各國事務衙門〔掌理對外交涉，相當於外交部〕

　　督辦〔外交部長〕……陳季同

台灣軍務衙門〔掌理軍事，相當於國防部〕

　　督辦〔國防部長〕……李秉瑞

[20]根據唐景崧的上奏，指邱逢甲組織民軍一百數十營。洪棄生《瀛海偕亡記》4頁。根據邱逢甲之弟丘瑞甲的說法，邱逢甲組織的民軍有三十五營。丘瑞甲〈先兄倉海行狀〉，邱逢甲《嶺雲海日樓詩鈔》第三冊，367頁。前引書，洪棄生《偕亡記》4頁，指不滿十營。在這些人的說法中，如採用估計得較少的洪的說法，最少也有大約十營。

[21]根據丘念台所言。1963年10月4日的會晤。另外，關於唐、邱的關係，沈雲龍、江山淵等人所著的邱逢甲傳記中也有詳細記載。

此外，任命道員姚文棟爲遊說使，赴北京陳述台灣民主
國成立的情形[22]。根據胡傳的《台灣日記》記載，督辦下設
會辦〔相當於次長〕，分別由李秉瑞、陳季同兼任內務衙門會
辦，兪明震與李秉瑞兼任總理衙門會辦，陳季同與兪明震兼
任軍務衙門會辦，其他並未設置專員[23]。關於這個問題，
其他的記載並未提到，但在《台島劫灰》中卻有不同於胡傳的
記載，它提到內務衙門次長由李某擔任，提調（約相當於次長）
由如淶擔任，並任原籌防局委員倪仁宏爲軍務衙門提調[24]。

------

[22]前引書，胡傳《日記》第二冊，263～4頁。連雅堂《台灣通史》卷四，獨
立紀，105～6頁。
政府機關及擔當的官職名稱，一般認爲胡傳所寫的較爲正確，因此乃
根據胡傳說法。關於這些名稱的記述，在連雅堂的《通史》及其他書籍
中，均爲內務衙門—內務大臣，外務衙門—外務大臣，軍務衙門—軍
務大臣。另，姚文棟出身上海，1881年(清光緒7年)在北京時曾寫《軍
機故事》(謨觴室刊，東洋文庫藏本)一書。
兪明震出身順天府宛平縣，晚邱逢甲一年，1890年(清光緒16年)以庚
寅恩科進士三甲第六十二名及第，而庚寅恩科第六十一名及第的，即
爲後來擔任台灣民主國台南政府籌防局統領的台灣士紳許南英。請參
閱前引書，燕京大學編《清朝進士》224頁。進士及第的兪明震受命爲
刑部主事，但他似乎僅止於獲得官職資格，並未實際就任。李秉瑞出
身於廣西省臨桂縣，光緒9年(1883)進士及第，之後被任命爲禮部主
事。
兪、李二人皆因受唐景崧巡撫之請而渡海來台。來台的時間，據說前
者是1894年12月，後者是1895年4月。姚錫光《東方兵事紀略》卷五，
台灣篇上第九，2頁。
[23]前引書，胡傳《日記》第二冊，263～4頁。
[24]《台島劫灰》，東洋文庫藏寫本，6頁下。該書並指余恪士爲內務大臣，
陳敬方〔前籌防局委員〕爲軍務大臣。余恪士爲兪明震的別名，但陳敬
方是否爲李秉瑞的假名．抑或另有他人，不得而知。總而言之，兪明
震爲內務大臣，李秉瑞爲軍務大臣，已成爲定論。此一文獻是否有出
版，不得而知，作者雖不詳，但就內容來看，應是位居高層的在台淸
朝官僚。作者之名尙需日後考証，但似是以「昌基」爲名、字或號的駐
淡水人士。

總而言之，並未有其他記錄記載各衙門督辦以外的官職及人事，所以其可信度值得懷疑。除這三個衙門外，另設有團練局、籌防局，由台灣士紳司其職[25]，這在民主國成立以前即已存在，前者負責民軍的招募、訓練；後者專門募集防衛資金，民主國政府只是沿襲此一制度而已。前述三個衙門事務，最後須經總統批准[26]，制度上可以說是中央集權度很高的總統制。

在行政區域上則沿襲前清時代的舊制，除去已被日本軍佔領的澎湖外，仍舊採用三府、三廳、一直隸州、十一縣。地方民政則由各道、府、廳、州、縣處理，原有的台灣省文武屬員的官職名稱不變[27]，除了辭職及內渡者外，舊官吏並未因台灣民主國的成立而被免職，在這些人離職後，則任命下列人士擔任各地方官廳的首長：[28]

台北府知府	俞鴻
淡水縣知縣	凌汝曾
新竹縣知縣	王國瑞〔留任〕
宜蘭縣知縣	〔不明〕
基隆廳同知	方祖蔭〔留任〕

[25]連雅堂，前引書，獨立紀，107頁。
[26]前引書，胡傳《日記》第二冊，264頁。
[27]同上。
[28]第三章，註[56]，「官吏內渡表」。又連雅堂，前引書，獨立紀，107～8頁。據連的說法，留任的僅宋維釗與胡傳。

南雅廳同知	宋維釗〔留任〕
台灣〔台中〕府知府	黎景嵩
台灣〔台中〕縣知縣	史濟道
彰化縣知縣	羅樹勛
苗栗縣知縣	李烇〔留任〕
雲林縣知縣	羅汝澤
埔里社廳痛判	溫培華
台南府知府	忠滿〔兼任〕
安平縣知縣	忠滿〔兼任台南府台南道〕
嘉義縣知縣	孫育萬
鳳山縣知縣	盧自鑠
恒春縣知縣	歐陽萱
台東直隸州同知	胡傳〔留任〕
台南道	忠滿〔兼任〕

　　從此表可以看出，留任者只有五位，儘管舊行政首長並未因民主國政府成立而被免職，然而實際上的首長幾乎全是新任命者。

　　在軍事方面，據說台灣苗栗縣出身的附生吳湯興受命擔任台民統領[29]，雖然美其名為「台民統領」，實則不是當時集結而成的台灣民軍的統帥，應該說是各地方結成的一個民

---

[29]關於此一問題，曾迺碩有詳細分析。前引書，曾迺碩〈吳湯興〉，《台灣文獻》第九卷第三期，47～51頁。

軍部隊的司令[30]。此外，任命正擔任台灣幫辦軍務一職的廣東南澳鎮總兵劉永福為民主國大將軍，結果劉永福因故未拿到官印[31]，亦即他未接到唐景崧總統的「正式任命」。但在官印送達之前，唐景崧總統已經以電報通知：「現送大將軍印與公，希收啓用！公即為台灣民主國大將軍，統轄水陸諸事務。」[32]台灣曾有過未「正式」收到關防鈐記之類的官印但任命有效的前例，因在清朝統治時代，任官令須遠自大陸送來，每每因山海阻隔而遲遲來到，例如，福建省巡撫劉銘傳改任福建台灣省巡撫的日期是光緒十一年十月十七日，劉銘傳也立即行使巡撫的權限，但實際上劉銘傳是在二年多後的光緒十四年一月十九日才收到巡撫關防[33]。由此看來，實不能以劉永福未收到大將軍官印，便認定他未受到唐景崧總統的任命。劉永福經常以台灣民主國的名義行使職務，於下面章節將會有所敍述，顯然地，他的一切作為均以台灣民主國將領的身分行事，明示他屬於台灣民主國。

　　除了行政機關與軍事首領的設置外，台灣民主國更設立

---

[30]台灣民軍的地域性強，並非全島整體性的軍事組織。吳湯興乃是各地義勇民軍指揮者之中特別由唐景崧任命者。

[31]台灣民主國成立後，唐景崧以水陸各軍統帥身分，任命劉永福為台灣民〔主〕國大將軍，原擬將官印委託正要赴任台南道的進士區鴻基，交給當時駐紮在台灣南端恒春縣的劉永福，但區鴻基抵達中部彰化時，即接到台北淪陷的消息，乃打消赴任台南。請參閱前引書，羅香林《歷史草》240～2頁。

[32]同上。

[33]伊能嘉矩《台灣文化志》上卷，436頁。

議院(Parliament)做爲立法機關。議員採有給職,只要有出席,便給予日薪一先令[34],拔貢陳雲林、廩生洪文光、街董白其祥、陳儒林等幾位台灣士紳都擔任其職。[35]

由於資料付之闕如,很難一窺議院實際情況,所以關於議院的構成及議員人數,有諸多不明之處。James W. Davidson曾提到議員可能有八人[36],Albrecht Wirth則指有數百人[37],但一般認爲後者缺乏可靠性。根據自稱原任台灣民主國議員的台籍人士許冀公所言,議院分爲上議院及下議院,上議院議員二十四人,下議院議員六十人[38],但此說缺少佐証文獻。議院初設當時,台灣北部豪紳林維源被推舉爲議長,但林堅辭不受[39],一般認爲只有林維源一人被推舉爲議長,如議院採兩院制,不管議長有無上任,應該要推舉兩位議長才對。從以上觀點來看,議院應該是一院制而非

[34]H. B. Morse, "A Short Lived Republic," *NCR*, I/1 (Mar. 1919), p. 28.

[35]連雅堂,前引書,獨立紀,106頁。陳儒林爲議員則是依據吳德功《讓台記》35頁的記載。

[36]James Davidson, *The Island of Formosa*, p. 301.

[37]Wirth, *op. cit.*,曹譯〈台灣史〉,前引書,《經濟史》70頁。

[38]丘念台於1932年左右在上海遇到許冀公,據說此爲當時丘氏從許聽來的話。持此相同主張的是張菼前。張菼前〈丘逢甲之家世及其生平事蹟〉,《台灣文獻》第十四卷第三期,民國52年(1963)9月,162頁。張雖未表明其所據,但應是根據丘念台所言。

[39]此外,並任命白其祥爲副議長。問樵〈白其祥的事蹟〉,《台灣文獻》第五卷第二、三期合刊,74頁。

兩院制。許冀公到底是不是議員，本身就是個疑問[40]。很顯然地，若說台灣民主國議院是議會，其實並非由一般住民經由選舉產生的議員所組成。在總統布告中曾言明「公舉議員」[41]，但在台灣民主國成立以前及其存續期間，台灣住民並未辦過選舉，一般以為，可能是隨著民主國即將成立而於五月中旬聚在一起討論各項事宜的士紳，或是從其他士紳當中招募有意者擔任議員。也有人說台灣民主國成立之後，議院未及開會便無疾而終[42]，但從部分台灣士紳於民主國成立當時完成了極大任務這點來看，台灣民主國政府當局面對即將來臨的對日作戰的諸多困難，斷沒有只設置議院却擱著不用的道理。所以，主張民主國成立後議會也有開設的H. B. Morse的報告[43]應是較為正確的見解。

台灣民主國未見有關司法制度的規定，也未規範立法機關與行政機會的關係。唐景崧以總統身分公佈「詳定律令章程，務歸簡易」[44]，但律令章程最後並未立法。此外，因預料將來武器及軍費必定不足，而以台民名義發出的「不日即

---

[40]1898年左右，曾有自稱台灣民主國義民總統者出沒於北京、天津間，並致函俄國領事及其他外國人，以自日本奪回台灣為由，要求軍事借款。井出季和太《南進台灣史攷》12頁。許冀公也許就是這一類人物。

[41]請參閱蔡爾康等編《中東戰紀本末》初篇，卷四，59頁，「台灣自主文牘」收錄，〈台灣民主國總統布告〉。該布告的日期為6月2日(陰曆5月10日)。前引書，川崎《日清戰史》卷七，86頁。

[42]前引書，台灣省文獻委員會《通志稿》，抗日篇，9頁。

[43]Morse, *loc. cit., NCR*, p. 280, Morse如此記述：
「……a parliament was already in session.」

[44]請參閱[41]，〈總統布告〉。

在上海、廣州及南洋一帶埠頭開設公司，訂立章程，廣籌集
款」[45]的布告亦來不及實現，因為設於台北的民主國政府在
唐景崧總統以下的各大臣相繼逃亡後便已宣告瓦解。

2.其後的新制度

　　唐景崧離開台灣逃到廈門後，台灣頓失重心，乃由台南
士紳為首，籌思對策。結果由生員李清泉赴鳳山懇請當時駐
紮該地的劉永福將軍擔任人民主宰，劉永福答應移駐台南近
郊設有砲台的安平，並於六月十三日抵達台南。同月二十六
日，士紳們呈上「民主總統」的官印，劉永福不予接受[46]。
士紳們之所以謀求重建政府機構，可能是惟恐台灣獨立的方
針崩潰吧！據說他們當中仍有部分人士依舊期望列強的干
涉。[47]

　　台南並未設有如同台北的政府組織，而以台灣民主國之
名，由七位士紳組成執行委員會(Executive Committee)[48]，
並於台南府的府學(現在孔子廟)組成與台北不同的議院，由

---

[45]請參閱[41]，「自主文牘」收錄，〈台民布告〉。

[46]連雅堂，前引書，獨立紀，110頁。前引書，吳德功《讓台記》50～1
頁。
The Foreign Office Records, FO 46/458, p.27, Report to the Earl of
Kimberley from R. W. Hurst, Tainan, June 20, 1895.
台灣總督府警務局編《台灣警察沿革誌》第二篇上卷，126頁。

[47]同上，台灣總督府《警察沿革誌》126頁。

[48]North China Herald. September lst, 1895. 晨風〈1895年台灣民主運動
失敗之原因〉所引。中華民國開國五十年文獻編纂委員會編《列強侵
略》，全四冊，民國53年(1964)，台北，正中書局，㈢，631頁。

舉人許獻琛、貢生徐元焯、生員林馨山、稟生謝鵬翀、陳鳳
昌等人擔任議員，並推舉許獻琛爲議長[49]。議院似乎也有
選任官吏的權限，前述的執行委員會組成人員實際上就是由
議院選任的[50]，只是它的權限相當具有伸縮性，當時居住
台南的吳質卿(別名桐林)在其日記上曾如此記述：

> 「議院議定余注署鳳山縣事。余以台南事多關係全局，不
> 肯前去。商之劉〔永福〕公，亦謂誠然。」[51]

　　由此觀之，議院對官吏雖有選任權，但缺乏強制力。
　　此外，由於缺乏軍需品，乃設糧台以調度糧食、軍費，
由郎中(正五品官)陳鳴鏘擔任此責。陳鳴鏘並兼任籌防局局
長，進士許南英則繼續擔任原已存在的籌防局統領，負起防
衛台南的重任。[52]

---

[49]連雅堂，前揭書，獨立紀，110頁。前引書，吳德功《讓台記》51頁。
[50]Davidson, *op. cit.,* p.351.
[51]吳質卿〈台灣戰爭日記〉，中國科學院近代史研究所近代史資料編輯組
　　編《近代史資料》，北京，中華書局，東京，大安書店，1962年，第三
　　期，總二八號，92頁。
[52]前引書，吳德功《讓台記》51頁。
　　根據吳德功所述，籌防分爲五段，東段由舉人林際春、西段由職生李
　　清泉、南段由職生吳敦迎、北段由職生曾兆琦、中段由舉人林鴻藻負
　　責。想是因爲台南城分爲五段，才由這些士紳分別負責各區域吧！
　　吳德功並指籌防局長爲陳鳴鏘與進士許南英二人，但連雅堂則說只有
　　許一人。根據許南英本人所做年譜及其子許贊堃的說法，顯然地，許
　　南英爲籌防局統領。請參閱許南英《窺園留草》，民國22年(1933)，北
　　京，全二冊，民國51年(1962)，台北，台灣銀行復刻版，第二
　　冊，225～6頁、236頁。

　　台北政府瓦解後，台南政府代之而起，台南政府具有前
者未有的新制度，就是設立比原有的驛遞更進步的郵便制
度，甚至發行紙幣與公債。郵便制度乃根據原安平稅務司，
後被劉永福任命爲台灣民主國海關稅務司(Head of the Re-
publican Custom)的G. MaCallum(漢名麥加林)於八月十日(陰
曆6月20日)的提案而設立的[53]。麥加林並受劉永福之命，兼
任郵政業務，於安平海關內設立郵局，發行郵票。郵票有三
十錢、五十錢、一百錢三種，寄信人必須在書簡上貼郵票，
由第三國輪船送到大陸各地。當初的主要目的大概是爲了通
信方便，但是後來隨著政府的財政發生困難，發行郵票便成
爲解決財政困難的手段，事實上，在第二次印刷的一萬八千
組(每組三張)郵票中，只有將近八千組用於郵政，其他都用
於財政目的，例如：想從台灣逃到大陸避難的人以財產多寡
課避難稅時，便是利用郵票做手段[54]。依議院所定法規，
想內渡者必須先往議院申告意旨，取得護照後才能內渡。普
通人家一戶徵收二兩，富裕人家或至數倍，沒有護照者嚴禁
內渡[55]。郵票上面印有「台灣民主國士擔乕」字樣，並搭配

[53]前引書，吳質卿〈台灣日記〉，《近代史資料》，總二八號，92頁。
　　The Foreign Office Records, FO 46/458, p. 53, Report to N. R. O'
　　Conor from R. W. Hurst, Tainan (Anping), October 23, 1895.
[54]Davidson, *op. cit.,* pp. 352～3。賴建銘〈台灣民主國郵票〉，《台南文
　　化》第二卷第三期，民國41年(1952)9月，34～8頁。
　　關於這點，筆者仍有疑問，因爲郵票一組一百八十錢，一萬組不過一
　　千八百兩，對財政並無多大助益。或許是不拘面額大小，拿來做爲一
　　種用收據也說不定。
[55]前引書，川崎《日清戰史》卷七，349頁。

「老虎」圖案的素描，象徵台灣民主國的制度。[56]

　　在郵票發行前的八月五日(陰曆6月15日)，因財政發生困難，議院已決定在台南設置官銀錢票總局，發行銀票(紙幣)，並委由商人莊明德負責辦理。此外也設立安全公司發行股份票(公債)，此爲台灣發行紙幣與公債的開端[57]。股份票有一大員(兩)、五大員、十大員三種。當彰化、台北完全收復，台灣全國重回太平之際，只要拿出這些股份票給安全公司，就可換回四倍的錢[58]。公債本是很好的有價證券，但附帶這樣的條件，不難看出政府財政狀況已經極度惡化。由於股份票是公債，贖回時付予高利並不足爲奇，奇的是對銀票持有人的禮遇措施，因爲它聲明：儘管是紙幣，將來台灣收復後，將五倍還本。這仍然是因財政困難所造成，因爲有錢人家都逃亡到大陸去了，募款的目標難以達成[59]。銀票有一大員、五大員、十大員三種，前後總共發行二十五萬數千大員[60]。銀票發行當初，政府的支出是每一千大員以

[56]所謂「士擔」就是「stamp」，「帋」就是「紙」，「士擔帋」就是郵票。當今許多論者在談及台灣民主國時，大都會談及「虎旗」及此郵票。
[57]前引書，吳質卿〈台灣日記〉，《近代史資料》總二八號，91頁。前引書，羅香林《歷史草》251頁。又請參閱張振樑〈台灣民主國之公債及鈔票〉，《台南文化》第二卷第三期，民國41年(1952)9月，25頁。謝國城〈台灣貨幣考(上)——日本領台以前的台灣幣制〉，《台灣省通志館館刊》第一卷第二號，民國37年(1948)11月，13頁。
[58]股份票表面印有這些條件。請參照本書卷頭圖繪寫眞。
[59]前引書，羅香林《歷史草》251頁。
[60]前引書，姚錫光《紀略》卷五，台灣篇下第十，23頁。前引書，伊能《文化志》下卷，956頁。

現銀四百、銀票六百的方式付款,十天後變成現銀二百、銀票八百,再經過十天,變為現銀一百、銀票九百,再過十天,全部以銀票付款。當初即使全部使用銀票,在台南城內外及鄰近各地也都能通用無阻,但及至十月中旬,因日本軍迫臨,銀票在台南城內已不能通用[61]。後來台南被日本軍佔領,不論是股份票或銀票,都變成了「空頭支票」。

台灣民主國的制度,很難說是以哪個國家為範本,因為它太過粗糙簡略。在政府之閣僚與總統的關係,亦即前者從屬於後者的話,總統則擁有極大的權限,近於美國的總統制。就議院來說,當時英國、法國、美國等歐美國家的議會都是兩院制,縱使可以說台灣民主國模仿歐美國家「設置議會」,也難以說是承襲他們的制度。除此之外,年號、國旗、官廳名稱及官職等,毋寧是「清朝式」的。如「永清」年號的「清」,很顯然是指清國,這可能是取自獨立通電時所宣稱的「永戴聖清」。至於國旗,清朝皇旗是「龍旗」,因此可能是從「龍虎」這個名詞中取「虎」與「龍」相對。內務、外務、軍務三衙門的名稱則稱「承宣布政使……」、「總理各國事務衙門」,「衙門」這詞以及「督辦」這個官職名等,都是清朝使用的名稱。這些模仿,不外是以往的習慣使然,與第二次世界大戰後獨立的舊殖民地承襲前殖民國家的制度,同出一轍。

[61]前引書,羅香林《歷史草》251頁。

第二節　台灣民主國的存續期間

　　台灣民主國因日本軍入侵，不堪一擊而亡。關於其滅亡日期，有幾個不同的說法。不僅如此，連其成立的日期也有不同的爭論。祇要追究清楚這兩個問題，便可以了解台灣民主國的存續期間。首先來論証台灣民主國成立的日期。

1.台灣民主國的成立日期

　　台灣民主國的成立日期有五月二十三日、二十四日、二十五日三種說法。

　　主張五月二十三日成立的，是矢內原忠雄[1]。矢內原氏雖未說明其論據來自何處，但一般認為他是以台灣民主國發佈獨立宣言的日期為基準。但很顯然地，以發佈獨立宣言為基準的是馬士，他認為獨立宣言是在五月二十四日發佈的[2]。這恐怕是因為馬士當時是清國官吏，擔任淡水海關代理稅務司，知道台灣民主國在五月二十四日發佈獨立宣言[3]，所以才如此認定。或者是因為對象不同，交付日期亦異，當獨立宣言交付到馬士手上時，日期是二十四日。不管怎樣，由於獨立宣言已在二十三日就張貼街頭[4]，所以不能說是二

---

[1]矢內原忠雄《帝國主義下の台灣》，昭和4年初版，昭和9年再版，東京，岩波書店，7頁。

[2]H. B. Morse, "A Short Lived Republic," *NCR*, I/1, p.23; p.27.

[3]H. B. Morse, *Letter-books, 1889~1907,* Vol, III, p.149.

[4]James Davidson, *The Island of Formosa*, p.279.

十四日以後才發佈的。很明顯地，只要是以獨立宣言發佈日期爲基準，則台灣民主國的成立日期應該是二十三日才對，二十四日是錯誤的。

除了台灣獨立宣言發佈日期之外，亦有不少人以唐景崧就任總統日，亦即政府成立日爲基準，而主張台灣民主國是在五月二十四日成立的說法[5]。但唐景崧果眞是在這一天舉行就任典禮嗎？根據姚錫光所著《東方兵事紀略》的記載，五月二十四日(陰曆五月初一日)正當台灣紳民捧著總統公印要給唐景崧時，因日本軍艦迫近滬尾(淡水)砲台而作罷，唐乃在翌日接受印綬[6]。照姚錫光的記述來看，唐原本預定五月二十四日舉行總統就任大典，但因偶發事故而改在五月二十五日。當時確實有兩艘日本軍艦進入淡水港調查台北周邊情勢，那是由東鄉平八郎所率領的浪速、高千穗二軍艦，但是這兩艘軍艦並不是在二十四日而是在二十五日那天進入淡水港的[7]，因此，縱使承認姚錫光所說因偶然事故而改在翌日舉行就任典禮的這個「事實」，亦可以斷定延期前一天是二十五日，不是二十四日。

主張五月二十五日舉行總統就任大典，且以這一天爲民

[5]例如黃玉齋〈明延平王光復台灣三百年紀念〉，《台北文物》第九卷第二、三期合刊，民國49年(1960)11月，40頁。

A. B. Woodside, T'ang Ching–sung and the Rise of the 1895 Taiwan Republic, *Papers on China,* Vol. 17 (East Asian Research Center, Harvard University, Dec. 1963), p.172; pp.177～8.

[6]姚錫光《東方兵事紀略》卷五，台灣篇上第九，6頁。

[7]參謀本部編《明治二十七八年日清戰史》第七卷，7頁。

主國成立日期的，有台灣史家連雅堂、黃旺成等人[8]，這幾
乎可以說是毫無置喙餘地的定論。以獨立宣言發佈日爲國家
成立象徵的例子不少，但用於台灣民主國則有欠妥當。因爲
就如同五月二十三日所發佈的獨立宣言後段所示，該宣言的
起草者顯然有「應嚴肅始此壯舉」的意圖。但那眞是姚錫光所
記述的將總統就任大典延期嗎？就算修正姚錫光所記述的日
期上的錯誤，是原本要於二十五日舉行的就任典禮，却因日
本艦到來而延到二十六日嗎？關於此一問題，被認爲相當通
曉台灣民主國成立當時情況的某人的《台島劫灰》有助於解明
當時的一些事情：

> 「〔五月二十五日〕台灣立唐撫爲民主……〔二十六日〕十二
> 時改用虎旗，旗用五幅藍紡綢所做中用黃粉橫畫黃虎一隻，以
> 君禮發砲二十一響恭賀即位，此禮本應於初二日舉行，因倭船
> 到口之時倉卒不及，故改初三日〔二十六日〕補行，虎旗掛後適
> 爲大雨沾濕，午後一時虎形全沒。」[9]

　　L. C.霍布金斯(L. C. Hopkins)的報告書與《台島劫灰》的
記載相符：五月二十五日基隆砲台鳴禮砲，淡水砲台則因日

---

[8]台灣省文獻委員會編《台灣省通志稿》卷九，革命志，抗日篇，9頁。連
　　雅堂《台灣通史》卷四，獨立紀，105頁。郭廷以《台灣史事概說》，民國
　　47年(1958)，台北，正中書局，226頁。
[9]《台島劫灰》，清刊，東洋文庫藏寫本，6頁下。

本軍艦迫近，改在翌二十六日才鳴禮砲。[10]

部分論者惑於二十六日揭揚國旗，鳴發二十一響禮砲，因而認為總統是在二十六日舉行就任典禮[11]，事實上這不過是補行儀式罷了。此外，姚錫光所謂的「延期」，只不過是部分行事的延期罷了。

從以上看來，台灣民主國成立的日期顯然應該是五月二十五日。接著來考究一下台灣民主國的滅亡日。

2.台灣民主國的滅亡日期

台灣民主國依各人取論基準的不同，其滅亡日期也各不相同。大致可分為「唐景崧逃亡說」、「劉永福逃亡說」、「一八九六年說」、「一九四五年說」四種。筆者暫且按下其中「劉永福逃亡說」，先來看看其他三種說法。

一九四五年說 由於日本統治台灣期間，台灣抗日運動從未中絕，因此直至台灣再度被中國大陸統治的一九四五年止，台灣民主國一直存續著。這是此派說法的內容。台灣省文獻委員會編《台灣省通志稿》中，關於台灣民主國創立與終亡的記載如下：

---

[10]*The Foreign Office Records,* FO 46/458, p.143, Report to N. R. O' Conor from L. C. Hopkins, Tamsui, May 30, 1895.

[11]加藤繁《支那經濟史考証》，全二卷，昭和27年，東京，東洋文庫，下卷，789頁。

「西曆一八九五年，陽曆五月二十五日，台灣民主國正式
成立。……建國目的在義不臣倭，發揚民族精神，誓行民族抗
戰，待轉機仍歸中國……。自台灣民主國成立以來，曆日代五
十一年間……西曆一九四五年……日軍……投降，自此台灣光
復，其版圖仍歸中國，而台灣民主國建國目的，完全達成，同
時台灣民主國，隨之而消滅矣。」[12]

　　自一八九六年以後，別說「台灣民主國政府」已不在台
灣，亦不存在於其他任何地方了。「一九四五年說」可說是完
全缺乏根據。[13]

　　一八九六年說　一八九五年組織的台灣民軍(實際上是毫
無組織的土勇)，於一八九六年二月完全被消滅，台灣民主國
以永清二年名實俱滅。這是此派說法的主張，新田隆信教
授、丘念台等人即主張此一說法。[14]

　　劉永福將軍從台灣逃亡後，的確尚有一部分民軍仍繼續
與日本軍對抗，尤其是一八九五年十二月包圍攻打宜蘭、頂
雙溪、瑞芳等地的林大北、林季成等人，以光復台灣民主國

[12]前引書，《台灣省通志稿》卷一，土地志地理篇，第二冊，民國43年
　　(1954)，台北，55頁。
[13]此說本來不足取，但因它是一篇刊載在台灣歷史研究機構的台灣省文
　　獻委員會所發行刊物內的論文，故一併介紹。
[14]新田隆信〈台灣民主國の成立とその法的地位〉，《富山大學紀要經濟
　　學部論集》第一〇號，抽印，8頁。丘琮〔念台〕〈倉海先生丘公逢甲年
　　譜〉，邱逢甲《嶺雲海日樓詩鈔》第三冊收錄，尤其是398頁。

為號召[15]。爾後二十年間，憑藉武力的抗日運動斷斷續續，但是高舉光復台灣民主國旗幟的，林大北是最後一個。一八九六年元旦發生台灣住民襲擊台北事件，北部一帶騷動，日本從本國派遣兵力支援，終於在二月將之鎮壓[16]。論者未提及一八九五年末至翌年二月等一連串抗日運動與台灣民主國到底有何關聯，而視二月為台灣民軍潰敗為台灣民主國滅亡的日子。但是若以民軍的存在做為考量的話，台灣民軍並不只存續到一八九六年，在其後的幾年間仍然苟延殘喘。此外，林大北等人雖說以恢復台灣民主國為目標，但林在台灣民主國政府內部並未佔重要地位，其與民主國政府到底有何種關係亦不清楚，因此，林等只能說是單純的民主國政府的共鳴者，以確保民主國為己任的一個台灣住民組織罷了，若因有人誓死效忠台灣民主國，就認定台灣民主國仍然存續著，實有欠妥當。

唐景崧逃亡說　此說主張唐景崧逃亡的那一天即是台灣民主國滅亡的日子。而且又分唐景崧從台北城逃亡，以及從淡水離開兩派。主張前者的是台北市文獻委員會的郭水潭氏。郭氏曾寫道：台灣民主國從五月二十五日創立後，至六

[15]台灣省文獻委員會編印《台灣抗日忠烈錄》，民國54年(1965)，台北，第一輯，22頁。
[16]秋澤烏川《台灣匪誌》，大正12年初版，大正13年三版，台北，台灣總督府法務部內，台灣月報發行所，45～6頁。

月四日夜唐景崧逃亡以致瓦解，僅僅存在十一天[17]。這大概是基於因爲總統逃亡，致權力機構崩潰，即使民主國政府在其逃亡後仍在台灣某處殘存數天，但事實上已沒有政治存在價值！以唐景崧從淡水逃離台灣的日子爲台灣民主國滅亡日的主張，因不知那一天究竟是四日、五日或七日，故很難推算[18]。但根據確實知道唐景崧內渡日期之人士的記載，那一天應該是六日[19]，因此，可以斷定前面的說法都是不正確的，這是認識事實的問題，不是論理的相異。這些主張之所以以唐景崧離台爲基準，乃是根據唐一離台，台灣民主國的統治權力便不存在台灣這樣的看法。

綜合觀之，主張「唐景崧逃亡說」的人士，可以說是將台

---

[17]郭水潭〈台灣民主國的內變〉，《台北文物》創刊號，民國41年(1952)11月，53頁。晨風的主張亦同。晨風〈一八九五年台灣民主運動失敗之原因〉，中華民國開國五十年文獻編纂委員會編《列強侵略》(三)，625頁。

[18]主張六月四日的有：
山崎繁樹、野上矯介《台灣史》，昭和2年，東京，寶文館，35頁。
晨風〈一八九五年台灣民主運動失敗之原因〉，前引書，《列強侵略》(三)，325頁。
主張六月五日的有：
H. J. Lamley, *The Taiwan Literati and Early Japanese Rule, 1895~1915* (unpublished Ph. D. disertation, 1964), p.150.
主張六月七日的有：
A. Wirth, *Geschichte Formosas bis Anfang 1898.* 曹永和譯〈台灣之歷史〉，《台灣經濟史六集》71頁。

[19]馬士確實知道唐景崧搭乘亞瑟輪，並且寫道：亞瑟輪於六日從淡水出港。Morse, *loc. cit., NCR*, pp.33~5.

灣民主國元首的存在置於絕對的比重地位，以唐景崧逃亡視
同台灣民主國滅亡，其結果便是對南部所發生的事態說明變
得曖昧不自然。例如著名的台灣民族運動史研究家向山寬夫
教授，一方面採納唐景崧逃亡說，指台灣民主國的存續期
「極短」、「只十二天便短命而終……」；一方面又指稱「台南
安平失陷，台灣民主國的防衛戰事實上已結束……」[20]。這
可以解釋成，向山教授並未認為台南淪陷前的防衛戰不過是
「業已亡國」的台灣民主國的光復運動，而視唐總統逃亡後的
民主國依然存在。因為他在陳述台灣民主國制度的段落中寫
道：「除以上外，重要措施有由陳鳴鏘負責在台南設置官銀
錢票總局，以製造通貨及發行新國家郵票。」[21]如前節所
述，這些制度是在台北的台灣民主國政府首腦相繼逃亡大陸
後，亦即若依據「唐景崧逃亡說」的主張，是台灣民主國潰滅
後於台南所設的制度，但是如果認為這些制度是台灣民主國
的制度，則台灣民主國的存續期就不得不依據「劉永福逃亡
說」的說法了。只要是主張「唐景崧逃亡說」，便會有這樣的
矛盾。

　　同樣是採納「唐景崧逃亡說」，曾迺碩卻根據其他說法
「不完備」這個消極理由，而非以唐景崧逃亡為標準這個積極
理由。曾氏是台灣民主國的研究家，他列舉採取「唐景崧逃

---

[20]向山寬夫《台灣民族運動史》，未刊行，第二冊，375頁、422頁、565
頁。
[21]同上論文，374頁。

亡說」[22]的原因是：「不能証明〔劉〕永福就任民主國武官，可
見他與〔民主國〕無關。」[23]如前所述，劉永福係接受唐景崧
總統的任命而擔任民主國大將軍，後述南部事態的發展，無
法抹滅其與台灣民主國的關係，且不問劉永福與唐景崧之間
的不和[24]，或者是不是唐的本意，大體上，劉永福被視為
唐景崧之後的總統繼任者[25]，佔著極重要的地位。從這些
觀點來看，以及後面即將敍述的理由，「唐景崧逃亡說」亦有
欠妥當。

　　劉永福逃亡說　此派說法乃是根據唐景崧總統等台灣民
主國首腦逃亡大陸後，劉永福使台灣民主國命脈得以繼續，
及至劉永福從台灣逃亡，台灣民主國終於滅亡。如果根據這
個說法，台灣民主國的存續期應該是到十月，前後共維持了
四個多月。不少人認同此一說法。嚴格來分，此一說法又出
現兩種不同的主張，亦即以劉永福離開台灣的十月十九日為
台灣民主國的滅亡日，以及以日本軍進入「台灣民主國根據
地」的台南城那天十月二十一日為台灣民主國結束的日子。
　　台南市文獻委員會的朱鋒氏是主張劉永福離台日即為民
主國滅亡日的代表。他說：

[22]曾迺碩〈中華民族乙未抗日史導論〉，《台灣文獻》第六卷第三期，10
　　頁。
[23]同上，9頁。
[24]易順鼎〈盾墨拾餘〉，魂南記(卷六)，《中日戰爭》第一冊，133頁。
[25]羅香林《劉永福歷史草》242頁。

「唐景崧因民意難卻，於光緒二十一年(一八九五年)舊五月二日(新五月二十五日)就任起至舊五月十三日(新六月五日)由滬尾搭乘德輪Arthur號逃走止，前後計有十二天，台灣民主國在台北就曇花一現了。自是以後台灣民主國的指導權轉移於台南，自舊閏五月五日(新六月二十六日)公推劉永福將軍繼任大總統起，至舊九月二日(新十月十九日)劉公轉進內渡止，計有三個月二十五天。台灣民主國存續日數，總計有四個月二十五天，除了在台北的十二天外，大部分都在台南。」[26]

連雅堂是主張以日本軍進入台南城為基準日的代表[27]，這或許是因為他較不重視劉永福個人為核心人物，而較重視「台灣民主國根據地的台南」或是「政府」組織，而認為應以其淪陷或者潰滅為基準。但是台灣民主國在其首腦逃亡之後，果真能視為被南部繼承而存續嗎？從在南部的各種施政措施來看，確實可以說它繼承了民主國政府。在台南受民主國總統任命為大將軍的劉永福依然存在，他每每以台灣民

---

[26]朱鋒〈台灣民主國在台南二、三事〉(上)，《台南文化》第二卷第三期，民國41年(1952)4月，29頁。
　　另外，朱鋒的論文以陰曆為主，亦記載陽曆，但因陰陽曆換算弄錯才依據陽曆，下面列舉的著作即屬於此一主張：
　　王育德《台灣──苦悶するその歷史》95頁。李守孔《中國近代史》481頁。
[27]連雅堂《台灣通史》卷四，獨立紀，118頁。屬於此一主張的有前引書，郭廷以《台灣史事》232頁。

主國將軍的身分行事。在劉永福受台南士紳要求，移駐安平後所發的公告即爲明証：

> 「台灣民主國鎮守台南幫辦軍務劉淵亭軍門永福示於衆
> 曰，……全台竟割……我台民……誓與土地共存亡，抗不奉
> 詔，而爲自主之國……慘淡經營，何難除銷倭燄……」[28]

　　劉永福的軍隊亦揭舉台灣民主國國旗[29]，昭示屬於台灣民主國。唐景崧總統逃亡後，劉永福鎮守台南所發行的郵票、股份票，上面都以「台灣民主國」爲名，這說明了它仍意識著繼承台灣民主國政府的權力。但是另一方面，劉永福的所做所爲又與此相反。舉例來說，台灣民主國股份票上面所印的發行日期，及官銀錢票總局發行的銀票(鈔票)，都不用台灣民主國的年號「永清」，而用清國年號「光緒」[30]；此外，劉永福的對外公文，甚至有時候對台灣內部所發的公文，不但不用台灣民主國將軍頭銜，反而使用清朝官職名銜[31]。然而此種曖昧的做法並非南部特有，北部的唐景崧也

---

[28]蔡爾康等編《中東戰紀本末》初篇，卷四，「台灣自主文牘」收錄。
[29]同上，卷四，朝警記，70頁。又，玉造梅子所作「劉永福」詩：
藍地黃虎旗，未揚嘉義北；大和大刀音，響徹嘉義南。
當中亦提到劉永福軍隊使用虎旗的國旗。《日清戰爭》第三九編，53頁。
[30]請看卷頭照片。
[31]外務省編《日本外交文書》第二八卷，第二冊，590～1頁(附屬書三、附屬書五)即爲其例。

有同樣的情形[32]，這恐怕是因為台灣民主國乃由清國官憲
與台灣士紳合作組成的緣故吧！設於台南的議院議員未和設
於台北的議院議員重覆，劉永福未就任總統等，都是主張台
灣民主國於南部被繼承的一個最大缺點。但是台灣島內仍繼
續抗日，而且原本就是民主國政府重要成員的劉永福依然在
台灣民主國的名下做事，從這一點來看，亦不能因為台北政
府首腦相繼逃亡就認為台灣民主國已經滅亡。事實上，當時
駐台南的英國領事在給本國外交部長金巴雷伯爵(Earl of
Kimberley)的報告書上就寫著：「劉永福為現今民主國的統領
(the head of the present Republic)。」[33]

　　談到此一問題，不能忽視台南城的重要性，台南城從十
七世紀荷蘭時代以後，歷經鄭王朝時代、清國統治時代的大
部分，二百數十年間一直都是台灣的首府，到了一八八六年
(光緒十二年)首府移到彰化橋仔頭，在其築城期間則以台北
為臨時首府，台北則是從一八九一年起才成為正式首府
[34]。因此當日本攻佔當時，是台灣民主國的首都台北，其
擔任台灣地區首府的歷史不過十年。由此看來，它具有一種
深層的意義，即台南可以說是一個地方城市，其攻略的意義

---

[32]獨立後，唐景崧也報告北京，爾後的上奏及向各省行文均要使用清廷
　　所封官職頭銜，事實上他也如此行事。
[33]*The Foreign Office Records,* FO 46/458, p.27, Report to the Earl of
　　Kimberley from R. W. Hurst, Tainan, June 20, 1895.
[34]請參閱前引書，連雅堂《通史》卷五，疆域志。伊能嘉矩《台灣文化志》
　　上卷，636～8頁。

不亞於首都台北，這不是單純的城市比重的問題，而是城市
的攻略與日本軍佔領地域面積的問題。

　　台灣島因有山脈縱走，僅有面臨西海岸一帶的地區被開
發，所佔面積不到全島的三分之一，只要佔領這些地方，就
等於掌控了台灣全島，這樣的說法一點都不爲過[35]。日本
軍的進擊是以北部的基隆爲起點，一路南下做單面的攻擊，
直到接收台灣的戰事進行到了尾聲，亦即十月中旬，才由西
岸及西南海岸登陸而爲三面攻擊，因此，日本軍自北方依基
隆、台北、新竹、台中、彰化、嘉義、台南、打狗（高雄）的
順序攻略佔領城市，意味著台灣由北而南依序失去各個城市
的腹背地區，因此，在日本軍佔領台北的階段，表示已佔領
了台灣七分之一的土地，佔領彰化，表示已掌握了台灣一半
的土地。這麼看來，日本軍從南部的枋寮、打狗登陸，以直
衝而來的態勢攻略台南時，亦即已掌握了台灣全島。

　　從這諸多觀點看來，唯有對永福的逃亡，以及伴隨而來
的台南城的淪陷，才能視爲台灣民主國的滅亡，因此不能以
日本軍入城的日子做爲台灣民主國滅亡的日子。儘管日本軍

---

[35]台灣東部有「東部海岸山脈」縱走於東海岸，「東台片岩山地」與其並
　　行，二者之間有「台東縱谷平原」以及幾個小「三角洲平原」。請參閱前
　　引書，《台灣省通志稿》卷一，土地志地理篇，第一冊，第一二圖，台
　　灣省地形區劃分圖。
　　此地區大約在十九世紀以後才慢慢開發，但進展緩慢，到十九世紀末
　　依然看不出有任何成果。面積小，人口少，沒有值得一提的產業。由
　　此觀點來看，本書卷末的台灣攻防戰圖所劃的東部全都是山岳地帶，
　　顯得較爲簡明。

尚未入城，但台南周邊已落入日本軍手中，所以台南只具有
「點」的意義，以及因劉永福逃亡，致使台南城陷入混亂局
面，業已失去統治的權力[36]。從這二點看來，應該可以以
劉永福逃亡的十月十九日做為台灣民主國臨終滅亡的日子。
因此，台灣民主國的存續期是從唐景崧就任總統成立政府的
五月二十五日起，至劉永福逃亡的十月十九日止，計四個月
二十六天，總日數為一百四十八天。[37]

---

[36]朱鋒〈台灣民主國在台南二、三事〉(下)，《台南文化》第三卷第一期，
　　29～30頁。

[37]五月七天，六月三十天，七、八月都是三十一天，九月三十天，十月
　　十九天，計一百四十八天。

台灣民主國的性格

第四篇

抗日運動的主體勢力

第一節　獨立後的台灣民主國與清國的關係

　　如前所述，台灣抗日運動在準備階段中，大陸的講和反對論者曾經給予支援。然而，其熱忱是否持續到台灣民主國成立之後呢？

　　唐景崧一就任民主國總統，就任命姚文棟為遊說使，赴北京陳述成立民主國的始末。但姚與多少人會面？如何說明？始終真相未明。可是從唐景崧於獨立前後接二連三發出密電向清廷及主要官憲辯白，可以推測姚的使命除了徹底陳述宗旨之外，還曾乞請具體援助。然而清國當局已無可期待，因為日方雖已決定歸還遼東，但日軍依然駐守京畿附近，且清廷本身已喪失與日本再戰的意志與能力。基於種種

實況，清廷不喜歡台灣住民與日軍再啓戰端，甚至想避免給列強，尤其是日本，誤以爲它在支援台灣民主國的印象。事實上，列強已懷疑清國支援台灣民主國的抗日運動，曾有就此問題查問清國當局的想法。而且，清國內部也不知道事情的眞相，他們害怕若台灣爆發戰事，日清兩國將會再啓戰端。例如，前吉林將軍長順及前黑龍江將軍依克唐阿等人，一接到台灣民主國建國的消息，立刻就向軍機處請示是否應該備戰[1]。儘管清國當局再三向列強辯白與台灣抗日運動毫無瓜葛，且在台灣民主國成立之前就已發佈禁止武器輸入台灣的命令，又在台灣獨立之後八日再度發佈禁輸令。禁輸令的影響極大，台灣的抗日勢力苦於缺乏武器與軍費，頻向大陸官憲呼籲，或遣人求援，但終歸徒勞，也與此有關。清廷以禁輸令爲擋箭牌，每人都拒絕給予援助，因爲台灣民主國的成立給清廷帶來困擾。不僅如此，連利用反對割讓台灣運動，主張廢除講和條約者，也覺得台灣的抗日運動是棘手的負擔。例如，北洋大臣王文韶就借用前駐新加坡領事黃遵憲的話，向軍機處陳述：

「前新加坡領事黃遵憲電云，台既自主，亟宜杜波藉口，似應將唐巡撫革職，一面告倭以台人背畔，巡撫爲民劫留，現已將其革職，按約交割需時，現正設法勸諭，文韶悉心查核所論，不爲無見，惟現在勸諭云云，似未妥協，恐攬在身上也。」[2]

---

[1]故宮博物院編《清光緒朝中日交涉史料》(三二八六)。
[2]同上(三二九六)。

清朝當局勸告台灣住民盡早接受割讓的事實，而王文韶則認爲清朝當局的這種勸告本身對清國已構成一種負擔，清朝實不應負起如此責任。

上述的殷憂或意見，都是基於所謂爲清朝國家安全的觀點。然而也可以看出責備台灣「獨立」的心態。例如，再三上書反對講和、高唱不可割讓台灣的四川省舉人張羅澄一知道台灣獨立，就修書給台灣士紳，表示贊成台灣的抗日，不過獨立之舉卻是大大不該。題名爲「致台灣紳民義軍書」的書簡內容如下：

> 「昨讀日報所刊台事，有進士邱逢甲嘯聚台民，自號『東都大王』。……其次即列台灣紳民佈告中外文，言言血淚，不忍卒讀。……凡建義旗者，正名爲先，『名不正則言不順，言不順則事不成。』……今以公義而輒私王，吾恐豪傑裏足不前，將來亦難借餉於內地。爲今之計，急宜降黜王號，但自署曰『大淸盪寇大元帥』。」[3]

順便提及，鄭王朝時代稱台灣爲東都。因此，此處所說的「東都大王」，就是指「台灣大王」。邱逢甲稱王不是事實，顯然是報紙誤報。不過，稱王都被視爲怪異了，何況建立共和制的民主國，更令人慼顰。整體來說，台灣民主國的出現

---

[3]張羅澄「致台灣紳民義軍書」，孔應德輯《普天忠憤集》，全一四卷，光緒21年(1895)，第八卷，23頁。

並沒有為大陸反對講和派的悲壯感憑添幾許快意，反而使他們困擾。

雖然僅限於一部分人，但在台灣民主國成立後，講和反對派中也有人鼓勵、支援台灣的抗日運動。只是，鼓勵、支援畢竟有限。茲列舉具體事實如下：

欽差大臣兩江總督劉坤一在台灣民主國建國兩日後，打電報給唐景崧：

「非常之事，非常人為之，況勢處萬難，而理歸一是，天心助順，必有成功，欲達苦衷，另遣介使。」[4]

歸根究底，這是精神上的支援，沒有任何物質支援。而且所謂的「介使」，是他的幕僚易順鼎得知台灣民主國成立後想去台灣，不顧他的反對，強求准其前往。[5]他並沒有積極派介使去台灣。

台灣民主國肇建之初的新事態的確可能帶給清朝災難。不過在另一方面，清朝也期待倖免被日本佔領。有援助能力的督撫縱使同情台灣的抗運動，卻紋風不動，將沈重的負擔推給張之洞。而且目睹唐總統的逃亡使台灣的抗日運動遭到挫折後，反而又斥責與唐個人結局完全無關的抗日運動。這等傾向，尤以劉坤一為最顯著。六月八日，尚不知唐總統已

---

[4]易順鼎〈盾墨拾餘〉，《中日戰爭》第一冊，129頁。
[5]同上。

逃亡的劉修書給張：

> 「我公為諸侯長，台灣本隸南洋，何忍坐視糜爛而不之
> 救？」[6]

然而在唐逃亡之後，又鬱憤不已：

> 「唐中丞〔景崧〕何以不自度量，祇增中國辱。」[7]

雖說因為唐逃亡之故，但端視他對當時依然健在的劉永
福之言詞，顯然已對台灣的抗日運動完全失去熱情。幾乎在
同一時期，劉坤一向軍機處建議：

> 「台灣消息，傳聞異詞。就事體論之，於理既為不順，其
> 勢斷難支持。揣倭之意，必於秋後大舉攻台。應請嚴飭劉永
> 福，懍遵前旨，率眾內渡……。倘劉永福始終固執，或為地方
> 紳民劫持，不得脫去，亦請明降指揮，將南澳鎮總兵革職開
> 缺，爾後聽其所為，以免倭人將來有所藉口。」[8]

劉坤一自己袖手旁觀，卻把援助台灣的事推給他人，可

---

[6] 劉坤一《劉忠誠公遺集》，書牘，卷一一，60頁，致張香濤，5月16日
　　（陽曆6月8日）。
[7] 同上書牘，67頁，致榮中堂，閏5月17日（陽曆7月9日）。
[8] 同上書牘，68頁，致督辦處。

說與其他的督撫異曲同工。收到台灣請求援助的湖廣總督譚
繼洵，把責任轉嫁給兩廣總督譚鍾麟。[9]當唐景崧逃亡，劉
永福事實上已成為台灣抗日運動最高指揮官後，以譚鍾麟最
感困擾。歸根究底，劉永福率兵千人渡台，就是因為接受當
時任閩浙總督的他之命令。然而他並沒有允諾軍費缺乏的乞
請援助，只以撤退士兵至大陸所需費用的名目，送三萬兩給
劉永福。至於此「名目」，他對再度請求援助者辯解道：這怎
麼可理解為軍費呢？以當時每月約花費十二萬兩的台南來
說，三萬兩要做為軍費，未免杯水車薪。[10]在台灣民主國
存續期間，譚鍾麟所給予的實質「援助」僅止於此。在唐景崧
逃亡後至八月底止，督撫中按月援助劉永福者，只有閩浙總
督邊寶泉，不過金額極小。[11]儘管小額，邊寶泉之所以長
期贈送軍費，乃是因為獨立之前的台灣是在閩浙總督管轄之
下。及至九月，連他也拒絕劉永福使者吳質卿的援助請求
了。[12]

那麼，被關心台灣的督撫們所期待的張之洞又如何呢？
他端視唐景崧是留台或內渡，對台灣民主國的態度截然不
同。首先來探討唐留守時，他的態度如何。在極短期間內，
張之洞依然關心獨立後的台灣，理由如下：

[9]前引書，易順鼎〈拾餘〉，《中日戰爭》第一冊，139頁。
[10]同上，139～41頁。
[11]張之洞《張文襄公全集》卷一四七，電牘二六，劉鎮來電，7月初5日
（陽曆8月24日）到電。
[12]吳質卿〈台灣戰爭日記〉，中國科學院近代史研究所編輯《近代史資
料》，總二八號，95頁。

　　台灣民主國成立時，張對台灣的防衛抱持樂觀看法。他
認為：台灣地廣、道路險峻、疫病盛行、多雨、住民強悍、
糧食充足，即使日本軍能侵入內地五十里，不久也會坐困愁
城，一年半載也無法攻下台灣[13]。台灣能不能保住，首先
要看台灣的攻防戰如何抑制日本軍，而且也可以借用外國的
力量。因此，當俄國以兵力對日本施加壓力，宣佈六月十五
日前不歸還遼東就對日宣戰的錯誤報導於台灣獨立翌日傳開
時，張欣喜若狂。他將此「朗報」傳達給唐，一邊鼓勵，一邊
指示在俄都的許景澄與俄國交涉保護包括台灣在內的整個東
中國海[14]。他對台灣的戰況寄予厚望。

　　除對台灣的抵抗能力寄予厚望，張對獨立後的台灣採取
共和制，的確出乎意料。不過，他還是很擔憂身為總統的弟
子唐景崧的未來，所以給予建議。他在台灣獨立後三日發給
唐的電報，為唐擔憂的心情表露無遺：

　　「公為台民劫阻暫留，自係萬不得已，深為焦灼。然自處
　　須有分寸，方見恪守臣節，朝廷方能鑒察，天下方能共諒。奏
　　事及行文內地各省暨台灣本省，自應仍用開缺本銜與巡撫關
　　防；此層尤須迅即電奏，并電知各省為要。聲明此係暫時權

---

[13]前引書，張之洞《全集》卷一四六，電牘二五，致福州邊制台，5月初3
　　日(陽曆5月26日)發電。
[14]同上電牘，謝委員來電，5月初3日(陽曆5月26日)到電。致台北唐撫
　　台，5月初7日(陽曆5月30日)發電。致俄京許欽差，5月初8日(陽曆5
　　月31日)發電。

宜，以免倭人向中國生釁，事定後台仍歸中國。」[15]

　　唐立刻依照張的意思向清廷上奏。從張上奏清廷不應支援獨立的台灣民主國，以及給已經就任獨立國總統的唐景崧如此的指示，可以得知這完全是顧慮將來台灣回歸大陸時唐對清廷的立場所採取的措施。

　　擔心台灣的歸屬問題及弟子唐景崧的安危，張之洞建議清廷不應援助台灣，乍看之下，是一種矛盾的行為，不過其中另有內情。就連原本是湖廣總督、如今的南洋大臣、代理兩江總督，可說華中、華南最有實力的張之洞也必須考慮清廷的意向。在清廷再度發佈禁輸令前六日，張上奏清廷：既然台灣已獨立，清廷自不應援助台灣民主國[16]。雖然這份奏文並非張為掩飾自己的想法而寫出來的，不過，由於李鴻章常常責罵他唆使台灣的抗日運動，並且支援武器，所以想運用這份奏文來防止讒言[17]。在台灣尚未獨立，正着手迎戰日本軍的階段，清廷決定透過張之洞撥款五十萬兩的軍費。但軍費尚未送出，台灣已於五月二十五日獨立了。翌日，張立刻命令上海的劉道台及賴道台火速送出三十萬兩[18]。在送出後，張向清廷呈報不應援助獨立後的台灣。張

[15]同上電牘，致台北唐撫台，光緒21年5月初5日(陽曆5月28日)發電。
[16]前引書，《交涉史料》(三二六二)。
[17]前引書，張之洞《全集》，電牘二五，致福州慶將軍邊制台，5月初5日
　　(陽曆5月28日)發電。
[18]同上電牘，致上海劉道台賴道台，5月3日(陽曆5月26日)發電。難以
　　理解此時張為何不將五十萬兩全部送出，似是控下二十萬兩，視日後
　　情況再決定要不要送出。

對台灣民主國如此的支援，無庸置疑，大半是基於支援和他有師生關係的唐個人。六月五日左右，張得知台灣的戰況不利時，打電報給唐。從他對台灣戰況的指示中可窺見其心意：

「若至糜爛過甚時，可將總統印付與劉淵亭〔永福〕。公在台南設法內渡，〔台灣之戰鬥〕聽劉與土民爲之。」[19]

土民是指台灣住民。接着，六月九日得知唐景崧逃亡時，張又下令，若先前的三十萬兩尙未送出，即再取回[20]。儘管他知道台灣仍在繼續抗日，戰鬥也比唐在台灣時更加激烈，可是他依舊不想給苦缺軍費的台灣任何支援。他不單袖手旁觀台灣住民的抗日運動，對劉永福也極爲冷淡。劉永福透過在福州的閩浙總督邊寶泉向他求援，可是他常無視於求援電報，即使回電，也以拒絕的言詞應付：

「劉鎮懸軍孤島，繫念之至。惟已奉旨查禁接濟餉械，自未便再爲協濟。前奏明撥三十萬，現正在飭查用過實數，陸續提回，礙難再撥。渠〔永福〕忠勇可敬，孤危可憂。然事已至此，只可任其自爲之，成則爲鄭成功，敗則爲田橫，皆不失爲奇男子，聽之於天，聽之於數而已。即使終歸身殉，總可殺倭

---

[19]同上電牘，致台北唐撫台，5月13日(陽曆6月5日)發電。
[20]同上電牘，致上海劉道台，5月17日(陽曆6月9日)發電。

賊數千，斷不能令倭賊唾手而淂全台。若渠此時忽然舍台而去，則威名頓損，如尊處必欲勸其離台內渡，萬勿列賤名爲禱。」[21]

危險則內渡！張之洞如此打電報給唐景崧，獨獨不支援陷入危險之境的劉永福。張不但不支援劉，當有人要勸劉內渡時，還事先表明不可將他的名字列入。張之洞並不與劉直接聯絡，即使直接收到劉的請求，也常常委由他人回信。因此，不僅張的眞意無法傳達給劉，反而因爲誤傳，使劉深信張有支援台灣之意。諷刺的是，劉永福不知張之洞的眞意，仍抱持莫大的期望，持續數個月都以其爲精神支柱。不只劉而已，連組織新楚軍的台灣府知府黎景嵩也有同樣的想法。[22]

只要參閱張之洞的電文集就可得知，七月五日至八月二十五日之間，他曾五次透過別人，以朝廷禁輪令爲由，拒絕劉永福或黎景嵩的求援。然而對劉永福等人而言，他們並非毫無理由就相信與張之洞的約定：只要自六月以後確保台灣二個月，就會有援兵到來。六月二十一日左右，劉永福收到台灣府知府，後來擔任駐廈辦理台灣轉運局職務的蔡嘉穀送來的密函。內容如下：

---

[21]同上電牘，致福州邊制台，閏5月13日（陽曆7月5日）發電。
[22]同上《全集》卷一四七，電牘二六，劉鎭又電，7月初3日（陽曆8月22日）到電。張守來電，7月初2日（陽曆8月21日）到電。

「現奉上海轉運局賴道鶴年,轉奉江督憲張,轉准駐俄許公使電開:『俄國已認台自主,問黑旗尚在否,究竟能支持兩月否。似此外援已結,速宜將此事遍諭軍民,死守勿去,不日救兵即至也。仰即派人將此電告知劉幫辦,並中路林、邱、吳三統領遵照』等因。……乞將五月十二〔陽曆六月四日〕以後至近日全台軍備戰狀,詳賜覆文,以憑轉電南洋大臣酌奪。」

　　收到這封密函的劉永福等人認為不只俄國承認台灣獨立,張之洞也允諾派遣援軍,士氣越發激昂[23]。兩個月後,劉永福、黎景嵩等人以這封密函為後盾,要求張之洞履行前述的勉勵行為[24],但張卻杳無音訊。當然,也不能因此就說張推翻前言,詳細檢討密函內容就可發現,其中並沒有加入他隻字片語的意見。他只不過轉送許景澄公使的電報。劉、黎等人在密函中加入期望的註解,顯然對張有錯誤的期待。對張之洞而言,台灣的抗日運動只不過是治療他對日本軍憎惡之情的一帖清涼劑[25]。唐逃亡後,張之洞對台

[23]前引書,易順鼎〈拾餘〉,《中日戰爭》第一冊,135頁。
[24]前引書,張之洞《全集》卷一四七,電牘二六,張守來電,7月初2日(陽曆8月21日)到電。劉鎮來電,7月初5日(陽曆8月24日)到電。
[25]張之洞收到台灣防衛軍大敗的消息後,於6月9日發了下列電文給邊寶泉:
「此等糜餉怯懦害民誤國之將卒……只可聽其自然,內渡則酌量遣散……若不甘逃回者……稍為倭賊作梗,豈不甚好……。」
請參照同上《全集》卷一四六,電牘二五,致福州邊制台,5月17日(陽曆6月9日)發電。

灣的抗日勢力，遑論物質的援助，連精神的支援也沒有。諷刺的是，張之洞的存在與對他的期待，變成劉永福等部分抗日勢力的精神支柱。

台灣民主國成立後，在大陸支援台灣抗日運動的清朝官僚中，值得大書特書的是河南候補道易順鼎。當時他人在直隸省的唐山大營，得知台灣不停地準備抗日運動，便決意要渡台。台灣民主國成立兩日後，他出發前往台灣，六月二十一日左右登陸台南。時值唐總統逃亡後，他只能與劉永福談論防衛問題，得知缺乏武器、軍費，十日後他回到大陸，花了一個半月時間，拜訪南京的張之洞、湖北的湖廣總督譚繼洵，請求給予援助。然而一一失敗。當他得知台中已經陷落，日本軍已到達他里霧時，再度渡台，九月十五日在台南登陸。儘管他有滿腔悲壯的情懷，但劉永福無法接納他有關用兵的意見，九月二十四日又徒勞無功地回到大陸。雖然他的努力皆成泡影，毫無成就可言，但其意氣極為風發。尤其身為欽差大臣劉坤一幕僚的他能夠渡台，對孤立無援的抗日勢力不啻是極大的鼓勵。台南的部分士紳想推舉他擔任台灣道，等他再度渡台時，台北的部分士紳想推舉他為副總統，居於劉永福之下。除易之外，易的母舅陳粒堂也帶着桂、惲兩觀察(道員)在南京募得義款一萬餘兩渡台。太常博士周振揮、花翎副將黃文煥則充當易的耳目渡台[26]。

[26]前引書，易順鼎〈拾餘〉，《中日戰爭》第一冊，129～45頁。有關易的事蹟，均根據他本身的回憶錄，但據《中日戰爭》編輯者的說法，他的敘述都在貶抑他人，誇大彰顯自己的成就。

　　類似易順鼎之類的，尚有四川省出身、曾任知縣的吳質卿(號桐林)。吳在日本軍與新竹南方民軍激戰中的八月三日渡台，成為劉永福的幕僚。吳為文案(文書官)，與其他同僚替文盲的劉永福起草布告以及書簡。此外，也參與發行紙幣、組織相當於團練的聯莊，以及在鳳山募款等，貢獻斐然。由於財政狀況更加惡化，他於是接受劉的命令，於九月下旬回渡大陸，二十六日拜訪閩浙總督邊寶泉，十月七日拜訪廣州的兩廣總督譚鍾麟、廣東巡撫馬丕瑤，十月十七日奔走南京，面謁南洋大臣張之洞，乞求給予援助。由於此舉沒有奏效，加上劉永福已逃回大陸，他本人也就此留在大陸。[27]

　　由前述可知，台灣民主國成立後，來自大陸的援助微乎其微，尤其在唐景崧逃亡後，精神上的支援顯著減少，軍費的援助幾近於零。台灣的抗日運動必須靠台灣軍民自身的力量。

---

[27]前引書，吳質卿〈台灣日記〉，《近代史資料》，總二八號，91～7頁。
　　在同為吳所寫的〈今生自述〉中記載，除了這些督撫外，他還赴華北面謁李秉衡、劉坤一、王文韶、翁同龢乞援。但根據前述的「日記」，可知這是虛構的，他只不過是以書面乞援罷了。請參閱吳桐林〔質卿〕〈今生自述〉，《中日戰爭》第六冊，426頁。

第二節　台灣防衛戰的主體勢力與台灣民主國政府的關聯

　　歷時五個月的台灣攻防戰，從台灣方面來看，是屬於台灣防衛戰，從時間方面來看，可分成三個時期。第一期是從五月二十九日日本軍在台灣北部登陸開始，至首都台北陷落的六月七日爲止。第二期是從日本軍由台北大舉南進的六月十九日開始，至九月七日在彰化停止南進爲止。第三期是從日本軍再開南進作戰的十月三日開始，至十月二十二日大部隊進入台南爲止。

　　從地理上來看，可分成淡水河以北的抵抗運動、濁水溪以北的抵抗運動，以及濁水溪以南的抵抗運動。日本軍的台灣攻略作戰，是從北部登陸再南進，後期採取援軍由中南部登陸的方式，而台灣的武力抵抗也隨之由北部逐漸移向南部。地理上的區分與前述時間的區分不謀而合。關於此三時期的武力抵抗，不論從激烈的程度來看，或從武力抵抗的勢力來看，未必是屬於同一類型，所以我們按照時期、地區來談論抗日運動的主體勢力。

　　此處所說的主體勢力，是指曾經實際參與抵抗運動，且有成果可言者，並非是當初預定的守備軍。他們雖然被期待能抵抗，實際上卻沒有，甚至也有相反的情形出現。台灣攻防戰以這種情形最爲顯著。

第一期（淡水河以北）

　　此時期的武力抵抗幾乎毫無成果可言。硬要列舉主體勢力，那就是台灣民主國政府統治下的軍隊。唐總統並沒有將全台灣軍隊正式編成民主國軍。不過，他們却被安排在總統本身及其任命的各指揮官之下。半數兵力都在北部，重點幾乎放在淡水河以北、淡水、台北、基隆。北路守備軍的構成人員有原來駐屯台灣的清軍，也包括在台灣新募集的民軍，但大部分是在大陸新招募的士兵。大陸的清軍指揮官有以自己同省籍出身者來鞏固指揮的傾向，唐景崧也不例外，因他自己是廣東省出身，所以信賴這些廣東兵[1]，將他們安排在自己的周遭。然而如第四章所述，他們並無心作戰，也沒有實際參與作戰。事實上他們揚言：「真正想與日本軍作戰的，是一般住民，並非他們。」[2]結果如第四章所述，一般住民的作戰意願比以前減弱，上層階級也不願作戰，此種情形無庸贅言。當初雖然希望抗日，後來並沒有實際參與抵抗運動的北部士紳等上層階級，最關心的只不過是如何保全自己的身家安全。當日本軍快速進攻，北部民主國政府的存在與抗日勢力崩潰而造成社會混亂之時，他們的各種打算都落空了，唯一的願望就是設法維持社會的安寧。因此他們希望能迎接迄今仍為他們所反對的日本軍來維持治安。此時期，

---

[1]H. B. Morse, *Letter-books 1886～1911,* Vol. III, p.137.

[2]*Ibid.,* p.152.

該地區的上層階級實際挺身武力抗日的例子寥寥無幾，甚至後來轉變爲協助日本軍者也不少[3]。最典型的例子就是陳儒林等部分台北士紳。陳儒林積極盡力於民主國的創立，自己也當上議員，可是在唐總統逃亡之後，爲了收拾台北城內的混亂局面，他積極地引進日本軍[4]。議院副議長白其祥於日本軍登陸後，台北城陷入混亂之際，策動歡迎日本軍，不過他恐遭追究「前非」而逃往大陸，待日後危險消失，又返台從事家業，且成爲總督府爪牙的保良局會員[5]。由此可知，他們費盡心思，不外是爲了自身的安全，根本不是爲了抗日。「台民決死也不願仕敵」(獨立宣言)，「〔日本〕設以干戈從事，台民惟集萬衆禦之，願人人戰死而失台，決不願拱手而讓台。」(台民布告)這些反對日本佔有台灣的士紳，其「高昂的

---

[3]關於協助者的姓名，請參閱台灣總督府《台灣列紳傳》。下列人物皆是，均爲富豪、士紳：

黃玉楷、李春生、王慶忠、陳江流、張希袞、陳自新、林世經、仇聯青、陳采臣、林望周、謝旭如、王慶壽、黃以讓、吳春奇、陳春輝、林瑞會、蔡石奇、林斗文、林鄉雲、陳鳳儀、黃克明……等，不勝枚舉。

[4]吳德功《讓台記》，台灣文獻叢刊第七種《割台三記》40頁。

部分士紳逃亡大陸。對這些人而言，民亂之恐怖甚於日本軍。其中之一的生員陳叔喜作詩曰：

割台土匪起戈矛；避地閩疆九閱秋。……

陳乃蘗〈叔喜先生詩文選〉所錄，東瀛十詠，《台北文物》第九卷第二、三期合刊，民國49年(1960)11月，126頁。

[5]〔王〕一剛〈誰請日軍入台北城？〉，同上《台北文物》129頁。此論文中所說的白隆發，即爲白其祥。問祥〈白其祥的事蹟〉，《台北文物》第五卷第二、三期合刊，74頁。

士氣」只不過躍然紙上罷了。一待日本軍登陸，不是逃亡大陸，就是留身台灣却歡迎日本軍到來，沒有一個與日本軍交戰過。

第二期（濁水溪以北）

此時期抗日的主體勢力，是以各村落、街鎮之士紳為首，由當地住民組成的小集團為之。

新竹地方原本屬於北路，由於防備的重點在淡水河以北，所以新竹只安排了四百名正規軍[6]。屬於中路的台中地帶由台灣士紳林朝棟負責防衛。當台北出現危機，他北上救援途中，在新竹聽到台北淪陷的消息，於是解散軍隊，自己則內渡。然而有部分沒有解散，由傅德陞率領台北防軍營、謝天德率領棟字右營，接受新竹住民的央求，留下來防衛新竹。邱逢甲逃亡之後，該地區民軍最高指揮者乃吳湯興。吳湯興與邱逢甲同為苗栗銅鑼灣出身的士紳，除了親率當地七百名民軍外，也與頭汾出身的徐驤、北埔出身的姜紹祖，以及各個組織的民軍保持密切的聯繫，奮戰不懈。此時期各地的抵抗運動都與他們之中的某一個人有所關聯。他們的行動半徑極廣，以苗栗為中心，北自淡水河畔，南越西螺至嘉義附近。尤其徐驤是二十多歲的年輕小伙子，極為活躍。他除了自己所組織的頭汾民軍外，也指揮邱逢甲麾下的邱國霖、邱光忠等二營，和鹹菜湖士紳夏阿賢、鍾統等民軍，此外，

---

[6]參謀本部編《明治二十七八年日清戰史》第七卷，附錄第一〇九。

安平鎮士紳胡嘉猷陣亡後，他也統率其部下與大料崁隘勇營官簡玉和的部隊。[7]

此外，組織民軍從事抵抗運動者之中，尚有下列主要人物：

黃菇二(龍潭陂富豪，三、四百人)

李蓋發(十一份富豪，三、四百人)

鐘石妹(二重埔富豪，約二營)

江國輝、呂建邦(大料崁富豪，一千二百人。麾下有黃尖頭、劉大月、簡玉和等，簡後來轉入徐驤指揮下)

蘇力、蘇俊(三角湧富豪，一千二百人。統率八塊厝王阿火、陳少坤、陳慾番所率領的五百民軍，林陳樹、廖石溪所率領的民軍三百多人，鱸魚、張能所率領的民軍四百多人)

王振輝、蔡國樑(樹林庄出身。麾下有桃仔寮庄簡生才、橫坑仔庄詹清地等)

許肇清(彰化出身，武進士。練勇一營)

民軍中，除吳德功、許肇清等人因在彰化城、八卦山的戰鬥中與日本軍正面衝突而遭慘敗外，其餘都避免與日本軍決戰，他們採取游擊戰術，不是襲擊敵人前哨部隊，就是背

---

[7]同上書，第七卷，373～90頁。

有關吳湯興、徐驤、姜紹祖三人的活躍情形，張雄潮曾從種種資料中拔萃介紹。張雄潮〈苗栗抗日英烈三秀才〉，《台灣文獻》第一七卷第一期，民國55年(1966)3月，149～64頁。

後突襲，斷其後援，使日本軍苦惱萬分。他們都不是正規軍，武器甚爲簡陋，使用獵槍、木砲等，而且其中六、七成人員沒有火器，依然使用劍戟竹矛。然而他們利用熟悉地理的優點，一發現情勢不利，就棄械化爲平民，時而詐降歸順，卻從背後襲擊等。游擊戰使日本軍疲於奔命。[8]

　　這個時期的抵抗運動，以當地士紳所組織的民軍爲主力。被唐總統新任爲台灣府(台中)知府的黎景嵩，以當地招募的士兵爲主體，加上敗走士兵，組成新楚軍。而劉永福從台南派來的福字軍與七星隊也都加入抵抗運動。新楚軍雖是新招募的軍隊，據聞紀律嚴格且士氣旺盛[9]。主要的戰場在彰化，重大的戰果乏善可陳，且在彰化吃了大敗仗。

　　南路的守備劉永福並不關心中路的戰鬥，也不理會台灣知府黎景嵩數次的求援。他給予援助是在八月六日以後，命李維義、黑旗營營務處吳彭年、都司王德標派遣福字軍與七星隊計一千五百名，協助防衛彰化一帶。他之所以派出援軍，不外因應深感中、南路防衛整體性的士紳的強烈要求而已[10]。李維義的部隊曾到達中港，吳彭年的部隊也曾北上到苗栗，不久在彰化挫敗，吳死於彰化的戰役中。不管是劉永福的援軍，或號稱七千人的新楚軍，其作戰重點都在防衛彰化城，所以不能說是很成功。此戰果遠不及當地士紳、富豪所組織的小部隊民軍、游擊隊。

---

[8]前引書，《日清戰史》373～90頁。
[9]思痛子《台海思慟錄》11～2頁。
[10]同上，14、17頁。

　　第一期中台灣土著的上層階級協助日本軍，與第二期中
眾多當地上層階級自組民軍抵抗的情形，可說是明顯的對
比。吳德功、許肇清等人除了組織民軍外，也負責募捐軍
費。此外，紳士孝廉施英、施仁思，貢生吳景韓等人也負責
調度軍費。另外，當地士紳及富豪所招募的民軍軍費，多由
招募者自行負擔。當台灣面臨危機時，中部各地的民軍經常
保持聯絡，互相合作。抗日民軍的主要首領吳湯興、徐驤、
姜紹祖先後從戰場中消逝，與那些積極籌建台灣民主國，發
出壯志豪語，卻早就逃之夭夭的部分士紳相較，他們可說是
以殉身來防衛台灣。尤其姜紹祖曾被俘，幸得一位部屬向日
本軍詐稱是姜本人，他才能逃亡轉戰各地[11]。大科崁的豪
紳江國輝被俘，遭拷問不屈，遂被處刑[12]。此時期的抗日
戰全靠高昂的士氣來支撐，他們克服武器簡陋的惡劣條件，
儘管缺乏訓練與經驗，卻能成爲抗日勢力的核心。

　　此時期抗日主體勢力的指導者，多是生員、富豪，這些
屬於上層階級者將當地的住民組織起來。主要指導者，如吳
湯興是與邱逢甲同鄉，如徐驤、姜紹祖是故里附近的士紳，
如邱國霖、邱光忠是邱的部屬。由此可知，這些人受到邱逢
甲極大的影響。因此，可說他們是透過邱而屬於台灣民主國
政府的系統。再則，如胡嘉猷原是淡水縣胥吏，唐命令他在
故里安平鎮招募民軍，所以也可說是屬於民主國政府系統。

---

[11]台灣省文獻委員會編《台灣省通志稿》卷九，革命志，抗日篇，20頁。
　　連雅堂《台灣通史》卷三六，列傳八，吳、徐、姜、林列傳。
[12]前引書，《日清戰史》第七卷，383頁。

然而吳湯興等人的抵抗運動是在邱逢甲逃亡後。胡嘉猷的情形亦同，他在總統逃亡後，一時極為迷惘，眼見日本軍進攻，乃再度奮起[13]。因此，雖然最初與台灣民主國政府有關，但他們守衛鄉土的精神卻更加堅強，也有自己的特色。他們與部分跟清國官憲有密切關聯且寄予厚望的士紳迥異，對清國不存任何幻想。

「吾台孤懸海外，朝廷視若可有可無，等於甌脫，朝廷無力以衛吾台，能衛吾台者，吾民耳。眾志成城，山可移，海可乾。願吾血隨吾台俱盡，吾頭與吾台俱碎……」[14]

徐驤的思想正是當時的寫照。

同樣是士紳、富豪，同樣都反對日本佔有台灣，為何第二期淡水河以南的上層階級與北部的上層階級迥異？前者如此固執地抵抗，除了受到邱逢甲的影響，還有下列主要因素：

(1)淡水河以北的住民比較散漫、溫順，較易統治[15]。相形之下，新竹、苗栗一帶多為客家系住民，傳統上尚武風氣興盛。

(2)淡水河以北有台灣最優秀的貿易港基隆，又有重要的

---

[13]同上，375頁。

[14]江山淵〈徐驤傳〉，《小說月報》第九卷第三號，4頁。

[15]姚瑩〈東溟文集〉，答李信齋論台灣治事書，丁曰健《治台必告錄》157頁收錄。

淡水港，貿易商很多，富豪多為商人。相形之下，淡水河以南的富豪多為地主。商人和地主對土地的愛戀心不同，衍生出來的鄉土愛也迥異[16]。再則，北台灣最大的地主林維源在日本軍登陸後即逃之天天，不想將自己的資產讓抗日軍利用[17]。這是該地區上層階級消極化的重要原因之一。

(3)登陸的日本軍近衛師團誇稱擁有最優秀的裝備。它曾被派往旅順，但抵達時已停戰。正當他們因不能參加戰鬥而失望時，被派來台灣，士兵的戰鬥意志極為高昂[18]，造成不必要的死傷。再則，由於抵抗運動具有游擊隊性格，日本軍無法區分那些是抵抗運動者，那些是沒有抵抗意思的住民。在日本軍眼中，「全台皆兵」[19]，為了防患未然，大肆殺戮或縱火。但又由於明證日本軍殘暴的結果，住民深覺恐怖，為了報復，認為有抵抗的必要。勉強說來，這帶有軍事色彩，但從「日兵姦淫酷虐，慘無天日，民不聊生」[20]的記

---

[16]在日本統治時代與第二次大戰後的國民政府統治時代，反體制的指導者大半是地主出身。此傾向可從日本佔有台灣時的抗日戰中看出端倪。國民政府實施土地改革，限制私有土地，據說為的也是削弱地主的經濟力，藉此使反體制的潛在力量崩潰。

[17]鶴見祐輔《後藤新平傳》，台灣統治篇，下，114頁。根據林維源向後藤新平所言。

[18]日清戰爭爆發時，日本國內志願從軍者絡繹不絕，明治天皇因而下詔慰撫：「知各地臣民義勇兵團結之舉，出其忠良愛國之情……義勇兵現今尚無必要……。」畑耕一《廣島大本營》，昭和18年，東京，天佑書房，12～3頁。由此可知日本國民戰鬥意志之高昂。在遼東半島無法交戰的近衛師團士兵是以旺盛的士氣開往台灣的。

[19]前引書，《日清戰史》第七卷，758頁。

[20]蔡爾康等編《中東戰紀本末》初篇，卷四，朝警新記二，72頁。

述中，可知與軍事無關的反人道行為所引發的抵抗運動也不少。在抗日戰爭中極為活躍的黃榮邦、簡精華、林苗生等人就是典型的例子。最初日本軍佔據大甫林時，簡精華清掃道路，宰豬羊招待日本軍。日本軍卻命令他獻上兩百名婦女。由於他沒有答應，日本軍竟強拉其族人六十多名婦女，恣行姦淫。此舉激怒了他，於是組織抗日部隊。黃、林也是在目睹此一事實後，加入抗日軍。[21]

(4)因為遠離政治中心及有歐美人士居住的台北，所以本地區上層階級較不受列強動向的影響，不易察覺列強干涉的可能性。他們的腦海中只有憑自力抵抗日本軍的念頭，所以能一心一意抵抗到底。

(5)此時期恰逢豪雨期，河川氾濫，道路阻塞，對於採速戰速決方式的日本軍極為不利。而且，日本軍以北方作戰用的裝備，難耐燠熱，加上疫病流行，無法作戰，給民軍可趁之機。

為何當地的士紳如火如荼從事武力抵抗，而同地方出身的士紳邱逢甲、林朝棟卻不戰而逃呢？這單以個人的怯懦也不足以說明。未曾有作戰經驗的邱也許有這樣的可能性，但林的情形就出人意料了。林能謀得候補道的官職，是因為與原住民長期抗爭及在清法戰爭中頗有戰功之故[22]。因此，他們之相偕逃亡，應有其它的共同理由。

---

[21]姚錫光《東方兵事紀略》卷五，21頁。

[22]請參閱劉銘傳《劉壯肅公奏議》卷三，保台略，18～21頁；卷四，撫蕃略，2～8頁。

　　第一，林生於武將世家，自己也身經多次戰役，擁有軍事上的洞察力。而邱與省中央接觸頻繁，對情勢極爲敏感。他們都判斷抗日戰毫無希望可言。

　　第二，參閱邱的家譜，他的曾曾祖父於清嘉慶年間（一八一〇年左右）來台，約已在台定居八十年。然而與衆多台灣住民不同者，邱家家規規定每年須回大陸一次，而且在祖籍地廣東省嘉應州淡定村擁有三十四棟房宅。邱家在該地有果園及菜圃，又有十餘畝土地租給別人耕種[23]。與大家宅相較，邱家財產可說微薄。邱的曾祖父是武舉人，祖父是貢生，他本人是進士，兩位弟弟是生員。因有這樣的家勢，爲要顧及社會上的體面，有需要擁有大宅邸。但另一方面，台灣的邱家却相當清貧，父親爲私塾教師，輾轉於阿猴、葫蘆墩、苗栗等地。邱逢甲本身也是教師，遷徙台南、嘉義等地。邱家在邱逢甲考中舉人後，經濟狀況稍獲改善，但仍無多少財產。目前在台中潭子大埔厝擁有名叫柏莊的宅邸，邱逢甲即將指揮民軍的司令部設在此處[24]。邱逢甲的行動會影響其家勢及經濟環境。亦即，邱家四代定居台灣，却與大陸的祖籍地血脈相連，而大陸的基本生活未必遜於台灣，同時他判斷，若內渡的話，也能維持「進士」的地位。

　　而林朝棟的情形，除了在台灣有龐大的資產外，同時也

---

[23]根據1963年10月4日，與邱之子丘念台氏的談話。又請參閱丘念台述著《嶺海微飆》4、9、55頁。

[24]同上，14、18、34頁。

在大陸擁有莫大的家產[25]。與其留在台灣有被日本軍處刑
之虞，不如去大陸較爲安全，不但有生活上的基礎，且能保
住候補道的官職，也能保住其地位。

　　相較之下，參加抵抗的士紳地位相當低，只不過是「生
員」，不去大陸，失去的地位也比較低。而且他們大部分都
在台灣有資產，在大陸卻一無所有，其基本生活只有在台灣
才能維持。他們既然有反對日本佔有台灣的意志，就不能做
出逃亡之舉，必須親身迎戰。這種心情驅使淡水河以南的士
紳如火如荼地投入抵抗運動，成爲此時期本地區武力抗日的
主體勢力。

第三期（濁水溪以南）

　　此時期抗日的主體勢力與第二期相同，都是民軍。勉強
說起來，台灣民主國大將軍劉永福本人也包含在主體勢力之
內。近衛師團在彰化一帶休息一個月後，歷戰的疲憊盡消，
又開始大舉南進。另一方面，第一師團在布袋嘴及枋寮登
陸，可說是台灣攻防戰投入最大兵力的時期。

　　交戰地區除雲林縣外，依原來的防衛區分乃屬南路，防
衛負責人是劉永福。日本軍進攻該地區時，守備軍的兵力包
括北、中路敗退下來的士兵，總共有六十餘營二萬六千人，
其中大陸士兵與民軍參半[26]。此外，嘉義以南有十八個村

---

[25]根據1966年夏，與林朝棟之孫林水氏（住京都）的談話。
[26]前引書，《日清戰史》第七卷，395頁。

落有自衛組織：南部十八堡，以沈芳徽爲盟主，林崑崗爲前
敵總統(前線司令)，各地區的士紳富豪紛紛組織民軍。其主
要人物如下：

林崑崗(漚汪堡出身。除當地千人外，也統率西港堡、蕭壠
　　堡、佳興堡民軍二千五百人)
侯西庚(六腳庄溪墘厝出身。經營糖廠)
翁煌南(鹽水港堡出身。一千人)
曾克明(茅港尾西堡團練分局長)
毛榮生(赤山堡團練分局長。一千人)
陳宗禮(鐵線橋堡出身。三百人)
陳聯發、吳盤(學甲堡西部。一千二百人)
賴現、賴安邦(學甲堡東部。一千六百人)
郭宋郊(學甲堡北部。九百人)[27]

　　除了嘉義南部十八堡的聯莊民軍外，還有朴子腳的吳承
恩所組織的千人民軍。總數共達一萬餘人，蔚成一大勢力。
他們各自獨立，又互相合作，非常善戰。鳳山以南有六堆客
莊，大總理李榮向以下全堆皆兵，該民軍組織有一萬餘人，
尤其是在蕭光明指導下的左堆，連婦女也手持武器頑強抵
抗。然而由於十人中只有一人有槍枝，所以無法抵擋擁有優

[27]同上，401～9頁。又請參閱郭水潭〈侯庚抗日事蹟〉，《台南文化》第二
　　卷第二期，民國41年(1952)4月，27～9頁。

良武器的日本軍[28]。此時期該地區的抗日勢力，武器不足的情形與其他地區的民軍相同，而且敵軍的人數倍增。從這點看來，此時期的抗日勢力是處於比較不利的條件。

　　無論是十八堡聯莊也好，六堆客莊也好，或是沒有實際參與戰鬥的台南五段分守也好，南部各地成立的地區聯合組織之所以能在抗日戰中發揮機能，除了該地區時間較充裕外，日本軍的殘暴也促使他們更加振奮。各村落、街庄的上層階級充當指導者，將該地區的住民組織起來。雖然他們的主要目的是成立自衛組織來保衛自己的村落，但因為戰鬥乃是彼此息息相關，所以與其他地區的民軍共同轉戰各地。從中部戰線退敗下來的民軍也協助該地區的抗日戰，例如徐驤是在嘉義附近陣亡。與日本軍大部隊敵對的該地區之抵抗運動，無法與淡水河以南的新竹、苗栗一帶之壯烈抵抗情景相提並論。然而，他們却是此時期武力抵抗的主體勢力，但終究不能與劉永福之正規軍隊組織相比。

　　此一時期劉永福軍被派往中路戰線的小部隊泰半都敗退下來，乃全力防衛西螺溪以南，所以實際的戰鬥力應不會損失慘重。然而對照戰史，除嘉義北方的戰鬥外，其麾下幾乎無戰績可言。亦即，在該地區的北方戰線只有一部分軍隊曾和民軍協力，但鳳山以南六堆客莊的住民則厭惡大陸士兵的怯懦與無紀律。由於無法獲得住民的厚遇，劉的部將吳光亮終於向日本投降[29]。劉永福軍幾乎沒有參與戰事，但劉在

————————————

[28]前引書，《日清戰史》第七卷，396、409〜10頁。
[29]同上，410頁。

安南大破法軍的驍名之高，使他的存在不但給南部抗日勢力，也給唐景崧逃亡後各地的抵抗勢力很大的鼓勵與安心之感。從此觀點看來，不管劉軍的戰績如何，劉永福也應該包括在主體勢力之中。

從各時期各地區的武力抵抗來看，可以得知除淡水河以北地區之外，其他地區的抵抗主體勢力不是在台的舊清軍，也不是在大陸新招募的士兵，而是由當地上層階級組織起來的地區自衛民軍。他們勇敢地抵抗，連敵人日本軍也給予極高的評價。在參謀本部所編的《日清戰史》中就曾記載：「民勇實力勝於正規軍，於各地之戰鬥常成為賊之主力。」[30]

---

[30]同上，358頁。

第八章
台灣民主國的歷史意義

第一節 台灣民主國的本質

台灣民主國的民眾基礎甚為薄弱，只不過是一部分台灣士紳強迫在台清國官僚加以創立，因此，指導階層對於獨立的實現缺乏堅定的信念與捍衛獨立的勇氣，他們期待外力的干涉與援助甚於自力。而且建國的推動係從上而下，因此雖說「民主國」，其實非但沒有民主，反倒有寡頭政治之實。此外，雖然標榜獨立，但其目的卻是流動性的，雖曾謀求列強的承認，但還是不得而亡。以下依序論述。

1.民眾基礎脆弱

台灣民主國並非熱望獨立的台灣住民趁日本領有台灣這個大變動的機會創立的，毋寧是一部分被意外的大變動驚愕

的台灣士紳的窮極之策，其第一目的就是抗日。

創立新國家乃重大課題，要存續，需有堅強的統制力與民眾熱烈的支持才行。尤其要使普遍從未有創建獨立國家意識的民眾[1]支持獨立，相當的啟蒙活動不可或缺。儘管如此，有關獨立的爭論卻始終只在一部分人之間進行，一般民眾根本無緣置啄。

當創立台灣民主國時，一部分台灣士紳扮演了重要的功能與角色。士紳並非孤立的個人，而是依各自的社會背景，分別擁有個別的民眾基礎。因而可以說，推動建國的這些士紳都擁有相當的民眾基礎。然而，那也只不過是以個別的士紳為頂點的小集團，並未採取使民眾意識組織化而走向獨立目標的措施。只有新竹與中南部一部分士紳要求一般民眾的支持，請求協助建立獨立國，這時，邱逢甲、徐驤等人則對當地住民解釋獨立的必要性。啟蒙住民，取得其支持是何等重要。這從抗日戰之時，吳湯興、徐驤以及響應邱之號召組織起來的民軍，在邱逃亡之後仍然勇敢戰鬥一事可獲得証明。

台灣民主國的最終結果是，依靠這些比較無名的士紳所率領的民軍拚命奮鬥，才能延續五個月，使台灣民主國的存在得以顯現。以民軍之一份子，或以獨自之游擊戰士的一般民眾，縱使不知民主國的存在意義，就結果來說，也是透過

---

[1]台灣曾有過獨立國的歷史，如鄭成功王朝，但其後並未以「期望獨立的大潮流」繼續。有關此問題，將於本章第二節論述。

防衛鄉土的意識，為「台灣民主國防衛戰」擔負著一部分任務。可是民主國政府之創立很少於事前和民眾商量，因此，民眾到最後還是未有從事「台灣民主國防衛戰」的明確意識。

2. 指導者的功利主義傾向

　　當台灣民主國建國之時，盡到最大功能與角色者，乃是唐景崧與邱逢甲，但兩者皆依功利主義行事。在台灣獨立之前，唐徘徊於獨立或內渡的兩極之間，邱則始終主張獨立而一往直前，但卻在捍衛獨立的階段挫折其意志。身為最高指導者，此兩人的行動也就成為促進台灣民主國崩潰的原因。

　　唐的苦惱與「心理歷程」，如前詳述。他是遭到威脅，才以複雜的心境接受獨立，因此，他雖成為國家元首，卻為改善爾後自己對清國的立場，私自規定台灣民主國為清國的「屏藩」，即屬國，其結果使台灣之為獨立國家這個事實成為不明確的存在。他缺乏建立獨立國的堅定理念，雖身為最高指導者，實際上卻是被動的，因此，他沒有心理準備誓死守護這個新生的國家，毋寧是當然的結果。

　　處於指導地位的唐景崧與邱逢甲兩人皆無一定的主見，只有懦弱的行動，結果給台灣民主國政府帶來脆弱的構造，而他們功利主義的行動，也給其他政府官員帶來不良的影響。台灣民主國建國運動乃是那些玩弄言辭、空有意氣卻無實行力、具大陸士大夫氣質的人士所推動的。

　　在政府首腦之中，曾與日本軍直接交戰過的，只有內務督辦俞明震一人而已，他負了傷。李秉瑞身為軍務督辦，卻

未照料全台灣的守備，雖參加過基隆攻防戰，但在戰鬥中的角色不清楚，其存在等於無。而總統唐景崧則不肯赴前線指導，也不接受後退以加強守備的建議而逃亡，副總統邱逢甲則留存悲傷的詩，不知什麼時候跑掉了。劉永福是首腦之中逗留到最後的一個人，他之得以如此，尚得歸功於中部住民的激烈抵抗，他本人並未挺身實戰就逃亡了。

日後的史家毋寧對邱逢甲的不戰而逃抱持著寬大的看法[2]。那是因為在邱之前，最高首腦已逃亡，即使拚命奮戰，反正也無勝算等等「客觀事實」存在評者心底，對他組織抗日運動的活動評價也高，或許更再加上對挫敗者的哀惜之情吧。

3.依靠外力甚於自力

當初唐景崧趁俄德法三國干涉遼東問題之便，嘗試使台灣割讓也引來列強干涉，在唐被台灣士紳所迫，決定要獨立的五月十五日左右，也正是國際干涉幾乎已完全絕望的時期，如第五章第三節所述。然而在五月十五日至宣告台灣獨立的五月二十三日這一週內，發生了可能讓唐景崧產生新希望的情勢。那就是唐既期待又記恚的法國軍艦實際到訪台灣。五月二十日，法國軍艦德而尼艦長向登艦來訪的陳季同

---

[2]論駁邱之逃亡的史書極少。連記述邱逃亡之際曾帶走「十萬兩」的連雅堂也僅注目「十萬兩」而已，對「逃亡」的責難則採取保留態度。連雅堂《台灣通史》卷四，獨立紀，97頁。又請參閱卷三六，列傳八，邱逢甲列傳。有關「十萬兩」云云，爾後常被論者引用，但實情不詳。

解釋台灣之獨立，翌二十一日謁見與陳同來的唐景崧時，也
忠告唐：為清國「取回土地甚難，但為台灣保護住民卻易，
台灣須獨立，且擁有獨立國應有之權利」，並答應唐，有關
具體的台灣保護策略，將與正在長崎的提督商量，使唐高興
萬分。[3]

　　先前，一部分台灣士紳於決定要獨立之翌五月十六日，
要求唐景崧「掌理台灣政事」，這時唐加以拒絕，而二十一日
再次要求時，唐並未拒絕，這可能是當日法國艦長建議唐獨
立的影響吧。台灣獨立宣言發出日正是其二日後。宣言中所
云「我雖屢與列強交涉，均主若期援助，須台民先獨立」，正
如實証明法國艦長之意見左右唐的程度。邱逢甲等則在五月
十五日至二十日這一段時間，說服唐下定決心獨立，並就任
這個新國家的元首，因此可以說，有了二十一日預料外的法
國艦長的側面援助，說服才得以成功。因此，就唐景崧而
言，期待列強支援就成為他決心要獨立的極大因素了。

　　就邱逢甲等台灣士紳而言，當初確有期待列強保護台灣
之事，但決定要獨立的階段，也正是察覺這種期待幾乎不可
能實現的絕望時段，因此，他們對列強的依存度應不太高才
是。然而他們卻認為唐景崧之就任總統，無論如何有其必
要，這種心態，可以說是另一種依存外力的傾向吧。他們所
以拘泥於唐景崧之參與，乃是需要高地位之人的權勢主義，

[3]張之洞《張文襄公全集》卷一四五，電牘二四，唐撫台來電，4月27日
　（陽曆5月21日）到電。又電，4月29日（陽曆5月23日）到電。故宮博物院
　編《清光緒朝中日交涉史料》（三二四七）。

也考慮到一向極爲關心台灣的張之洞與唐的密切關係吧。在這意味上，邱等台灣士紳是在期待即將成爲別國的淸國官憲的援助了。事實上，張、唐的關係曾被充分利用。唐在就任總統期間，張曾給予三〇萬兩的援助，而這援助是唐存在於台灣才給予的，這原委已在第七章第一節詳述過。弱小國家爲了從當前強敵確保其獨立而依靠外力，雖是不得已的措施，但若過於依存外力，一旦援助停止，抵抗力將會更加減弱，台灣民主國正是蹈其覆轍。

4.非民主的共和制

台灣民主國雖說採取共和制，但卻是非民主的。它雖規定：「由公民公選之官吏營運一切國務」(獨立宣言)，但中央政府首長及地方行政首長皆是唐總統所任命，其他官吏也未有過民選的事實。只有總統、副總統是「民選」，但只是極少數的一部分台灣士紳所推舉，代表性甚爲可疑。議員也同樣，連何時由何人推舉都不詳，又怎會經過一般投票程序呢？不管是行政府或是立法府，皆是一部分人所演出。在台南創立民主國政府之際，立法府也曾被賦予任命官吏的權限，但那也不能說是民主性的。端看議員由何人以何種方法選出，也就說明其代表性值得懷疑了。

總而言之，統治者並未給予一般台灣住民反映其意見的機會與手段，統治者與被統治者之關係，正是前近代之統治關係的再現。這由民主國政府成立後所發之「總統告諭」可略窺一二。唐景崧明言他之所以就任總統，是因「群情難拂，

不得已爲保民起見，俯如所請，允暫視事」[4]。從「俯如所請」這個表現，可了解他對待國民的態度。

　　民主國採取共和制並非爲了實施民主政治，那不過是權宜之計，詳如第五章第四節所述。本來民主主義並非爲對外政策而存在，而是基於國內政治的必然性而產生，台灣民主國卻忽視了這個基本理念。

5.獨立目的之流動性

　　台灣民主國建國之目的乃在於阻止日本佔有台灣，而建國爲抗日手段之一，這是無庸置疑的事實。在此成爲問題的，是日本佔有台灣被阻後，是使這個國家做爲獨立國存續下去？還是與清國合併？從台灣民主國被創立前後，唐景崧以及台灣士紳所發的電報、布告來看，他們所意圖的獨立並非眞正的獨立，只不過是做爲清國的屬國而已。

(1)「台灣爲朝廷棄地，百姓無依，惟有死守，據爲島國，遙戴皇靈，爲南洋屛蔽。」(五月十五日以「全台紳民」名義所發的獨立通電)

(2)「不得已，允暫主總統，由民公舉，仍奉正朔，遙作屛藩。」(五月二十五日唐總統所發的獨立通電)

(3)「台灣疆土，荷大清經營締造二百餘年，今須自立爲國，感念列聖舊恩，仍應恭奉正朔，遙作屛藩。」(台灣民主國總統

──────────────

[4]《日清戰爭實記》第三一篇，20～1頁收錄此告諭。

告諭)

(4)「今已無天可籲，無人肯援，合民惟有自主，推擁賢者，權
攝台政，事平之後，當再請命中朝，作何辦理。」(台民布
告)[5]

「全台紳民」也好，「台民」也罷，都是邱逢甲等一部分台
灣士紳藉「台灣全體住民的意見」而發，因此不能說是台灣全
體住民的意見。但既然他們分別擁有自己的民衆基礎，而且
台灣民主國是由他們創建，所以他們的意見代表台灣民主國
也是事實。

由於總統及台灣士紳發過這種內容的通電及布告，所以
論者常主張台灣民主國雖有創立，但本質上卻自認是清國的
附庸國，並意圖最終要回歸清國[6]。然而這種主張有過於拘
泥字義之嫌。姑不論對特定人物的通電，連對大衆的布告也
有這種內容，似乎意味著那是期待清國援助的政治性發言
了。本來台灣之所以決定要獨立，是因若在清國主權下，將
禍及清國，故無法抗日，再加上清國已割讓台灣，故以獨立
之國與日本交戰，以乞列強支援，乃是其目的。當然，就算
參與建國的人們各自有不同的動機，應也不出這個範圍。其

---

[5]這些通電及文告皆列爲「台灣自主文牘」，收錄於蔡爾康等編《中東戰紀
本末》初篇，卷四，59～60頁。
[6]請參閱許世楷〈台灣統治確立過程における抗日運動(1895～1902)〉，
東京，國家學會發行《國家學會雜誌》第八一卷第三、四號(昭和43年9
月)，215、220～1頁。

時若公開對清國輸誠，預定將來要成爲清國的一部分，清國
當然會知道，也可使日本以及列強知道這些意向。那樣的
話，日本可能以此爲藉口，對清國採取行動[7]。如果有成爲
清國屏藩的忠誠心，就應該隱蔽那樣的意圖才是。

關於這些布告，唐總統既然有「俟事稍定，臣能脫身，
即奔赴宮門，席蒿禾請罪」的預念，就有必要反覆辯明自己
的行爲並非對清國的叛逆。就台灣士紳而言，那豈非依巧言
令色獲取清國或其官憲同感，期待取得暗中援助嗎？若無這
種期待，實無必要對已割讓台灣給外人的國家賣弄戀戀言
辭。在地方演講的邱逢甲呼籲：

> 「台灣者，吾台人之所自有，何淂任令之私相授受？清廷
> 雖棄我，我豈可滇自棄耶！」[8]

另外，追隨邱逢甲的吳湯興部將徐驤則憤慨清廷就台灣
之存廢所採取的態度，一語道破：

> 「舷衛吾台者，吾民耳。」

---

[7]唐景崧是按照張之洞的指示而使用總統官職之名署巡撫官銜的，但清廷
　連這種秘密通電也透過張之洞要求唐不要使用這個官銜，不外害怕日本
　以此爲口實。請參閱前引書，張之洞《全集》卷一四五，電牘二四，致台
　北唐巡撫，5月初8日(陽曆5月28日)發電。
[8]羅香林輯校《劉永福歷史草》241頁。

他又慷慨激昂道：抗日「成則建造新邦……」，並呼籲新
竹地方住民起義[9]。由此也可看出，這些士紳在台北所說的
公開發言，與在地方所爲的主張，內容上有微妙的差異。因
此，在探究他們的眞意何在時，不可只以公式布告來判斷。
以統治者身分赴任外地的唐景崧，與搏得社會名聲卻嘗受自
己故鄉被割給「下流倭奴」之屈辱感的台灣士紳，兩者對獨立
的感覺當然有所不同。從這個觀點來看，雖可斷定唐景崧構
想台灣之獨立不過是臨時措施而已，但邱逢甲等人未必抱持
相同看法，這是可以推察出來的。

　　然而不管這些台灣士紳的意圖爲何，他們所推舉的總統
唐景崧既然對獨立的觀念有曖昧之處，更加於其公式通電及
布告特意公言台灣爲清國之屬國，那就不得不說台灣民主國
之獨立乃是流動性的。而台灣民主國果眞會如總統告諭所
云：將成爲清國屬國嗎？或如一部分論者所主張的將與清國
合併？抑或成爲眞正的獨立國？此皆視後來台灣住民的國家
意識之昂揚而定，但由於台灣民主國被日本所滅，也就未能
看到結果了。

　　附帶一言，也有人從另外的觀點懷疑台灣的獨立。其一
之Harry J. Lamley氏指出，唐及台灣士紳所發之電報皆使
用「自主」或「自立」這種名詞，避免使用「獨立」一辭。根據他

――――――――――

[9]江山淵〈徐驤傳〉，《小說月報》第九卷第三號，4頁。
　　據徐驤所見：士紳之中也有一部分人持與大陸人相對的台灣人自覺意
　　識。但就台灣社會整體而言，這個自覺意識並不普遍，關於此事，將
　　於本章第二節論述之。

的說明，「自主」是popular rule，「自立」是self-dependent，並非independent〔獨立〕[10]。然而這是將現代用語概念適用於過去的錯誤。在當時的淸國，independent的概念應是「自主」、「自立」，而非「獨立」。[11]

6.統制力薄弱的實質國家

台灣民主國一創立，就以唐總統名義通告列國，並要求承認，結果，無一國承認台灣民主國。根據被唐景崧任命爲基隆營務處〔參謀長〕的高爾伊致劉永福的書信，據說六月六日曾接到俄國皇帝祝賀建國的書信，而各國也有祝賀之意，但唐總統已經逃亡，所以就取消了[12]。此書信內容係譴責唐逃亡的高爾伊說服劉永福就任總統，並表明願入劉麾下繼續抗日運動的意向，顯然有鼓勵劉的意圖。從當時列強的政策來看，俄國皇帝的書信、列強的祝賀云云，是不能置信的。根據其他文獻，只有來自法國的「暫時不予承認台灣民主國，而其他各點，則樂予贊成」[13]的回答而已，其他國家似乎都加以忽視了。新的獨立國家要求外國承認時，外國迅

---

[10]Harry S. Lamley, "The 1895 Taiwan Republic," *The Journal of Asian Studies,* XXVⅡ/4 (Aug. 1968), p.752.

[11]例如當時給予淸國官界很大影響的J. G. Bluntschli有關國際法的著書《公法會通》第六四章，將國家的主權規定爲「自立」與「自主」。有關《公法會通》，請參閱第三章註[33]。

[12]高爾伊〈上劉軍門永福書〉，《中日戰爭》第六冊，371頁。

[13]A. Wirth, *Geschichte Formosas bis Anfang 1898.* 曹永和譯〈台灣之歷史〉，台灣銀行編、出版《台灣經濟史六集》收錄，69頁。

速回應的例子並不少，但那是該外國在新獨立國家享有特別
利益時才有的行動，以台灣而言，列強的台灣政策早於三國
干涉的時期就決定了，台灣獨立這個新局勢並不至於改變列
強的政策。當時的新聞*The Times*曾經報導台灣民主國創立
與該國正在要求列國承認，但並未論及英國對此應採取的政
策[14]。這正表示台灣民主國之出現並未引起國際的關心。
台灣民主國若要取得列強承認，有必要保持相當期間的安定
才行，可是台灣獨立不久，日本軍就登陸，戰鬥開始，因此
根本無法保有安定的期間。

　　另一方面，日本鑒於台灣已宣告獨立，曾展開一連串的
外交措施。當正式完成台灣授受手續的六月二日，日本即以
台灣總督府民政局長官水野遵的名義，向駐在台灣的各外國
領事通告「日本已經佔有台灣，爾後由台灣總督執行行政事
務，在其管轄內的外國人則盡可能加以保護」的意旨。接著
七月十九日外務大臣又以口頭向俄德法三國公使聲明，其他
之外國公使則以文書聲明：「承認台灣海峽為各國公共航
線，日本不轉讓台灣給外國。」[15]

　　本來，國家乃就本國領土擁有包括割讓處分權在內的排

---

[14]"A Republic Proclaimed in Formosa," *The Times,* May 27, 1895, p. 5, col.4～5.
[15]此外，日本與佔有菲律賓的西班牙則於八月七日議定以通過巴士海峽的緯度平行線為國境線。有關日本政府這些一連串的外交措施，請參閱拙論文〈日本之接收台灣與對外措施〉，《國際法外交雜誌》第六九卷第二號(昭和45年7月)，77～85頁。

他性權利，而領土不割讓聲明即被認為是對主權的限制，因此，此措施就留下了爾後日本國內爭論的材料[16]。日本所以特意做出不割讓聲明，似是考慮到台灣尚存在著與日本統治權力競爭、宣告獨立、要求外國承認的台灣民主國政府，而且其兵力正與住民一同展開抗日運動這個現實[17]。事實上抗日軍的存在阻礙日本在台灣施展統治權力。另一方面，日本軍之侵攻則以軍事力蠶食台灣民主國政府的統治地域，使其統治有名無實。台灣獨立之初，民主國政府的統治組織乃沿襲清國舊組織為多，因而並未有較多的混亂，但因割讓這個新局面帶給社會混亂，政府威令不得順利施行。台北政府崩潰之後，與日本軍的戰鬥持續不斷，台南政府的控制地域則隨著日本軍的進展而縮小，戰時的混亂更加呈現。由此

---

[16]同上，81～3頁。

[17]台灣總督勸誘劉永福將軍投降，但對台灣民主國本身則採置之不理的態度。儘管在國際習慣上，逮捕本國叛徒時，並不做為「俘虜」處理，但日本軍卻常常將投降的正規軍視為戰時俘虜對待，將之以船送還大陸。五月十日伊藤總理大臣以「當赴任之際，關於政治大綱訓令之件」，命令「若有俘虜時，應視為戰時俘虜處理之」，六月十三日樺山總督則依據此令，公佈「清國敗兵給資送還之諭示」，允許「宥免敗兵之死罪……限於六月三十日前……出面，迅速歸航清國」。對於參加抗日之台灣住民，則於七月二十五日發佈「寬宥歸順兵之諭示」：「迅降轅門，致誠歸順者，從前罪愆概寬赦不究。」以之呼籲投降。外務省藏版《日本外交文書》第二八卷，第二冊，554頁。藤崎濟之助《台灣史與樺山大將》，昭和元年，東京，國史刊行會，797～8頁、800～1頁。台灣總督府警務局編、出版《台灣總督府警察沿革誌》第二編（上卷），71頁。日本當局是為了盡快終止這個混亂狀態，才採取這樣的措施吧。

可見台北、台南兩政府統治力脆弱的程度。

　　台灣民主國是趁日清講和條約的批准互換與事務性授受手續完成之間的空隙創立的，可以說在法律上是日本的領土，事實上卻在清國主權行使下，因此而有台灣是從日清兩國的哪一方獨立出來的問題[18]。此外，尚有從「起因於叛亂的分離獨立，應先從本國分離出統治權力並加以定位，且需使之穩定延續這個事實狀態的存在」這個觀點，主張台灣民主國政府僅止於做爲事實上的政府而誕生[19]。另一方面，有關國家承認效果的兩個學說：「宣言的效果說」、「創設的效果說」，兩者皆以承認並非創設國家的必須條件爲根據，加以研究台灣民主國乃是「事實上的國家」[20]。近年來，有關台灣民主國的爭論日益興起。

---

[18]新田隆信敎授主張「民主國的獨立行爲，事實上是對淸國，法律上是對日本的叛亂，也是內亂」，而林啓旭氏則從法律上的觀點，認定台灣民主國乃是「從日本帝國分離出來的分離國家」。新田隆信〈台灣民主國の成立とその法的地位〉，《富山大學紀要經濟學部論集》第一〇號，抽印，10頁。林啓旭《台灣をあぐる國際法上の諸問題についての研究》，明治大學法學研究科，1966年，法學碩士論文，未出版，45頁。

[19]新田，前引論文，9頁。

[20]林啓旭，前引論文，29～41頁。

第二節　台灣民主國在台灣史上的地位

　　台灣民主國的誕生比同樣採取共和制的中華民國早十六年，因此被認定爲「亞洲最早的共和國」[1]。而比台灣民主國晚三年，菲律賓也出現了同樣短命的奧格那都(Don Emilio Aguinald)的菲律賓共和國[2]。繼一九一二年的中華民國之後，一九二〇年，在極寒之地的西伯利亞也出現了另一個短命的遠東共和國[3]。其後在亞洲，新的共和國的出現就要等到第二次世界大戰結束以後了。

　　台灣民主國以短命結束，其統治力也甚弱。以短命來

---

[1] W. G. Goddard, *Formosa—A Study in Chinese History* (Melbourne, 1966), ff. 140. 朱鋒〈台灣民主國在台南二三事〉(下)，《台南文化》第三卷第一期，29頁。

[2] 菲律賓人趁1898年的美西戰爭，對西班牙發起叛亂，同年夏，在卡比特的菲律賓軍組織臨時政府，宣告獨立。但美西戰爭的結果，菲律賓歸美國佔有，因此菲律賓人轉而與美國交戰。1901年1月，共和國政府頒佈憲法並選出奧格那都爲總統，他與美軍經過多次戰鬥，於1901年3月被捕，至同年春夏時，菲律賓對美國之抵抗已大致結束。請參閱 David P. Barrows, *History of the Philippines* (Revised ed., 1926). 法貴三郎譯《菲律賓史》，昭和16年初版、昭和17年再版，東京，生活社，288～98頁。

[3] 遠東共和國係1920年4月受蘇維埃共和國政府支持，以避免紅軍與正出兵西伯利亞的日本軍之衝突而創立，於1922年達到預期目的後，與蘇維埃共和國合併。

說，菲律賓共和國與遠東共和國都同樣短命，而在存續期間專心從事戰鬥，致使統治力薄弱這一點，菲律賓與台灣相同。其次，雖說是採取共和制，其實只不過是沒存在可稱為皇帝的統治者的程度，就這一點來說，中華民國也不例外。若這些都加以考量，那麼，台灣民主國勉強可謂是亞洲最早的共和國。然而，若共和國指的是與專制君主制對比的民主主義共和國的話，那問題就不同了。因此，把台灣民主國之存在定位於亞洲的嘗試，筆者有點猶豫，只好就台灣史範疇內的台灣民主國之歷史加以論述，一併做為本書的結語。

在台灣這個地域創立獨立國的，台灣民主國並非第一次，以前已有鄭王朝的先例。鄭王朝以二十三年的壽命告終，但其後仍有好幾次的獨立王朝嘗試創立，惟每一次都夭折或歸於失敗。

一七二一年(清康熙六十年)，導因於苛斂誅求的反清革命在台灣南部發生。由鳳山縣羅漢門住民朱一貴所率領的叛亂集團取得住民的共鳴，很快就膨脹至數萬人。叛亂集團以破竹之勢攻克鳳山縣，接著取下當時的台灣首府台灣府(台南)，也掌握最後一縣的諸羅縣。在台清官無計可施，巡道(當時台灣最高位的軍、政官)、知府以下的文武各官都逃離台灣。同年五月末掌握全島之後，朱一貴被眾人奉為中興王，於台灣府即位，並任命有戰功的諸將為文武各官，將年號改元為「永和」。然而剛成立的這個王朝保持平穩的期間僅約二月，以渡海作戰大舉而來的清軍與朱軍激戰的結果，中興王朱一貴成為俘虜，餘黨也於同年年底之前潰滅。朱一貴所建

立的獨立王朝爲時約二個月就消失了，然而在這期間，清國
的統治權力幾乎完全從台灣島消除。[4]

　　至一七八六年(清乾隆五十一年)時，彰化縣大地主林爽文
作亂，佔據彰化縣署而被衆人推舉爲盟主，改年號爲「順
天」。接著分別佔領嘉義縣城、鳳山縣城、淡水同知所屬的
竹塹廳(新竹)，但首府台灣府(台南)則無法佔領。林爽文與
清國援軍交戰，歷時一年半而敗。持續的期間雖長，卻無法
完全排除清朝的統治權力，因此，不能謂這期間的台灣是獨
立的。[5]

　　其後的叛亂也常嘗試建立王朝。例如一八六二年(清同治
元年)至翌年之間的叛亂，有戴萬生稱爲東王，其同黨林戇
晟自命爲南王。一八三二年(清道光十二年)的叛亂，則有張
丙自封爲開國大元帥，並改年號爲「天運」。但皆無法控制大
勢，王朝的建立終歸失敗。

　　雖然存續期間各有不同，但台灣成爲獨立的政治單位，
只有鄭王朝與朱一貴王朝兩次而已。因此，台灣民主國算是
第三次的獨立。最初的兩次爲王朝，相對的，台灣民主國則
是共和制的最早的獨立國。無論鄭王朝及朱一貴王朝，或是
林爽文、戴萬生之叛亂，都有強烈的反清色彩，但台灣民主
國幾無反清色彩，毋寧還有傾向清國的態勢，由此看來，這
些雖都採取了台灣獨立這個共同的形態，卻未有歷史關聯性

---

[4]台灣省文獻委員會編《台灣省通志稿》卷九，革命志，拒清篇，86頁以
　　後，朱一貴之役。

[5]有關林爽文之亂，請參閱同上書，105頁以後，林爽文之役。

存在。所以，台灣民主國完成了承繼鄭王朝、朱一貴、林爽
文、戴萬生等台灣獨立宿願的這個評價[6]，就不能說是正確
了。意圖滅清復明的鄭王朝、向清國高舉叛旗的朱一貴等
人，最後都被清國所滅，此外，爲阻止日本帝國佔有台灣而
創立的台灣民主國，則被日本帝國殲滅。他們都面對侵攻而
來的敵軍，在無後援的情況下力戰而敗。而且他們都因民衆
基礎薄弱或因內訌這種內在缺點，加速了他們的滅亡。

　　就台灣民主國而言，對清國的忠誠心只在極少數士紳及
追隨他們的一部分住民之間存在，因此，要使一般住民挺身
爲「清國」而戰，就有必要做相當的宣傳了。另一方面，在當
時那種被分隔的台灣社會，身爲「台灣人」的共同意識尚未形
成[7]，所以要使民衆誓死捍衛「台灣人之台灣」而免被「倭奴」
蹂躪，啓蒙活動無論如何有其必要。然而，在台的清國官僚
以及自認屬於統治階級的這少數士紳，依然有「民可使由
之，不可使知之」這種前近代的觀念，缺乏認識與努力。他
們懸賞取下敵軍腦袋，期待民衆心存僥倖的抗戰，或以對不

[6]廖文毅《台灣民本主義》，1956年，東京，台灣民報社，第五章，台灣
　民主國時代。
　此外，有關從清朝統治時代開始的台灣獨立運動的歷史，請參閱拙論
　文〈台灣獨立運動史〉，《台灣》第三卷第一～四號。
[7]一般認爲，近代性台灣民族主義的形成，是在日本統治時代具備了根
　本性的社會、經濟條件之後才開始的。例如：
　Maurice Meisner, "The Development of Formosan Nationalism,"
　Formosa Today, ed. Mark Mancall (New York, 1964), p. 151.
　Douglas Mendel, *The Politics of Formosan Nationalism* (Univ. of Ca-
　lif. Press, 1970), Chapter 1, The Growth of Formosan Nationalism.

同族類必有的嫌惡或恐怖來煽動民眾，使之奔赴戰場[8]。事實上，這種戰術拜日本軍殘虐之賜，也產生了相當的抗日勢力，但未被所動的住民以及寧可希望和平的住民，則採取旁觀的立場。住民中甚至更有野心家或利己分子成了對日協助者，引導不熟悉地理環境的日本軍進攻。與此類似的民眾反應，雖在任何戰爭中都可見到，但在戰爭目的不明確，或缺乏國家民族意識時尤其顯著。台灣攻防戰當時的台灣正是這種狀態。要有理念明確、強力且願獻身的指導者及團結的民眾，這些才是獨立建國成功的重要因素，但台灣民主國每一項都缺乏。

　　可是在台灣民主國存續約五個月期間，亦即台灣攻防戰期間，被日本軍殺害者，根據台灣總督府的報告為一萬餘人[9]，實際上一般認為達到一萬四千人，負傷者數目不詳，但必定比死者更多。當時的台灣總人口約二百六十萬，因此可以說犧牲者的比率相當高。犧牲者之中，除參加實戰戰死者之外，也有不少是被誤殺或因報復而被殺者。在同期間，日本軍戰死者僅二七八人，連負傷者計算在內，也不過九二一人[10]，也就是說，每殺死日本士兵一人，台灣這邊要以五

---

[8]這種宣傳實際上發揮了乘數效果，住民將之誇大，再宣傳給其他住民。大約於日本軍已經登陸的六月末，在分發給各縣的小冊子上有如下的記載：「一除去竹圍，二割髮，三借女人御用，四人死焚葬。」據說台灣住民看了，皆害怕日本人。請參閱吳德功《讓台記》，台灣銀行《割台三記》收錄，48頁。

[9]伊能嘉矩《台灣文化志》下卷，980頁。

[10]陸軍省醫務局《明治二十七八年役陸軍衛生事蹟》第四卷，上，2頁。

十人的生命抵償。不管怎樣，台灣住民過去對日本人只抱有
蔑視與恐怖感，如今是再加上新的「血恨」了。由於這些原
因，台灣攻防戰當時的武力抵抗雖非唯一且最後，但的確成
爲爾後發生的一連串抵抗運動的起點。

在日本佔有台灣前已駐留台灣的淸國軍，以及抗日運動
準備期間在大陸招募的士兵，於台灣攻防戰中或其後不久，
有的自行逃往大陸，有的則投降而由日本送回大陸[11]，這
與台灣攻防戰期間台灣住民及舊淸國軍爲捍衛自己鄉土或受
民主國政府指導，分別以單獨或共同從事抗日運動的情況不
同，台灣攻防戰以後，亦即台灣民主國滅亡之後的抗日運
動，幾乎全由台灣住民自己推動[12]。

一八九五年十月二十一日，日本軍進入台灣最後的城市
台南，台灣總督於十一月十八日報告日本帝國大本營，台灣
全島已平定，但十二月在台灣北部仍有林大北、林季成等人
起義包圍宜蘭，且襲擊頂雙溪、瑞芳的日本守備隊。其後不
久，被日本軍報復殺害的住民高達2831人。又陽曆十二月至

---

[11]於送還時漏掉的例子並非沒有，例如劉德杓即是，他後來與住民一同
　　從事抗日運動，至1898年投降才被送還大陸。不過像他這樣的事例並
　　不多。
[12]非台灣住民發動的叛亂事件，唯一一例子乃是苗栗事件。該事件的指導
　　者羅福星於1903年渡台，1906年返回大陸，其時加入中國同盟會，於
　　1911年再次渡台組織革命黨，企圖創立共和制的獨立國。
　　關於羅案，台灣省文獻委員會編有詳細的記錄出版。莊金德、賀嗣章
　　編譯《羅福星抗日革命案全檔》，民國54年(1965)，台北，台灣省文獻
　　委員會，全438頁。

翌年(一八九六年)元旦之間，詹振、陳秋菊、胡阿錦、簡大獅等人也嘗試奪回台北城[13]。由於這些原因，日本帝國大本營延至四月才得以終結。此外，這一年的後半年也在中南部各地發生騷亂，六月，簡義襲擊鹿港，斷絕南北交通；十月，詹振襲擊台北近郊的錫口、南港。十一月，鄭吉生與柯鐵分別在鳳山及雲林起義。台灣幾無寧日。[14]

日清講和條約第五條有如下規定：

「本條約批准互換之後，限二年之內，日本准中國受讓地區人民願遷居外地者，任便變賣所有產業，退去界外；但限滿之後尚未遷徙者，酌宜視爲日本臣民。」

依此規定，台灣住民被給予二年的緩衝期，自由選擇國籍。然而在該緩衝期間，選擇清國籍內渡大陸者只有四千五百人，不到全人口的千分之二[15]。這個事實証明當時的台灣住民不論是否從事抗日運動，其對清國的忠誠遠不如對生活上密切關聯的台灣。由此可知台灣住民的抗日運動未必源於對清國的忠誠心，乃在於捍衛自己的鄉土。

以一八九七年五月八日爲限，未退去大陸的台灣住民取得了日本國籍，但武力抗日運動仍連綿不絕，以台灣攻防

---

[13]參謀本部編《明治二十七八年日清戰史》第七卷，345～54頁。台灣經世新報社《台灣大年表》17頁。

[14]有關此時期的抗日運動，請參閱台灣軍司令部《土匪討伐戰跡概觀》，謄寫版，昭和6年序，台北。

[15]台灣總督府警務局編、出版《台灣總督府警察沿革誌》第二編，上卷，666～8頁。

戰當時的武力抗日運動爲起點,一直到一九一五年(大正四年)的西來庵事件爲止,武力抗日運動持續了二十年[16]。當然,台灣住民也爲此付出了極大的代價,根據後藤新平(一八九八~一九〇五年的台灣總督府民政長官)所言,一八九八年至一九〇二年五年間,被日本當局所殺的「叛徒」高達11950人[17]。暫且不論在日本統治下的叛亂規模是否夠大,叛亂乃意味著以多數人生命爲賭注的行爲,但台灣住民卻膽敢冒著生命危險,付出代價。各別的叛亂的直接動機容或有所不同,但台灣民主國存續期間,亦即台灣攻防戰當時的殺伐,其影響深遠是可想像得到的。

就日本這邊而言,由於遭到台灣住民激烈的抵抗,其台灣統治政策越發嚴酷。日本在其佔有台灣之際,暫且派遣武官總督前來,但以文官的民政長官輔佐,預定以民政治台。然而台灣攻防戰的激烈使日本當局暫停民政,台灣總督府被軍事官衙化而施行軍政[18]。這雖是「期限至台灣平定爲止」的權宜措施,但台灣平定後所制定的台灣總督府條例卻將武

---

[16]有關此時期的抗日運動,請參閱同上書,第四章,本島治匪始末,261~646頁。又台灣總督府法務部編、出版《台灣匪亂小史》,大正9年,台北。台灣省文獻委員會《台灣省通志稿》卷九,革命志,抗日篇,第三章。

此種研究,有向山寬夫《日本統治下之台灣民族運動史》,未出版;許世楷〈在台灣統治確立過程中之抗日運動(1895~1902)〉,《國家學會雜誌》第八一卷,第三~八號收錄,等等。

[17]後藤新平著、中村哲解題《日本殖民政策一斑,日本膨脹論》,昭和10年,東京,日本評論社,64頁。

[18]前引書,向山《台灣民族運動史》第二卷,437~41頁。

官總督制度化了(一八九六年三月)，所以直到第七任總督明石元二郎爲止約二十五年間，總督的職位皆由武官所佔[19]。一八九五年七月，樺山總督公佈施行「台灣人民軍事犯處分令」，此令之苛酷，不但實際有抵抗行爲者，連「捏造謠言蜚語，或喧囂呼叫妨礙軍隊、軍艦或軍用船之肅靜者」，也一律處以死刑[20]。又一八九六年三月制定的「應於台灣施行之法令的相關法律」(所謂六三法)，則賦予台灣總督在緊急必要時，有在台灣發出具有法律效力的命令，然後乞請勅裁的權限。這是「先斬後奏」的反常措施，使台灣住民的生殺予奪任由總督隨心所欲[21]。日本當局之所以在台灣採取這些措施，源於日本佔有台灣以來，戰亂不絕，總督若未擁有獨裁權限，將無法統治台灣[22]。就這樣，台灣攻防戰促使爾後

[19]台灣總督府民政部編、出版《台灣總督府民政事務成績提要，第二編(明治29年)》，明治31年，台北，231頁。
台灣總督須由武官擔任的資格限制，至1919年(大正8年)的官制改革後才廢除。外務省條約局法規課編、出版《日本統治下五十年の台灣》，昭和39年，東京，177頁。
[20]該處分令全文收錄於藤崎濟之助《台灣史と樺山大將》852～4頁。
有關日本佔有台灣當初之統治政策，請參閱拙論文〈日本の台灣接收と對外措置〉，《國際法外交雜誌》第六九卷第一號。
[21]依「六三法」之總督命令頒佈權，政府委員水野遵台灣總督府民政局長於衆議院有如下的答辯：
台灣並無帝國憲法之適用。總督所發之命令係向台灣之一切而發，審判亦依命令而爲。
《官報》號外，明治29年3月17日，第九次衆議院議事速記錄，635頁。
[22]有關該法律案與政府這方提案的理由，請參閱外務省條約局法規課編、出版《台灣ニ施行スヘキ法令ニ關スル法律(六三法、三一法及び法三號)の議事錄》，昭和41年，東京，尤其1～3頁。
基於本法律，台灣總督於1898年(明治31年)頒佈惡法「匪徒刑罰令」。該令之內容，請參閱外務省條約局法規課編、出版《律令總覽》，昭和35年，東京，167頁。

日本統治台灣越來越嚴苛。而彈壓需要極大的財政負擔，於是，因叛亂的頻發與財政負擔，至一八九八年左右時，就有不如以一億円賣掉台灣的爭論在日本朝野興起了[23]。由此也可以想像日本當局在台灣的爲難程度吧。

另就台灣住民而言，由於台灣攻防戰當時的餘波盪漾，又有在此時期新加上的「血恨」，所以就伺機反擊。一八九六年元旦襲擊台北、一八九七年五月七日襲擊大稻埕馳名的陳秋菊、詹振等人，顯然是參加過台灣攻防戰的人物，而簡大獅則是台灣攻防戰當時，其妻及母、嫂、妹被日本士兵姦殺，一家族十餘人都被殺光才奮起的[24]。此外，爲鎮壓住民叛亂而採取的「台灣人民軍事犯處分令」等法律措施，以及苛酷的彈壓手段，雖有威嚇效果，卻也引起了住民的反感。

(1)「我民俱思清官已去，唯望平治，盡皆歸降。不意此賊大非人類，任意肆虐，無大小之罪，無善惡之分，無黑白之辨，唯嗜殺戮。挐之即決，燒庄燬社，淫辱婦女。」（一八九六年柯鐵檄文之一節）

---

[23]前引書，後藤《殖民政策》47頁。

[24]簡大獅在廈門廳陳述抗日動機之筆錄，收錄於阿英《甲午中日戰爭文學集》493～4頁。
簡大獅後來逃往大陸，但被清國官憲逮捕，清國接受日本之要求，將簡強制送還台灣，於明治33年3月被處死刑。請參閱前引書，台灣軍司令部《土匪討伐》，第一章，領台後之土匪騷擾梗概，3頁；台灣省文獻委員會《台灣抗日忠烈錄》第一輯，93頁。

[25]前引書，《通志稿》，革命志，抗日篇，49、103頁。

(2)「乙未五月，侵犯臺疆，苦害生靈，刻剝膏脂。荒淫無道，

絕滅綱紀。強制治民，貪婪無厭。禽面獸心，豺狼成性。」

（一九一五年余清芳布告之一節）

如這些檄文及布告所示，台灣住民的抗日運動引起了日本當局的嚴厲彈壓，愈嚴厲則愈誘發新的反抗，於是惡性循環，反覆不止。抵抗運動者常拿舊統治者清國來與新統治者日本對比，藉以美化清國統治時代。在清國統治時代，一般台灣住民對清國並未有忠誠心，但脫離清國束縛之後，猶尚美化其統治，這不外是對現今統治者之反抗的一種表現吧[26]。無論如何，台灣攻防戰之後的武力抗日運動，其共同要因乃在於對日本人這個異民族之統治的不滿情緒。要呼籲民眾奮起抵抗習慣、風俗截然不同的異民族時，即使乍看似不重要的小事也常常激起很大的作用。詹振為促使台灣住民起義而舉出的日本「十大罪」即為此例：

第一條大罪：不敬天，不敬神明。

第二條大罪：不敬孔子，不惜字紙。

第七條大罪：日本做事同乞食。

---

[26]第二次世界大戰後，台灣人反抗新來的國府統治，終於認為日本的統治比國府好，但這並非意味著台灣人對日本抱有忠誠心，或意欲再次接受日本的統治，那只不過是表現對現今統治者的反感與不滿而已。台灣開始接受日本統治不久，住民感受到清國比日本好，也是基於同樣的心理吧。

第八條大罪：放尿要罰錢。

第九條大罪：買賣要抽稅。[27]

　　如上所述，台灣攻防戰之後的抗日運動乃源於攻防戰當時的仇恨、台灣總督府所施行的嚴厲彈壓政策、異民族的統治等要因。

　　台灣攻防戰之後的武力抗日運動常常高舉「獨立」為目標，卻未以「台灣民主國之恢復」為目的。一八九六年(明治二十九年)至九八年之間，佔據雲林鐵國山(大坪頂)頑強展開抵抗的柯鐵，將一八九六年改元為「天運元年」。從改換年號來看，可說是以台灣獨立為目標，但未承襲台灣民主國年號「永清」，可見並非台灣民主國之恢復，或是台灣民主國運動的延長。一八九七年(明治三十年)，嘉義發生了武力抗日運動，住民立黃國鎮為「皇帝」，將年號定為「太靖」；一九一二年(明治四十五年)的土庫事件則有黃朝企圖成為「台灣國王」；一九一四年(大正三年)的六甲事件，稱為羅臭頭的住民意圖成為「台灣皇帝」；一九一五年(大正四年)的西來庵事件，余清芳籌劃建立「大明慈悲國」[28]。這些全都以台灣的獨立為目標，卻帶有前近代的色彩，並未考慮到採用共和

---

[27]日本之「十大罪」全文收錄於台灣憲兵隊編、出版《台灣憲兵隊史》，昭和7年，台北，77〜8頁。漢文則收錄於台灣省文獻委員會編《台灣省通志稿》卷九，革命志，抗日篇，民國43年(1954)，台北，36〜37頁。
[28]請參閱前引書，《通志稿》，抗日篇，45頁以後。尤其46、64、86、103〜104頁。

制，又未以「台灣民主國之恢復」爲目標。這表示一八九五年的台灣民主國運動並未持續，也再度証明了一八九五年當時的民主國運動民眾基礎薄弱的程度。

　　一九一三年(大正二年)的苗栗事件策劃要驅逐日本人，建立共和制的台灣國。指導者羅福星是在大陸受前台灣民主國副總統邱逢甲知遇的人物，獨立時，羅福星是否有意使之成爲「民主國」，不得而知[29]，然而從其企圖建立共和國，以及指導者與台灣民主國的最高幹部有交往這些情形來看，在以台灣獨立爲目標的好幾次叛亂事件之中，假使曾有過與「台灣民主國」有所關聯者，也只有這個苗栗事件而已。然而，這時大陸已發生辛亥革命，中華民國也建立了，因此，毋寧可謂是受到辛亥革命很大的影響使然。

　　連續二十年的武力抗日運動，從一九一五年(大正四年)之後有了體質上的變化。亦即武力抵抗運動雖非皆無，但抗日的潮流已迭變爲政治鬥爭。這個變化，可舉出原因如下：

　　(1)逐漸認識到零星的武力抵抗不足以抗拒強國日本。

　　(2)受過近代教育的知識階級增加，政治鬥爭比武力鬥爭較適合。

　　(3)日本的台灣統治上了軌道，難以瞞過官憲耳目而暗中策劃武裝起義。

　　(4)台灣的產業化改善了經濟生活環境，對異民族統治的不滿情緒逐漸消失。

―――――――――

[29]前引書，莊、賀《羅福星》43頁。

在以上的背景下，抗日運動由武力鬥爭轉變爲政治鬥爭，當前目標則在享受與日本人同等的政治自由，特別是設置台灣議會。但在日本這邊的見解，認爲其背後必隱藏有台灣獨立的陰謀[30]。以台灣人立場來說，既然主張要獲得與日本人同等的權利，就不得不採取台灣人也是日本人這個原則，因此，台灣人的政治運動就把台灣的意圖隱藏起來，也幾乎沒有人談及過去的武力抗日運動[31]，僅有日本共產黨分支機構台灣共產黨以及在海外活動的台灣人團體猶尚高舉著台灣獨立的標語。[32]

然而長達二十年的武力鬥爭，再加上日本當局堅持對台灣住民的差別待遇，促進了台灣人意識的形成。而且，一直被分隔的台灣社會也隨著日本當局迅速且成功的產業化政策，交通網完成了，封閉的農村社會正向工業社會進展，結果，住民的交流擴大到台灣全域，這些都有助於強化台灣人

---

[30]前引書，台灣總督府編《警察沿革誌》第二編，中卷，310、318頁。宮川次郎《台灣の政治運動》，昭和6年，台北，台灣實業界社，7頁。

[31]有關此時代台灣人指導者的戰略，楊肇嘉《楊肇嘉回憶錄》，上下二冊，民國56年(1967)，台北，三民書局，尤其可爲參考。又請參閱黃朝琴《國民革命運動與台灣》，民國44年(1955)，台北，中華文化事業出版委員會，5頁。

[32]有關台灣共產黨及大陸台灣人獨立運動團體之主張，請參閱前引書，台灣總督府編《警察沿革誌》第二編，中卷。1929年5月，東京台灣學術研究會、東京台灣青年會所發的宣言書中有「台灣獨立萬歲」這個口號，但這並非公開爲之，而是秘密發行的宣言書。請參閱50～52頁。活躍於中華民國下的台灣人團體的「台灣獨立」主張與此不同，是公開的。請參閱68頁以後。

意識。就這樣，和從前的地域性、黨徒性的叛亂事件不同，如今的台灣人政治運動已成為更廣泛且帶有全民運動的性格了。[33]

雖有過這種台灣人的融合，另一方面卻也對台灣人隔絕了台灣史實。有關台灣歷史的知識無法從教育機關或書籍取得，只有口傳而已。以台灣民主國來說，在經過日本五十年的統治後，就算台灣人已知道有關史實的存在，卻也隨著歲月的流逝，實狀並未被充分理解，反而被美化了[34]。所以，日本在第二次大戰戰敗，台灣一脫離日本帝國的統治後，就有某一個受過日本高等教育的台灣人昂然以台灣民主國為例，誇示著台灣人的進步性。以下就是他提示日本人的手記的一節：

「在亞洲最先高舉民主主義大旗者乃是台灣省民，知道這個事實的日本人，恐怕沒有一個吧！……我們的上一代認為清國不足恃，而以自力高舉台灣民主共和國大旗，抗戰七年，戰敗終為日本所統治。菲律賓的獨立戰爭乃是台灣民主國建國二年後之事，而大中華民國的建國，則是十六年後之

---

[33]根據矢內原忠雄氏的觀察，1915年以前的武力抗日運動並未達到近代的組織性民族運動程度，在台灣，台灣人的組織性政治運動、社會運動乃在1921年(大正10年)以後才出現。矢內原忠雄《帝國主義下之台灣》242、248頁。

[34]就美化台灣民主國這件事來說，有趣的是1928年組成的台灣共產黨的見解。它在同年制定的「政治大綱」，將台灣民主國定義為「1895年之民主革命」，並且認為是隨著同年的〔台灣〕國民革命運動而發生的。前引書，台灣總督府編《警察沿革誌》第二編，中卷，605頁。

事。」[35]

這是台灣知識階級終於能夠談論台灣人本身歷史時欣喜
若狂的心情吐露吧！然而，一直要到中華民國統治下的台
灣，發生大暴動的一九四七年之後，才有較多的有關台灣民
主國之意義的論述，也才有兼攝多面向的見解發表。為反抗
中華民國政府之政治腐敗與壓制，是年二月，台灣人一齊起
義，未及一週就掌握全台，但旋被國府派來的兩個師團增援
軍所鎮壓。在鎮壓過程及其後不久的大屠殺，台灣人被慘殺
數萬人[36]。以這個事件為起點，台灣興起了近代性的獨立
運動，於是圍繞著台灣問題，當時的台灣人與中華民國政府
之間，一九四九年後與中華人民共和國之間，展開了「台灣
爭奪戰」。

以台灣之獨立為目標的一部分台灣人，在探求著台灣成
為獨立國的歷史，藉以尋出「台灣獨立的歷史根據」，並意圖
以台灣民主國不但是台灣之獨立，也是亞洲最早採取共和制
的這個事實來做為民族的榮譽[37]之前，嘗試將歷史性意義

---

[35] 伊藤金次郎《台灣・欺かざるの記》，昭和23年，東京，明倫
閣，199～200頁。
[36] 根據「中國白皮書」，台灣人被屠殺者為一萬餘人，但台灣人則主張被
屠殺者為五萬人。請參閱U. S. State. Dept., *United States Relations
with China, With Special Reference to the Period 1944～1949* (Wash-
ington, 1949), pp. 926～938. 及台灣青年社《台灣青年》第六號(二二八
特集號)，1961年2月。
[37] 例如，史明《台灣人四百年史》272～3頁；簡文介《台灣の獨立》，昭和
37年，東京，有紀書房，63～68頁。

附加於台灣民主國者，乃是中華民國政府，該政府於進駐台灣翌年的一九四六年五月二十五日（台灣民主國創立日），在台北市公會堂（今台北中山堂）舉行台灣民主國五十一周年紀念大會。台灣民主國宣誓効忠「清國」，即意味著効忠「中華民國」，而舉行紀念大會的用意，似乎也在呼籲台灣人効忠「中華民國」。其後，各種研究機關紛紛設立，特別在一九五〇年以後，有關台灣歸屬的爭論日盛，台灣民主國的研究也越發興起，台灣省文獻委員會以及曾爲台灣民主國政府所在地的台北市及台南市的文獻委員會，也發表了很多相關研究。最近，甚至也有這樣的「研究」出現了：「台灣經常是中國的模範，繼台灣民主國採取共和制之後不久，中華民國在大陸出現，從此事實可以預料到，不久大陸將承襲現在台灣所採取的中華民國政府的諸制度。」[38]

　　嘗試將歷史利用於現實政治，任何一個國家可能都有

---

[38]在1955年以後，每年停留台灣數個月，負責中華民國政府宣傳工作的澳大利亞人Goddard之主張即是。Goddard, *op. cit.*, Chapter 8, The First Asian Republic.

在中華人民共和國，就台灣民主國所做的研究幾乎沒有，只有少數的通史言及。請參閱范文瀾《中國近代史》。該書將台灣攻防戰區分爲官紳虛張聲勢的抵抗運動與人民的英雄性抵抗，認爲台灣民主國乃屬於前者；並將現在的國民黨比作李鴻章、唐景崧。它寫道：「現在台灣回歸祖國了。然而，李鴻章、唐景崧之繼承者的國民黨殘匪卻依靠美國帝國主義的保護，悍然地侵略、佔據台灣。」請參閱上編第一分冊，295頁。

現在的國民黨與唐景崧有哪一點是一致的，令人難以理解，這也是相當政治性的敍述吧。

過，並不稀奇，但在研究學問時，必須將之排除。史實的錯誤認識，有時是不得已的，但不容故意歪曲。就台灣民主國而言，其總統言明要效忠清廷，而台灣士紳也在通電中表明擁護清廷，就算是眞意，也不能將之拿來頂替視清國爲異民族，欲在「驅逐韃虜，建立中華」口號下建國的中華民國的效忠。推動台灣民主國建國的一部分台灣士紳，就算當初對清國的忠誠心是驅使他們挺身抗日的理由之一，但在決定要獨立的階段時，他們毋寧是處於被清國出賣的心理狀態。何況如徐驤等一部分士紳尚且持有「台灣人意識」。因此，將台灣民主國之創立視爲對清國的忠誠心，進而視爲對中華民國的忠誠心，乃是錯誤的認識。

就台灣史來看，台灣民主國的建國運動不過是迄二十世紀一〇年代爲止，三百年間發生的黨徒性獨立運動，甚至是對統治者叛亂的一個場面而已。但是台灣民主國運動與其前後的建國運動以創立封建王朝爲目標有所不同，台灣民主國乃是建立共和國，指導者爲社會上層階級人物等，這些勉強可說是不同之點吧！然而，台灣民主國的制度及其指導者的思想毋寧是前近代的，所以也就不必區別台灣民主國運動與其他的建國運動了。更且，那些積極推動台灣民主國建國運動的一部分士紳並未捨身而爲，正顯示著他們的運動含有投機因素，因此難謂他們是台灣人的先覺者。這些自認爲指導者的一部分士紳，煽動民眾抵抗，卻將這些激烈抵抗日本軍的民眾棄之不顧，私自逃走了。從這觀點來看，他們毋寧是出賣民眾。台灣民主國之出現乃是戲劇性的，所以才引人注

目，後世也加以美化，如果抵抗異民族侵略是值得尊敬的行爲，那麼，在戰場誓死戰鬥的民衆才是應該受到永遠紀念的吧！

然而，台灣民主國及其指導者在台灣史上並非完全沒有發揮作用。由於被日本佔有時，台灣社會甚爲複雜，大部分的台灣住民都在旁觀台灣攻防戰。然而，對於日本之佔有台灣，在全島各地發生武力抵抗而犧牲了很多生命，又組織當時爲地域性小集團的民軍，在戰場上與共同敵人日本軍交戰的結果，至台灣攻防戰中期時，已互相取得聯繫合作，這些也就成爲台灣住民開始抱有異民族日本人統治下之「台灣人」命運共同感的一個要素。台灣人意識乃是在日本統治時代形成的，從這一點來看，台灣攻防戰正是台灣人意識形成的起點。台灣民主國政府之統治力雖甚脆弱，指導者雖怯懦，但台灣攻防戰的戰端卻是由他們開啓的，戰亂雖帶給台灣住民很大的災難，但另一方面，也成爲台灣人意識形成的起點，在這意義上，台灣民主國及其指導者應該得到很高的評價才是。

台灣史略年表

（含一八九五年日誌）

14世紀中葉　元朝置巡司於澎湖。

1372　　　撤廢巡司。

1563　　　明朝置巡檢司於澎湖。未幾撤廢。

1622　　　荷蘭佔領澎湖。

1624　　　荷蘭自澎湖撤退，據有台灣島。

1626　　　西班牙佔領基隆。

1629　　　西班牙築城於淡水。

1642　　　荷蘭擊退割據台灣北部的西班牙。

1661　　　鄭成功軍登陸台灣島。鄭王朝立。

1662　　　鄭成功推翻荷蘭支配台灣。

1683　　　清朝攻略台灣，鄭王朝滅亡。清國領有台灣。

1721　　　朱一貴自稱中興王而掌握全島。同年滅亡。

1842　　　鴉片戰爭中，英國以大艦隊砲擊台灣。

1853　　　美國派遣培里提督的艦隊至台灣。

1858　　　英國在台灣完成開港。依天津條約設最惠國條款。法國
　　　　　在台灣開港。美國在台灣開港。

1860　　　普魯士艦隊砲擊台灣。

1861　　　普魯士在台灣開港。列國於六〇年代起逐一在台灣開
　　　　　港。

1867	美國船羅拔號事件。
1868	英國人、普魯士人的台灣東部開拓事件。
1869	英艦砲擊安平。
1874	日本出兵台灣。
1885	法國乘清法戰爭佔領基隆。
1886	法國佔領澎湖,清法媾和成立。法國自台灣撤退。
1894	日清戰爭發生。
8月	日本決定於冬季佔領台灣。
9月	清國決定與日本安協。
10月	英國向日清兩國試探媾和之意。
11月	美國斡旋媾和。清國派遣迪多林至日本。
1895	
1月14日	日本大本營命令比支島混成支隊出動至澎湖。
20日	日本大本營命令聯合艦隊佔領澎湖。
30日	清國媾和代表張、邵一行抵達廣島。
2月12日	張、邵被拒絕進行媾和談判,自長崎歸國。
13日	清廷任命李鴻章為媾和全權特使。
18日	張之洞認北京危急,欲將台灣的劉永福軍轉調至華北戰線。
27日	張之洞致電台灣表示,台灣若需軍負,可匯寄。此外,張之洞獲悉日本有割讓台灣之要求,致電唐景崧,令其以反對割讓台灣電奏清廷。
28日	唐景崧電奏反對割讓台灣。
3月1日	張之洞向軍機處力說台灣重要性。
2日	唐景崧遵從張之指示,電奏台灣不可讓。

3日	編修黃紹箕、徐世昌等人反對割讓遼東、台灣。
6日	張之洞忽起奇襲日本本土之意，欲在台灣募兵。張向清廷建議以台灣為抵押，向英國貸款。
7日	清廷同意張之建議，着龔公使與英國交涉。
15日	比支島混成支隊由佐世保出港，前往澎湖。
19日	李鴻章全權特使至下關。
20日	伊藤博文、李鴻章媾和談判第一次會談。李請休戰。
23日	日本軍登陸澎湖，攻擊澎湖砲台。澎湖大武山戰役。
24日	台灣島、澎湖間之海底電線斷絕。澎湖拱北砲台附近戰役。馬公城戰役。日本艦隊砲擊澎湖島圓頂半島。伊藤通知李鴻章日本軍前往澎湖之事。李為兇漢狙擊。
25日	日本軍進入澎湖城。
26日	日本軍佔領全部澎湖島。戶部尚書翁同龢匯五十萬兩至台灣。
28日	深夜，翁同龢知悉澎湖陷落。
29日	軍機處知悉澎湖淪陷之事。
30日	日清休戰和約簽字。
31日	該和約生效。
4月1日	日本全權特使面交媾和條約草案予李鴻章。
12日	德國領事抵達台灣島。
13日	總署命令李鴻章，以台灣南部割讓予日本、北部則保留的條件與日本交涉。李表示反對。在台外商搶購茶葉。
14日	H. B.馬士會見唐巡撫。
17日	媾和條約簽字。休戰期間延期。張之洞通知唐景崧預定於此日簽字之事。唐電奏因割讓消息而有暴動發生之可

能。姚文棟奉唐命訪問英國代理領事，問阻止日本領台之可能性。唐電奏英國、俄國，請求保護台灣。

18日　邱逢甲率領士紳反對割讓。

19日　士紳於萬華集會。邱逢甲反對割讓之電報寄達翁同龢。台北士紳請唐留下。台北士紳通電台中、台南之士紳。於兩個月內割讓台灣及住民須於兩年內選擇國籍之事傳遍台灣。

20日　反對割讓之住民發動罷工。台灣北、中、南部有士紳等約二百名訪唐。此際向英國代理領事懇求防衛台灣之事。邱逢甲為其代表。馬士規勸唐不可依存列強。此一兩日，唐向英國領事懇求購買政府所有之不動產。此外，央請卡斯與巴特勒將私財六十萬兩運至大陸。

21日　張之洞告訴唐有關亞爾薩斯、羅連之例。唐受日前之士紳的脅迫。

22日　沈曾植所拍發之「著令依賴英國自立」的電報寄達唐手中。孫毓汶、徐用儀兩人迫光緒帝批准條約。翁同龢、李鴻藻反對。台北發生暴亂，中軍方良元被殺。唐母之行李遭襲擊。士紳禁止將軍費運出島外。

23日　三國干涉開始。編修李桂林等八十三人建議延期批准條約。唐母回廣東。住民有暴動傾向。

25日　光緒帝對王文韶、劉坤一等人垂問戰意。唐向清廷建議，以台灣為列國之租界。

27日　光緒帝訓令向俄國請求武力干涉。台灣籍舉人上奏反對割讓。台灣士紳引用《公法會通》，強調應尊重住民之意願。唐知三國干涉不及台灣。

28日	張之洞唆使唐上奏對朝廷之反對應活潑化。
29日	光緒帝決心批准條約。唐預見自己會被留置台灣而致電張之洞,問以台灣自主時能否得到列強保護。
30日	張回電,告以自立則難獲援助。
5月2日	暴動發生,鹽館、厘金衙署被襲。兵勇射擊歐美人士。英國水兵六十人上陸以自衛。
3日	光緒帝用印於條約批准書上。此月初旬,邱逢甲被選為新竹一帶獨立運動領袖。
4日	唐向張請示關於與法國攜手在東南海建立新世界一事的意見。
5日	法艦通知軍機處及唐將抵達台灣之事。日本決定歸還遼東,並將此意通知三國。
6日	總署命令李鴻章通知日本台灣發生混亂之事。
8日	媾和條約批准交換。唐誤信法艦中止訪台而失望。
9日	馬士訪唐。唐問以獨立之結果。舉行「民國論議」。
10日	日本任命樺山為台灣總督。
11日	戶部命令張之洞匯寄五十萬兩至台灣。陳季同抵達台灣。
12日	法國公使於總署明言不介入台灣問題。
13日	明治天皇發佈歸還遼東之敕詔。
14日	新竹發生暴動。
15日	清廷對張之洞等人發佈武器禁輸令。邱逢甲率領中南部士紳與唐會談。台灣發出獨立通電。
16日	清廷討論台灣問題,未得結論。台灣士紳懇求唐視台政。唐拒絕。唐發表命令,着官吏將兵欲內渡者,限於

五月二十七日前離台。

17日　唐致電張，告以民主國成立之事。

19日　唐問張之職位。法艦抵達台灣。

20日　清廷將唐免職，對在台官兵發佈內渡令。陳季同訪問法艦。據陳言，艦長主張自立。

21日　法艦艦長訪唐。台灣士紳再度懇請唐掌理台政。唐未拒絕。陳季同、邱逢甲、林朝棟、陳儒林等人推舉唐為「民主國」之領袖。

22日　日本近衛師團自此日起接連二日，開始向台灣出發。

23日　台灣獨立宣言發表。

24日　樺山總督率領文武官僚，搭乘橫濱輪從宇品向台灣出發。

25日　台灣民主國成立。舉行總統就任典禮。日本軍艦於淡水遭遇槍擊。

26日　福建提督楊岐珍麾下十二營開始撤兵，並於三十日前內渡完畢。

27日　唐令所訂選擇內渡最終日。張之洞電奏清廷不可支援台灣。

28日　二十九艘日本軍艦停泊於台北近海。

29日　日本近衛師團自澳底登陸。

30日　楊岐珍內渡。日本軍佔領三貂嶺。

6月1日　大粗坑附近戰役。

2日　授受台灣之手續完畢。瑞芳附近戰役。軍機處對大陸沿岸督撫發出禁止支援台灣的命令。

3日　日本軍攻擊基隆。台北城陷於混亂。常備艦隊砲擊基

隆。

4日　唐總統於黃昏時分逃出台北。俞明震決意逃亡。

6月　台灣總督府登陸基隆。唐總統由淡水逃亡至大陸。

7日　日本軍佔領台北城。

13日　台灣總督府發表「關於清國敗兵給資送還之諭告」。是日，劉永福已自台灣南端移駐台南(安平)。

14日　台灣總督府進入台北。

15日　廈門各處旅館因來自台灣的敗兵而客滿。

17日　總督府始政典禮(後來成爲始政紀念日)。

18日　伊藤內閣總理大臣兼任台灣事務局總裁。

21日　楊梅壢附近戰役。

22日　日本軍佔領新竹。劉永福得到張之洞所發「著令死守」的「密書」。

25日　廣背庄附近小戰役。台灣方面計劃奪回新竹。邊寶泉將劉永福請求救援之事傳達張之洞。

26日　邇來台南部分士紳推舉劉永福爲總統，劉不接受。議院設立。

28日　安平鎮庄攻防戰。

29日　樺山總督向大本營要求增派一支混成旅團。

7月1日　安平鎮庄攻防戰。

2日　近衛師團第二次輸送部隊開始登陸基隆。清廷再三發佈對台灣之武器禁輸令。

5日　張之洞拒絕劉永福之支援請求，樺山總督再度向大本營要求一個師團，以進行佔領台灣南部。

6日　台灣總督府發表「台灣人民軍事犯處分令」；另方面也公

佈「有關租稅蠲免之告知」，以收攬人心。

10日　　台灣方面試圖奪回新竹城。

11日　　劉永福向張之洞請求援助。

13日　　二甲九庄附近戰役。占山附近戰役。大料崁附近戰役。

14日　　龍潭陂附近戰役。桂仔坑及埤角附近戰役。

16日　　大料崁附近戰役。

17日　　劉永福向張之洞請求援助。

19日　　日本外務大臣對各國公使發表有關台灣領有之宣言。

21日　　到翌日正午之橫坑仔庄附近戰役。

23日　　福德坑庄附近戰役。太平庄附近戰役。

25日　　台灣總督府發表「有關寬宥歸順兵之諭告」。

29日　　張之洞拒絕劉永福及台灣士紳之求援。

31日　　龍潭陂附近戰役。涼傘頂附近戰役。

8月1日　銅鑼圈庄附近戰役。

2日　　混成第四旅團於4日前自大連出發，前往基隆。新埔街附近戰役。

5日　　台南議院議決發行「銀票」及設立「官銀總局」。

6日　　混成第四旅團於9日前登陸基隆完畢。金山面庄附近戰役。鑒於武力抗日之激烈，決定廢止民政之台灣總督府臨時條例，以軍令制訂台灣總督府條例，暫時中止民政而施行軍政。

7日　　日本決定與西班牙協議版圖境界。混成第四旅團於15日前完成與基隆、新竹間之近衛師團守備隊的交接。

8日　　總督府以台灣士紳設置台北保良局。水尾溝附近戰役。客仔山及柑林溝附近戰役。日本艦隊自頂寮庄西方海面

及筆尖山近海支援陸戰。

9日　日本軍佔領筆尖山。第四旅團抵達基隆。日本征台軍於本月初增加在奉天的第二師團(欠混成第四旅團)及屬日本內地之第二、第四師團的後備隊、臼砲隊、工兵隊、要塞砲兵隊、憲兵隊。

10日　馬卡蘭提案發行郵票。

13日　後壠附近戰役。

14日　日本軍佔領苗栗。

19日　劉永福向張之洞求援。

20日　樺山總督致勸降書予劉永福將軍。

22日　張之洞拒絕劉之求援。

26日　溝倍庄附近戰役。劉永福致函日本「擬將台灣讓渡貴國」。日本方面堅持要求投降。

27日　溝倍庄附近戰役。三十張犁庄附近戰役。

28日　日本軍佔領鹿港。彰化大戰役。

9月3日　大甫林附近戰役。

9日　台灣方面襲擊大甫林之日本軍。

29日　近衛師團第二旅團長山根信成少將因瘧疾而死。

10月1日　第二師團之留守部隊於3日之前由大連出發，開赴澎湖島。

6日　西螺街附近戰役。

7日　土庫街附近戰役。施瓜寮附近戰役。牛厄灣庄附近戰役。

8日　雙溪口庄附近戰役。第二師團戰列諸隊於澎湖島集合。內林庄附近戰役。

9日　　　嘉義城淪陷。

10日　　　混成第四旅團自此日起至13日，自布袋嘴附近登陸。劉
　　　　　永福向日本提議媾和事宜。

11日　　　高島副總督拒絕劉之媾和要求。第二師團自此日起至15
　　　　　日，自枋寮登陸。茄苳腳附近戰役。

12日　　　頭竹圍庄附近戰役。杜仔頭庄附近戰役。

13日　　　台灣方面襲擊杜仔頭庄附近之日本軍。東石港附近小戰
　　　　　役。頭溝水庄附近戰役。

15日　　　日本艦隊砲擊打狗砲台。

16日　　　日本軍佔領鳳山城。

17日　　　台灣方面襲擊鐵線橋附近之日本軍。五間厝附近戰役。

18日　　　大莆口附近戰役。竹橋寮及下灣庄附近戰役。近衛師團
　　　　　長北白川宮能久親王於安溪寮庄(在台南縣後壁鄉)被住
　　　　　民殺害(台灣住民傳言)。

19日　　　劉永福搭乘英國船逃亡至大陸。台灣民主國滅亡。

20日　　　灣裡庄附近小戰役。曾文溪附近戰役。蕭壠街附近戰
　　　　　役。二層行溪附近戰役。

21日　　　第二師團一部分進入台南。

22日　　　南進軍司令部進入台南。

11月1日　　日本軍佔領恒春城。

4日　　　近衛師團長北白川宮能久親王病歿(日本政府發表)。

12日　　　近衛師團自此日起至22日之間，將守備地轉予第二師
　　　　　團，逐次返回日本內地。

17日　　　日本軍攻擊蕉坑庄附近之民軍。台灣總督府發佈「台灣住
　　　　　民刑罰令」。

18日	樺山總督向大本營報告「全島今已全歸平定」。
25日	日本軍自此日起至翌月9日，攻擊火燒庄附近之殘餘民軍。
12月30日	台灣人民起義，包圍宜蘭，襲擊頂雙溪、瑞芳之日本軍。
31日	台灣住民自此日起至元旦，試圖奪回台北城。
1896	「六三法」制定。柯鐵將台灣年號改爲「天運」，並以此年爲元年。
1897	未於五月八日（選擇國籍最終日）前退出台灣之住民取得日本國籍。台灣住民襲擊大稻埕。嘉義有擁立黃國鎮爲台灣「皇帝」之動向。
1898	日本內地沸騰以一億圓出售台灣之議論。
1907	北埔叛亂事件。
1912	林圯埔叛亂事件。於土庫叛亂事件之際，黃朝意圖當「台灣國王」。
1913	於苗栗叛亂事件之際，羅福星企圖建立共和國。
1914	於六甲叛亂事件之際，羅臭頭意圖爲「台灣皇帝」。板垣退助來台組織台灣同化會，爲台灣人之合法鬥爭啓開序幕。
1915	於西來庵叛亂事件之際，余清芳企圖建立「大明慈悲國」。

地名對照表

筆畫	地名	現在地名	備考
2	二甲九		台北縣鶯歌鎮二甲里
	二重埔	三重埔	台北縣內
	八堵	八堵	屬基隆市
	八里坌	八里	台北縣內
	八塊厝	八德	桃園縣內
	九芎橋	九芎橋	台北縣瑞芳鎮弓橋里
	九芎林	芎林	新竹縣內
3	三貂角	三貂角	台北縣內
	三貂嶺	三貂嶺	台北縣內
	三角湧	三峽	台北縣內
	三塊	三塊厝	台南縣內，曾文溪河畔
	三十張犁		台中縣內，台中市北方、溝倍庄南方
	下灣		台南縣內
	大甲	大甲	台中縣內
	大湖	大湖	屏東縣內
	大埔口		台南縣內，急水溪河畔
	大稻埕	大稻埕	台北市內
3	大料崁	大溪	桃園縣內
	大湖口	湖口	新竹縣內
	大安溪	大安	台中縣內

	大甫林	大林	嘉義縣內
	大粗坑	大粗坑	台北縣內
	小粗坑	小粗坑	台北縣內
	山寮	下山寮？	台南縣內
	土庫	土庫	雲林縣內
4	水返腳	汐止	台北縣內
	水仙嶺	水仙崙	新竹縣內
	水尾溝	雙溪	新竹縣內
	內林	內林	嘉義縣內
	中壢	中壢	桃園縣內
	斗六	斗六	雲林縣內
	中港	中港	苗栗縣內
	雙溪口	溪口	嘉義縣內
	牛尫灣	八德	雲林縣內
	五堵	五堵	屬基隆市
	五間厝		台南縣內，鐵線橋附近
5	他里霧	斗南	雲林縣內
	打狗	高雄市	
	打貓	民雄	嘉義縣內
	北門嶼	北門	台南縣內
	北埔	北埔	新竹縣內
	布袋嘴	布袋	嘉義縣內
	半路竹	路竹	高雄縣內

6	安平	安平	屬台南市
	安平鎮	平鎮	桃園縣內
	竹橋寮	竹橋	台南縣內
	朴仔腳	朴子	嘉義縣內
	西螺	西螺	雲林縣內
	西港	西港	台南縣內
	尖山		台北縣內，鶯歌鎮之一部
	式港仔寮		台南縣內，急水溪河畔
	六腳庄	六甲？	台南縣內
7	赤山	赤山	台南縣內
	杜仔頭		台南縣內，筏仔頭之北方
	芋仔寮	芋仔寮	台南縣內
	尾重橋		台北縣內，福德坑之隣村
	尾寮		台北縣內，大溪之隣村
	鳥泥堀		台北縣內，大溪與三峽之間
8	枋寮	枋寮	新竹縣內
	枋寮	枋寮	屏東縣內
	金瓜石	金瓜石	台北縣內
	金山面	金山	台北縣內
	東港	東港	屏東縣內
	東石港	東石	嘉義縣內
	東勢角	東勢	台中縣內
	東勢宅	東勢宅	台南縣內，曾文溪河畔

	佳里興	佳里興	台南縣內
	枋橋	板橋	台北縣內
	宜蘭	宜蘭	宜蘭縣內
8	阿猴	屏東	屏東縣內
	虎尾	虎尾	雲林縣內
	阿罩霧	霧峰	台中縣內
9	客仔山	？	新竹縣內，新竹市之南方
	柑林溝	？	新竹縣內
	柑仔林	柑林	台北縣內
	卑南	台東	台東縣內
	卑角	新莊	台北縣內
	後壠	後龍	苗栗縣內
	後埔		雲林縣，饒平之東方
	茄拔	茄拔	台南縣內
	恆春	恆春	屏東縣內
	施瓜寮	長安？	雲林縣內，八德之北方
	咸菜湖	關西	新竹縣內
	姜仔寮	姜仔寮	台北縣汐止鎮之一小村
	烏泥堀		台北縣與桃園縣交界處，月眉之東方
	茅港尾	茅港	台南縣內
10	桃仔園	桃園	桃園縣內
	倒方寮		台南縣內，筏仔頭之東方
	南崁	南崁	桃園縣內

11	鹿港	鹿港	彰化縣內
	深坑	深坑	台北縣內
	頂寮	頂寮	新竹縣內
	頂雙溪	雙溪	台北縣內
12	堯平	饒平	雲林縣內
12	灣裡	善化	台南縣內
	滴子	滴子	雲林縣內
	湖底	明華？	嘉義縣內，大甫林之西南方
	筆尖山	尖山	苗栗縣內
	筏仔頭	筏仔頭	台南縣內
	曾文溪庄		台南縣內，曾文溪南岸，胡厝附近
13	瑞芳	瑞芳	台北縣內
	鳳山	鳳山	高雄縣內
	溝倍		台中市北方，豐原之南方
	新厝		雲林縣內，饒平之東方
	溪尾	溪美	台南縣內
	楊梅壢	楊梅	桃園縣內
	鐵線橋	鐵線橋	台南縣內
	葫蘆墩	豐原	台中縣內
	獅球嶺	獅球嶺	屬基隆市
	鹽水港	鹽水	台南縣內
	隘寮坡		新竹市東南方，金山面之北方
14	艋舺	萬華	台北市內
	旗后	旗津	高雄市內

	滬尾	淡水	台北縣內
	箕窩	番湖？	在新竹縣湖口鄉
	漚汪	漚汪	台南縣內
	福德坑	福德坑	台北市內
	銅鑼圈	銅鑼圈	桃園縣內
	銅鑼灣	銅鑼	苗栗縣內
	桃仔寮		新竹市東北之羌寮？
15	諸羅	嘉義	嘉義縣
	澳底	澳底	台北縣內
	蕭壠	佳里	台南縣內
	蔴荳	麻豆	台南縣內
	橫坑仔	橫坑仔	台北縣內
	龍潭陂	龍潭	桃園縣內
16	樹林	樹林	台北縣內
	樹仔腳		彰化縣內，北斗之南方
	頭汾	頭份	苗栗縣內
	頭竹圍	頭竹	嘉義縣內
	頭溝水	頭溝水	屏東縣內
	頭家厝		台中縣內，豐原之南方
17	錫口	松山	台北市內
	觀音亭	明華？	嘉義縣內，大甫林之西南方
19	鯤鯓廟	鯤鯓廟	台南縣內
	羅東	羅東	宜蘭縣內
	羅漢門	普門	屏東縣旗山附近

20	蘇澳 雞籠	蘇澳 基隆市	宜蘭縣內
			部分筆劃從略字

〔參考文獻〕

1.《台灣全島圖》，昭和4年，台北，杉田書店。
2.張其昀主編《中華民國地圖集》第一冊，台灣省，民國55年(1966)，台北，國防研究院。
3.陳正祥編《台灣地名手冊》，民國48年(1959)，台北，台灣省文獻委員會。
4.台灣省文獻委員會編、刊行《增修台灣省通志稿》卷一，土地志，地理篇，第二冊，上下。
5.參謀本部《明治二十七八年日清戰史》第七卷。

說明：一、參考文獻僅列舉與本書主題直接有關者。

　　　二、需要特別說明之文獻，附有簡單解說。

　　　三、雖然復刻文獻為數不少，但在可能範圍內，全使用原本。使用復刻版者，除原本出版日期、出版者之名外，附復刻日期及復刻單位或書店名。

　　　四、出版年不明者，以序文寫就之年為出版年。

1.原始資料

日記

翁同龢《翁文恭公日記》全四〇冊，民國14年(1925)，上海。

俞明震〈台灣八日記，附唐維卿中丞電奏稿〉，左舜生選輯《中國近百年史資料續編》，民國22年(1933)，中華書局，民國47年(1958)，台北，中華書局，台一版，301～22頁所收。

胡傳《台灣日記與稟啟》，民國49年(1960)，台北，台灣銀行。

吳質卿〈台灣戰爭日記〉，中國科學院近代史研究所近代史資料編輯組編《近代史資料》，1962年，第三期，總二八號，北京，中華書局；東京，大安書店，91～103頁所收。

齋藤淺次郎手記，大橋平治郎編纂、刊行《支那台灣征記》，昭和10

年，台北。(本書係士兵齋藤之從軍日記)

書簡集・報告書

李鴻章撰、吳汝綸編《李文忠公全集》電稿，全四〇卷，光緒31～4年
　　(1905～8)。

劉坤一《劉忠誠公遺集》全六六卷，宣統3年(1911)。

張之洞《張文襄公全集》全首二卷，二二九卷，民國17年(1928)，北
　　平。

伊藤博文編《秘書類纂》全二六冊，昭和10～11年，東京，秘書類纂刊
　　行會。

H. B. Morse, *Letter-books, 1886~1970,* MS., 5 Vols. (deposited at
　　Houghton Library, Harvard University).

John W. Foster, *Papers of John W. Foster,* MS. (deposited at Prince-
　　ton University Library).

(關於此等文書，說明見第五章第二節，註[21]。)

傳記・名錄

羅香林輯校《劉永福歷史草》，民國25年(1936)，南京，正中書局；民
　　國46年(1957)，台北，正中書局，增訂台一版。

丘念台《嶺海微飆》，民國51年(1962)，台北，中華日報社。

燕京大學編、刊行《增校清朝進士題名碑錄附引得》，民國30年
　　(1941)，北平。

陳衍《福建通志列傳選》，民國53年(1964)，台北，台灣銀行。(本書選
　　錄自民國11年(1922)出刊之陳衍《福建通志》列傳)

台灣省文獻委員會編、刊行《台灣抗日忠烈錄》，民國54年（1965），台
　　北。

春畝公追頌會《伊藤博文傳》全三卷，昭和15年初版，昭和19年三版，
　　東京，統正社。

辜顯榮翁傳記編纂委員會編、刊行《辜顯榮翁傳》，昭和14年，台北。

備忘錄・見聞記

《台島劫灰》，東洋文庫藏寫本。（關於此文獻之說明，見第六章第一
　　節，註[24]）

易順鼎〈盾墨拾餘〉，光緒22年（1896），中國史學會編《中日戰爭》全七
　　冊，1957年，上海，人民出版社，第一冊，109～50頁；第五冊，
　　171～87頁；第六冊，430～49頁所收。

陸奧宗光遺著《蹇蹇錄》，昭和16年，東京，岩波書店。

A. Gerard, Ma Mission en Chine, 1893～1897 (Paris, 1898)。（張雁深
　　譯〈施阿蘭論三國干涉〉，前引書《中日戰爭》第七冊，417～25頁所
　　收，係本書之部分翻譯。）

James W. Davidson, *The Island of Formosa, Historical View from 1430
　　to 1900* (New York, 1903).

公文書

世續等奉勅修《大清德宗景皇帝實錄》全首四卷，五九七卷，康德4年
　　（1937），新京，滿州國務院。

故宮博物院編《清光緒朝中日交涉史料》全八八卷，民國21年（1932），
　　北京；民國52年（1963），台北，文海出版社復刻版。

王彥威編《清季外交史料（光緒朝）》全二一八卷，民國21～4年（1932～
　5）；民國52年（1963），台北，文海出版社復刻版。

外務省《大日本外交文書》，昭和11年以降，東京，日本國際協會。（本
　書使用者爲戰後東京日本國際連合協會所出刊之復刻版《日本外交
　文書》）

Die Grosse Politik der Europäischen Kabinette, 1871～1914 (Berlin,
　1927)。（孫瑞芹〈德國干涉還遼文件〉，前引書，《中日戰爭》第七
　冊，319～416頁所收，係本書之部分翻譯。）

First Steps of Russian Imperialism in Far East, 1888～1903 (translated
　from Krasny Archiv, Vol. LII, pp.54～124), in *The Chinese Social
　and Political Science Review* (quarterly publication of the Chinese
　Social & Political Science Association, Peiping, China), XVIII/2
　(july 1934), pp.236～81.

Foreign Office Records Relating to China and Japan, MS. (preserved in
　the Public Record Office, London)

戰記

思痛子《台海思慟錄》，光緒丙申年（1896）序，台北圖書館藏抄本，民
　國48年（1959），台北，台灣銀行復刻版。

吳德功《讓台記》，丁酉年（1897）序，民國48年（1959），台北，台灣銀
　行刊行《割台三記》31～79頁所收。

洪棄生（洪棄父＝洪攀桂）《瀛海偕亡記》全二卷，民國11年（1922），北
　京；民國49年（1960），台北，台灣銀行復刻版。（本書於北京出版
　時，分爲《台灣戰紀》與《中東戰紀》二冊）

蔡爾康、林樂和〔Young Allen〕等編《中東戰紀本末》初篇八卷，續編四
　　卷，光緒22年(1896)，上海廣學會。

姚錫光《東方兵事紀略》全五卷，光緒23年(1897)，武昌。

松本正純《近衛師團台灣征討史》，明治29年，東京；昭和10年，東
　　京，台灣懇話會復刻版。

陸軍省衛生局《明治二十七八年役陸軍衛生事蹟》全四卷，明治34～40
　　年，東京。(本書對外機密，共有十冊，尤其第一卷附錄(第三冊)
　　詳述台灣戰鬥及日本軍之死傷情形，史料價值甚高。)

參謀本部編《明治二十七八年日清戰史》全八卷，明治37～40年，東
　　京，東京印刷株式會社。

台灣軍司令部《土匪討伐戰跡概覽》謄寫版刷，昭和6年序，台北。

其他官方史書

台灣省文獻委員會編、刊行《台灣省通志稿》全十卷，民國41～53年
　　(1952～64)，台北。

清史編纂委員會與中國文化研究所合作編纂《清史》，全五五〇卷，八
　　冊，民國50年(1961)，台北，國防研究院。

台灣總督府警務局編、刊行《台灣總督府警察沿革誌》，第二篇(上
　　卷)，昭和13年；(中卷)，昭和14年，台北。(本書以《日本統治下
　　の民族運動》爲題，由東京風林書房出有復刻版。1969年，全二
　　冊。)

台灣憲兵隊編、刊行《台灣憲兵隊史》，昭和7年。

詩集‧文學集

邱逢甲《嶺雲海日樓詩少》全六卷，民國2年（1913），全三冊；民國49年
　　（1960），台北，台灣銀行。

許南英《窺園留草》，民國22年（1933），北京，全二冊；民國51年
　　（1962），台北，台灣銀行復刻版。

阿英編《甲午中日戰爭文學集》，1958年，北京，中華書局。

王松《台陽詩話》全二卷，乙巳年（1905）序，民國48年（1959），台北，
　　台灣銀行。

2.論著

單行本

范文瀾《中國近代史》上編第一分冊，1947年，延安初版；1952年，北
　　京，人民出版社，七版。

李守孔《中國近代史》，民國47年（1958），台北，三民書局。

連雅堂（連橫）《台灣通史》全三六卷，大正9年，台南，台灣通史社。

郭廷以《台灣史事概說》，民國47年（1958），台北，正中書局。

王芸生《六十年來中國與日本》，長野勳、波多野乾一編譯《日支外交六
　　十年史》全四卷，昭和8～11年，東京，建設社。

東鄉實、佐藤四郎《台灣植民發達史》，大正5年，台北，晃文館。

秋澤烏川《台灣匪誌》，大正12年初版，大正13年三版，台北，台灣總
　　督府法務部內，台灣月報發行所。

藤崎濟之助《台灣史と樺山大將》，昭和元年，東京，國史刊行會。

伊能嘉矩《台灣文化志》全三卷，昭和3年，東京，刀江書院。

矢內原忠雄《帝國主義下の台灣》，昭和4年初版，昭和9年再版，東

京，岩波書店。

宮川次郎《台灣の政治運動》，昭和6年，台北，台灣實業界社。

後藤新平著、中村哲解題《日本植民政策一斑、日本膨脹論》，昭和10
年，東京，日本評論社。

井出季和太《南進台灣史攷》，昭和18年，東京，誠美書閣。

廖文毅《台灣民本主義》，1956年，東京，台灣民報社。

簡文介《台灣の獨立》，昭和37年，東京，有紀書房。

史明《台灣人四百年史》，1962年，東京，音羽書房。

王育德《台灣——苦悶するその歷史》，昭和39年，東京，弘文堂。

加藤繁《支那經濟史考證》全二卷，昭和27年，東京，東洋文庫。

葛生良久《日支交涉外史》全二冊，昭和13～4年，東京，黑龍會。

田保橋潔《日清戰役外交史の研究》，昭和26年初版，昭和40年再版，
東京，東洋文庫。

宮崎市定《科舉》，昭和38年初版，昭和39年六版，東京，中央公論
社。

根岸佶《中國社會に於ける指導層——耆老紳士の研究》，昭和22年，
東京，平和書房。

Albrecht Wirth, *Geschichte Formosas bis Anfang* (Bonn, 1898)。（曹永
和譯〈台灣之歷史〉，台灣銀行編、刊行《台灣經濟史六集》，民國
46年(1957)，台北，1～84頁所收。）

H. B. Morse, *The International Relations of the Chinese Empire,* 3 Vols
1. (Shanghai, 1910～1918)

Sophia Sufei Yen, *Taiwan in China's Foreign Relations, 1836～1874*
(Connecticut, 1965)

W. G. Goddard, *Formosa: A Study in Chinese History* (London. Melbourne. Toronto, 1966)

論文

毛一波〈台灣乙未抗日始末〉，林熊祥等著《台灣文化論集》全三冊，民國43年(1954)初版，同年再版，台北，中華文化出版事業委員會，185～196頁所收。

沈雲龍〈丘逢甲傳〉，同上，299～307頁所收。

來新夏〈中日馬關訂約之際的反割台運動〉，歷史教學月刊社編《中日甲午戰爭論集》，1954年，北京，五十年代出版社，42～53頁所收。

李光璧〈一八九五年台灣抗日戰爭中的徐驤和劉永福〉，同上，54～66頁所收。

晨風〈一八九五年台灣民主運動失敗之原因〉，中華民國開國五十年文獻編纂委員會編《列強侵略》全四冊，民國53年(1964)，台北，正中書局，㈢，624～638頁所收。

梁叔瑩〈記台灣民主國始末〉，上海，商務印書館發行，半月刊《東方雜誌》第四四卷第一二號，1946年6月，30～35頁。

江山淵〈徐驤傳〉，上海，商務印書館發行，月刊《小說月報》第九卷第三號，民國7年(1918)3月，1～9頁。

羅香林〈丘逢甲先生傳〉，國立中山大學文史研究所發行《月刊》第二卷第五期，民國23年(1934)5月，129～134頁。

戴炎輝〈清代台灣鄉莊社會的考察〉，台灣銀行《台灣銀行季刊》第一四卷第四期，民國52年(1963)12月，198～228頁。

郭水潭〈侯庚抗日事蹟〉，台南市文獻委員會《台南文化》第二卷第二

期，民國41年(1952)4月，27〜29頁。

林咏榮〈丘倉海先生的生平及其詩〉，同上，56〜61頁。

連景初〈許南英與許地山〉上下二編，(上)，同上，62〜64頁；(下)，
　　第二卷第三期，民國41年(1952)9月，59〜60頁。

顏興〈台灣民主國前前後後〉，同上，第二卷第三期，8〜17頁。

廖漢臣〈台灣民主國在台北〉，同上，18〜25頁。

綠珊盦〈台灣民主國在台南〉，同上，26〜28頁。

張振樑〈台灣民主國的公債票及鈔票〉，同上，25頁。

賴建銘〈台灣民主國郵票〉，同上，34〜46頁。

朱鋒〈台灣民主國在台南二三事〉全三篇，(上)，同上，29〜33頁；
　　(中)，第二卷第四期，民國42年(1953)1月，28〜31頁；(下)，第
　　三卷第一期，民國42年6月，29〜33頁。

郭水潭〈台灣民主國的內變〉，台北市文獻委員會《台北文物》創刊號，
　　民國41年(1952)12月，53〜55頁。

廖漢臣〈詹振抗日考〉，同上，第三卷第一期，民國43年(1954)5月，
　　60〜64頁。

連曉青〈黃贊鈞其人其事其詩〉，同上，101〜105頁。

問樵〈白其祥的事蹟〉，同上，第五卷第二、三期合刊，民國46年
　　(1957)1月，71〜74頁。

王一剛〈黃玉階的生平〉，同上，74〜76頁。

龍逸〈乙未日本侵台史料三則〉，同上，第九卷第二、三期合刊，民國
　　49年(1960)11月，60〜68頁。

黃純青遺稿〈晴園老人述舊(5)〉，同上，第九卷第四期，民國49年12
　　月，108〜116頁。

篁村〈日軍侵竹邑前後〉，同上，第一〇卷第二期，民國50年(1961)9
　　月，109～110頁。

黃純靑〈民族抗戰在台灣〉，台灣省通志館《台灣省通志館館刊》創刊
　　號，民國37年(1948)10月，22～24頁。

謝國城〈台灣貨幣考(上)——日本領台以前的台灣幣制〉，同上，第一
　　卷第二號，民國37年12月，10～13頁。

廖漢臣〈乙未抗日在文壇上的反映〉，台灣省文獻委員會《文獻專刊》第
　　二卷第三、四期合刊，1951年11月，33～48頁。

曾迺碩〈中華民族乙未抗日史導論——兼爲民主國諸說正誤〉，台灣省
　　文獻委員會《台灣文獻》第六卷第一期，1955年9月，1～28頁。

曾迺碩〈乙未之役邱逢甲事蹟考証〉，同上，第七卷第三、四期合刊，
　　1956年12月，65～71頁。

〈清代台灣方志職官年表特輯〉，同上，第八卷第三、四期合刊，1957
　　年12月，全272頁。

林熊祥〈邱逢甲在台灣文學史之位置〉，同上，第九卷第一期，1958年3
　　月，11～13頁。

曾迺碩〈吳湯興事蹟考証〉，同上，第九卷第三期，1958年9月，43～60
　　頁。

曾迺碩〈張之洞與台灣乙未抗日之關係〉，同上，第一〇卷第二期，
　　1959年6月，25～39頁。

曾迺碩〈乙未割台詩選〉，同上，第一〇卷第四期，1959年12月，83～
　　89頁。

張奮前〈丘逢甲之家世及其生平事蹟〉，同上，第一四卷第三期，1963
　　年9月，159～168頁。

陳漢光〈邱逢甲先生之詩〉，同上，第一五卷第一期，1964年3月，
　　215～220頁。

毛一波〈許南英的詩詞〉，同上，221～227頁。

張雄潮〈唐景崧抗日的心迹及其奏電存稿〉，同上，第一六卷第一期，
　　1955年3月，78～88頁。

黃得時〈唐維卿駐台韻事考〉，同上，第一七卷第一期，1966年3月，
　　44～54頁。

張雄潮〈苗栗抗日英烈三秀才〉，同上，149～164頁。

張雄潮〈台灣乙未抗日死難五統領〉，同上，第一七卷第二期，85～96
　　頁。

新田隆信〈台灣民主國の成立とその法的地位〉，《富山大學紀要經濟學
　　部論集》第一〇號，昭和31年6月發行抽印，13頁。

許世楷〈台灣統治確立過程における抗日運動(1895～1902)〉，東京，
　　國家學會發行《國家學會雜誌》第八一卷第三～八號，昭和43年9～
　　12月。

戴天昭〈日清戰役三國干涉と台灣〉，東京，法政大學發行《法學志林》
　　第六六卷第三號，昭和44年2月，1～53頁。

黃昭堂〈台灣民主國建立の背景〉，東京，アジア政經學會發行《アジア
　　研究》第一三卷第一號，昭和41年4月，63～81頁。

黃昭堂〈台民主國樹立發案者についての研究〉，東京，台灣獨立連盟
　　發行《台灣》第一卷第二～四號，1967年2～4月。

黃昭堂〈台灣獨立運動史〉，同上，第三卷第一～四號，1969年1～4
　　月。

黃昭堂〈清朝に對する台灣住民の意識——日本領台直前當時を中心

に──〉,同上,第二卷第一號,1968年1月。

黃昭堂〈日本の台灣接收と對外措置〉,東京,國際法學會發行《國際法外交雜誌》第六九卷第一～二號,昭和45年5月、7月。

H. B. Morse, "A Short Lived Republic (Formosa, May 24th to June 3 rd, 1895)," *the New China Review* (Hongkong: Kelly and Walsh), I/1 (March, 1919), pp.23～37.

A. B. Woodside, "T'ang Ching–sung and the Rise of the 1895 Taiwan Republic," *Papers on China* (East Asian Research Center, harvard University), Vol. 17(1963), pp. 160～191.

Maurice Meisner, "The Development of Formosan Nationalism," *Formosa Today,* ed. Mark Mancall (New York, London, 1964), pp. 147～162.

Harry J. Lamley, "The 1895 Taiwan Republic," *The Journal of Asian Studies,* XXVII/4 (Aug. 1968), pp.739～762.

未出版學位論文

向山寬夫《日本統治下における台灣民族運動史》全一四冊,昭和36年,九州大學法學博士學位論文。

林啓旭《台灣をめぐる國際法上の諸問題についての研究》,昭和41年,明治大學法學修士學位論文。

Harry J. Lamley, *The Taiwan Literati and Early Japanese Rule, 1895～1915: A Study of Their Relations to the Japanese Occupation and Subsequent Responses to Colonial Rule and Modernization,* Ph. D. Dissertation, University of Washington, 1964, Film No.65–1883, University Microfilm, Inc., Ann Arbor, Michigan, U.S.A.

索引

國家圖書館出版品預行編目資料

台灣民主國研究：台灣獨立運動史的一斷章／黃昭堂原著；
　廖爲智翻譯．－－初版．－－臺北市；前衛，2005〔民94〕
　320面；15×21公分
　參考書目：12面
　含索引
　ISBN 957-801-486-4(精裝)

1.台灣－歷史－清領時期(1683-1895)

673.2279　　　　　　　　　　　　　　　94021236

《台灣民主國研究》
～台灣獨立運動史的一斷章

日文原著／黃昭堂

中文翻譯／廖為智

責任編輯／番仔火

編輯協力／陳恆嘉・孫沛郁

前衛出版社

總本舖：112台北市關渡立功街79巷9號1樓

電話：(02)2897-8119　傳真：(02)2893-0462

郵政劃撥：05625551

E-mail：a4791@ms15.hinet.net

http://www.avanguard.com.tw

出版總監／林文欽

法律顧問／南國春秋法律事務所・林峰正律師

紅螞蟻圖書有限公司

地址：台北市內湖舊宗路2段121巷28.32號4樓

電話：02-27953656　傳眞：02-27954100

出版日期／2006年1月初版第一刷

Copyright © 2006　　Avanguard Publishing House

Printed in Taiwan　　ISBN 957-801-486-4

定價／320元

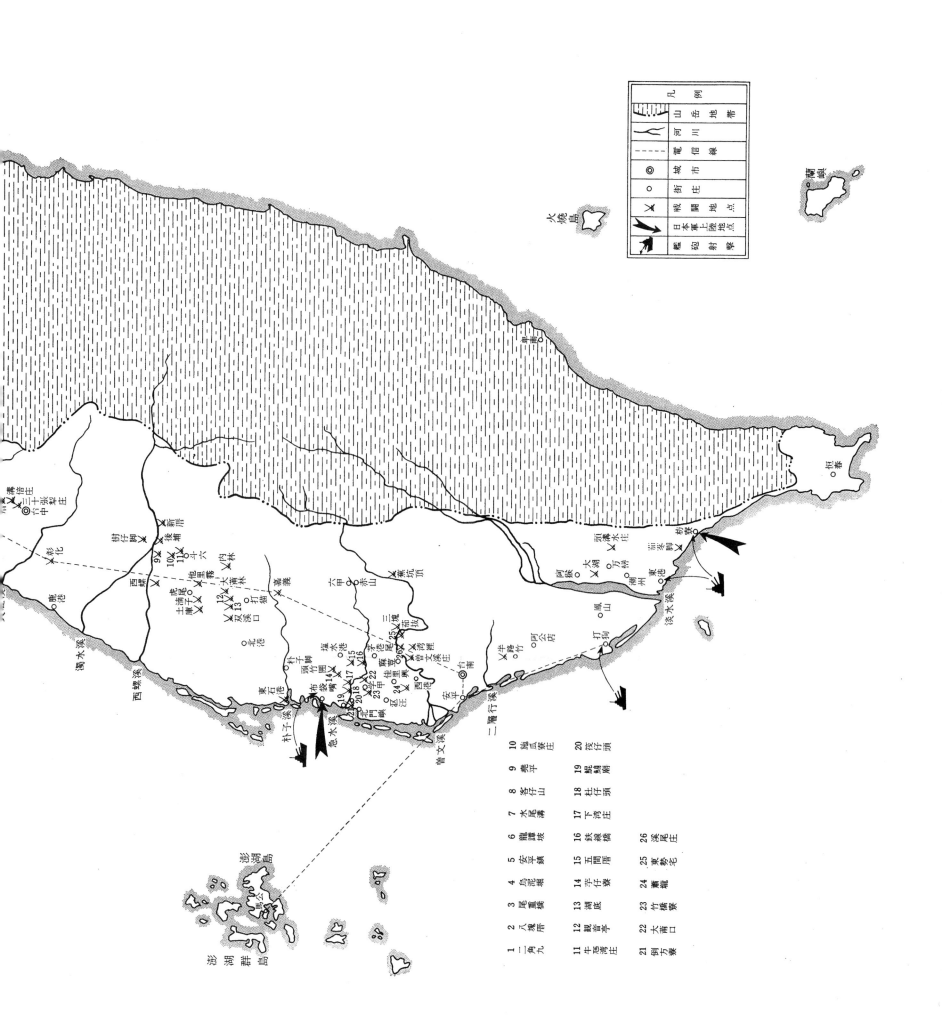

火燒島

蘭嶼

大南

恒春

三張犂庄
台中
彰化

樹仔腳 新舊
後埔
9✕ 10✕ 11✕ 斗六
西螺 他里霧 內林
鹿港 虎尾 大甫林 嘉義
土庫 12✕ 大莆林
雙溪口 13 打貓 六甲
北港 赤山 蕃頂
朴子 三塊
塩水港 茅港 加拔
頭竹圍 14 15 佳里 25✕
布袋嘴 16 蕭壠 灣裡
東石港 19 17 興 曽文溪庄
北門嶼 20 18 西港 台南
22 23甲 24 安平
急水溪 西港

阿猴 大湖
方給
潮州
東港
鳳山
打狗
半路竹
阿公店

頭溝水庄
加荖
柴寮✕

淡水溪

濁水溪
西螺溪
朴子溪
急水溪
曽文溪
二層行溪

10 塩瓜寮庄	20 茄仔頭
9 堯平	19 駟騙廟
8 客仔山	18 杜仔頭
7 水尾溝	17 下湾庄
6 龍轟坡	16 鉄線橋
5 安平鎮	15 五間厝
4 烏泥堀	14 芉仔寮
3 尾重橋	13 湖底
2 八塊厝	12 觀音亭
1 三角九	11 牛湾庄

| 26 溪尾庄 |
| 25 東勢老 |
| 24 蕭壠寮 |
| 23 竹橋寮 |
| 22 大甫口 |
| 21 銅方寮 |

澎湖島
馬公
澎湖群島

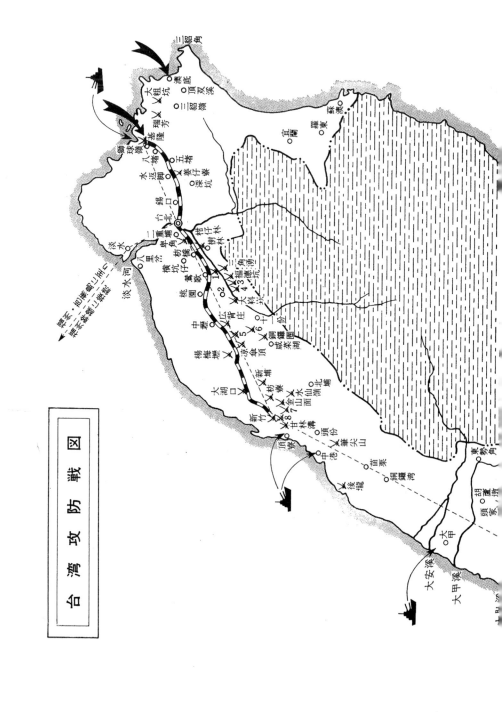

台 湾 攻 防 戦 図